JN112436

歴史のなかの人間

近藤成一・杉森哲也

歴史のなかの人間（'22）

©2022　近藤成一・杉森哲也

装丁・ブックデザイン：畑中　猛

m-11

まえがき

　本書は放送大学の導入科目「歴史のなかの人間」の印刷教材として著したものです。歴史上の人物を通して歴史を研究する面白さを知り，歴史学の目的や方法を考える糸口にしようというのが，この科目の趣旨です。

　この科目は，日本史，東洋史，西洋史，アメリカ文学を専門とする5人の講師が，自分の得意分野を活かしながら少しだけ越境して，それぞれ2人から3人の人物を取り上げました。第1章は序論に割きましたので，第2章から第15章までで14人の人物を取り上げています。

　地球上の全地域，人類の全史のなかでの14人ですから，もとよりほんの一握りの人物しか取り上げていませんし，5人の講師は精一杯幅広く人物を選択することに努めましたが，この14人を取り上げれば必要にして十分というわけにはいかなかったことは否めません。

　またこの科目は2008-13年度開講「歴史と人間（'08）」および2014-20年度開講「歴史と人間（'14）」の後継科目ですが，前2科目で取り上げた人物との重複を避けました。重複を避けることによって出来るだけ多くの人物を取り上げることにしたのです。ですから本書で取り上げた14人が世界史を代表するトップ14人というわけではありません。

　しかしどんな人物であっても，その人独自の個性的な人生があるとともに，その人の生きた時代や地域を代表する面もあります。特定の人物を対象としても，その人物を通して，その人物の生きた時代や地域，背景を考える，また時代・地域・背景のなかでその人物の生きざまを考えるというのが，歴史学の方法の一面と言えるかもしれません。

　「かもしれません」などとあいまいな言い方をしましたが，歴史学の

方法とは何かということについての考え方は人により異なります。おおまかなところでは方法を共有していても，細かいところでは異にするのはふつうのことですし，細部の差別化にこだわるところに歴史家の職人魂があるかもしれません。本書においても5人の講師それぞれ書きぶりを異にしておりますが，それぞれの対象にそれぞれの講師が適当と考えて用いたものですから，書きぶりが様々であることは許容していただきたく存じます。

　そうは言っても，方法の共通性のようなものがあると思います。たとえば事実を重んじるという姿勢。たとえ不都合な事実であっても，事実を事実として認めるところから考える。しかし事実とは何かという問題もありますね。事実をできるだけ正確に認識するために史料を重んじる。たとえばそういう姿勢は5人の講師に共通していると思います。

　5人の講師が好きなように書いてみて，それでもおのずから共通している書き方があったとしたら，それが歴史学の方法の一端を示していると言えるかもしれません。本書を通読し（もちろんどこから読み始めても構いません），また放送教材を視聴して，読者・視聴者それぞれが発見するところがあれば，担当講師としてそれにすぐる歓びはありません。

2022 年 1 月
担当講師一同

目 次

1 | 歴史のなかの人間—本科目のねらい

近藤成一・杉森哲也・須川英徳・河原　温・宮本陽一郎

《**学習のポイント**》　本科目を担当する5人の講師が，それぞれ取り上げる人物について，どのような視点から取り上げるのか，歴史における人間について何を論じるのか，また，そこにはどのようなねらいがあるのかについて述べ，第2回〜第15回の導入とする。
《**キーワード**》　歴史，人物史，人間，個人，人物，時代，社会，著作，物語，出来事

1. 歴史と人間

　歴史が人間を作るのか，人間が歴史を作るのか，という問いは，ニワトリと卵の喩えと同様に，答えのない問いといってよいだろう。歴史は人間によって作られるというのが一面の真実であるのと同様に，人間は歴史的な状況のなかで形作られその力に抗うことはできないというのもまた真実である。私たちに可能なことは，その両方の視点のあいだを往き来しながら，答えのない問いを，新たなそして可能ならより有効な問いに書き換えていくことであろう。

　人間は通常「時代の子」としてそれぞれの時代に制約されて生きざるを得ない存在であるが，その生涯において時代を超えた普遍的な生きざまを示してくれる人物に出会えることがあれば，それは歴史を学ぶ醍醐味と言えるのではないだろうか。そうした人物の生涯と残された作品を読み解くことから，歴史と人間の関わりを探ってみることにしたい。

　本科目「歴史のなかの人間」は2008-13年度開講「歴史と人間（'08）」

および 2014-21 年度開講「歴史と人間（'14）」の後継科目である。参考のため両科目の内容と担当講師を掲げておく。

2008-2013 年度開講「歴史と人間（'08）」

1　歴史と人間とのかかわり　五味文彦
2　司馬遷―中国における史学の祖―　浜口允子
3　聖徳太子（厩戸皇子）　五味文彦
4　源頼朝と北条政子　五味文彦
5　交流と人間　五味文彦
6　ルターとクラーナハ―宗教改革理念の伝播をめぐって―　森田安一
7　天正遣欧使節―16 世紀の日欧交流―　杉森哲也
8　梅津政景―秋田藩政の確立者―　杉森哲也
9　近代社会と人間　草光俊雄
10　ブルネルとオスマン　草光俊雄
11　福澤諭吉　小室正紀
12　山川健次郎―旧会津藩士の東京帝国大学総長―　杉森哲也
13　ケマル＝アタテュルク　坂本勉
14　マハートマ＝ガンディ―非暴力と国民の思想―　竹中千春
15　まとめ―歴史と人間を考える―　草光俊雄・五味文彦・杉森哲也

2014-2021 年度開講「歴史と人間（'14）」

1　歴史と人間―本科目のねらい―　五味文彦・吉田光男・杉森哲也・宮下志朗・草光俊雄
2　天武天皇と持統天皇―日本という国家の成立―　五味文彦
3　西行と定家―日本の文化―　五味文彦
4　北条泰時―武士と政権―　五味文彦

　上記の科目は，1 回の講義で 1 人の人間を取り上げるという形式で，日本史・東洋史・西洋史という地域の枠組み，古代から近代までという時代の枠組みを越えて，幅広い視点から歴史と人間について考えることをねらいとするものであった。本科目は，基本的にこの形式とねらいを引き継ぎながら，新たに制作したものである。

　担当講師 5 名が，自分の最も得意とする分野を中心としながらも少しだけ越境して，できるだけ多くの地域，さまざまな時代の人物を取り上げるように努力した。結局，14 名の人物を生存年代の順に取り上げることになった。次節以下に，各講師がどのような観点から人物を選択し，

どのように取り上げようとしたかを記述する。いわば5人5様の序説である。

2. 個人の生きた時代について

　私が取り上げた人物は，平 将門（？ -940）と阿仏尼（1225頃-1283）と北 畠 親房（1293-1354）である。この3人の人物をどのように論じたのかというと，実ははじめから基準を定めて，その基準に即して検討したというよりも，それぞれの人物に即してどのように論じるのが適切かを考えたというほうが正確なのであるが，それでも結局何を問題にしたのかと問われれば，それぞれの人物が生きた時代ということなのかなと思う。しかし個人と時代との関わりも実はさまざまである。

　第2章で論じた平将門については，将門の生きた時代というよりも，将門が後世に何を残したか，あるいは後世において将門がどのように認識されたかに重点を置いた。それは私自身が専門に研究している時代が将門の時代よりもかなり後であるという私の能力の限界によるものでもある。将門は実人生においては反逆者として追討され滅亡した敗者であった。しかしその将門を先祖に擬したり，あるいは将門と関係した先祖を名誉としたりするような意識が坂東の武士団のなかに醸成されていた。また将門が新皇を称して坂東諸国を支配したことが，後世においては東国自立論の原点と意識された。将門の時代に将門の行動がどういう意味を持ったかと，後世にどのように認識されたかは別の問題である。両方を別々に考察する必要があるのであるが，将門に関する史料は，後者について考える材料も提供してくれている。

　第3章で取り上げた阿仏尼は歌人であるが，歌人であるということとも密接に関わって，安嘉門院という女院に仕える女房であり，また和歌の家を形成しつつあった貴族藤 原 為家の妻でもあった。そして女院と

女房との関係という点でも，為家の妻であり為相の母であるという点で
も，荘園を主人から預かり知行する，あるいは夫から子に所領が継承さ
れることを見届けるということが重要な意味を持った。阿仏尼を通し
て，歌人がそういうありかたをした時代を考えてみた。

　第5章で取り上げた北畠親房については，親房の生涯を振り返るとと
もに，親房が生きたのが南北朝の動乱の前半であって，後半においては
前半とは異なる様相が見られること，親房はまさにその時代の変わり目
に生きたことを論じた。そして南北朝動乱の根底にある社会の変化につ
いても考えてみた。また親房の主著『神皇正統記』が何を説き明かした
ものなのかも考えた。

（近藤成一）

3. 歴史と人間を論じる4つの視点

　私は，地域としては日本，時代としては16〜20世紀に生きた3人を
取り上げている。第7章のフランシスコ・ザビエル（1506-52），第9章
の徳川和子（1607-78），第10章の益田孝（1848-1938）である。そこ
で私がこれら3人の人物を取り上げた意図と論じる際の視点について，
簡単に説明をしておきたい。

　私は2008-13年度開講「歴史と人間（'08）」および2014-21年度開講
「歴史と人間（'14）」を担当しており，そこでは3人ずつ合計6人の人
物を取り上げ，4つの視点を設定して，歴史と人間について論じた。4
つの視点とは，①外国との交流，②時代の転換期，③歴史認識と叙述，
④女性と社会，である。そこで本科目「歴史のなかの人間」では，これ
ら4つの視点を引き継ぐこととし，新たに3人の人物を取り上げて，歴
史のなかの人間について論じることとしたい。

　第7章のフランシスコ・ザビエルは，1549（天文18）年に日本に初

めてキリスト教を伝えた人物として，広く知られている。ザビエルを取り上げたのは，日本とヨーロッパとの交流史において重要な役割を果たした人物であることによる。このため基本的な視点としては，①ということになる。またキリスト教の伝来は，近世という新しい時代のあり方に大きな影響を与えたことから，②の視点も必要となる。さらに③の視点から，江戸時代以降の日本において，ザビエルはどのように認識されて来たのかという問題について考える。

　第9章の徳川和子は，江戸幕府2代将軍・徳川秀忠の娘として生まれ，後水尾天皇の中宮となり，奈良時代以来の女帝である明正天皇の生母となった人物である。この人物を選んだのは，近世の女性を取り上げたかったからである。近世は女性が社会的に活躍する機会が限られた時代であり，例えば高等学校の日本史教科書でも女性の名前はほとんど登場しない。このため基本的な視点としては，④ということになる。さらに②の視点から，17世紀前期の江戸幕府成立期における幕府と朝廷との関係，③の視点から，徳川和子の入内がどのように記録され伝承されたのかについて考える。

　第10章の益田孝は，幕臣として幕末維新を経験し，維新後は三井財閥を形成・発展させた実業家であり，茶人・鈍翁としても活躍した人物である。近代経済史や近代茶道史の分野では著名人であるが，一般には必ずしも知名度が高い人物とはいえないだろう。益田孝を取り上げたのは，青年期に幕臣として幕末維新を経験した人物であること，前科目で津田梅子を取り上げた際に，一緒にアメリカに留学した仲間である永井繁子（実妹）との関係で少し触れたからである。このため視点としては，主として②ということになる。また益田孝は，わずか15歳で幕府の遣欧使節の一員としてフランスを訪問したこと，維新後に商社である三井物産の創設と発展で活躍したことから，①の視点からも考える。

　以上，日本の 16〜20 世紀に生きた 3 人の人物を取り上げ，4 つの視点から，歴史のなかの人間について考えてみたい。

（杉森哲也）

4. 国王・皇帝・大統領の栄光と悲哀

　日本のお隣である朝鮮半島の歴史のなかからは，3 人を選んだ。いずれも日本との関わりが深い人物であるとともに，歴史の大きな節目に関わった権力者たちでもあり，高校の世界史や日本史にも取り上げられる有名人である。

　最初に取り上げる李成桂は，朝鮮王朝の初代国王となった人物である。彼は，高麗の辺境で元の直轄地となっていた東北部に，武人の子として生まれた。騎射の技に卓越した武人へと成長し，父の跡を継いで高麗の武将として仕えた。紅巾賊，女真族，倭寇などの外寇にたいしては先頭にたって高麗を守り，士卒の信頼も厚く，武人として高く評価された。もし，そのままだったならば，高麗の社稷を守った忠勇な武将として史書に記されたであろう。

　しかし，彼の非貴族的な出自と精強な騎兵集団の武力が，朱子学を奉ずる新興の儒者官僚たちの期待を集めた。寒門の出の儒者官僚たちは，高麗の貴族的な社会秩序に反発していた。高麗でもっとも精強な武力集団を率いる李成桂に儒者官僚たちは接近し，敵失とも言うべき遼東出兵という一度だけの機会に，乾坤一擲の勝負をかけた。失敗すれば，叛逆者の汚名とともに，李成桂ともども処刑されたはずである。しかし，李成桂の計画した軍事作戦に失敗は有りえなかった。そんな李成桂の即位までの足取りを知ってほしい。

　次に取り上げるのは，朝鮮王朝の第 26 代国王で，大韓帝国初代皇帝となった高宗李㷩（幼名は命福）である。彼は興宣大院君の次男として

生まれ，1862 年，数え年 12 歳で王位についた。それから 10 年間は父興宣大院君が権力を握った。朝鮮にも欧米諸国が接近し，開港と貿易を求める時代になっていた。父は衛正斥邪を貫き，武力で攘夷を断行したが，もはやそうもいかなくなっていた。日本との条約，ついでアメリカ，イギリスなどと通商条約を結んで開港した。若き国王は新文物に関心をもち，自主自強の方針を求めたが，宗主国である清国は朝鮮の自主自強を望まなかった。

しだいに政治への意欲は失われていき，国王としての自分の権力と家族の安寧だけを望む退嬰的な君主へと変じていく。相手が強く出れば，とりあえず相手の要求を容れるが，その後に機会を見てひっくり返すという政治手法を取った。また，自らの君主権を掣肘しようとする存在を許さなかった。そしてついに皇帝に即位し，大韓国国制では「無限の君権を享有なされる」君主になり，一切の批判を許さない存在になった。しかし，日露戦争の結果とイギリスの同意の下に強要された日本の保護国化要求を拒み切れず，後からひっくり返そうにも，遅かった。祖宗も為し得なかった皇帝即位という栄光のなかで，彼の帝国は消滅するのである。

3 人目として，朴正熙について語ろう。彼の業績については，毀誉褒貶がはげしく対立する。彼は日本統治下で近代社会へと急速に変貌していく流れのなか，師範学校を卒業したが，日本の帝国主義・軍国主義の象徴でもある満洲軍官学校，さらに陸軍士官学校を卒業して職業軍人の道を選んだ。日本の敗戦後は新生韓国軍に入り，朝鮮戦争の勃発は彼の立身出世の機会となった。

政治が混乱し，国家が危殆に瀕したとき，彼はクーデターによって権力を掌握した。民政移管後には選挙によって大統領となり，軍事作戦を立案して実施するかのように，韓国の経済再建と輸出指向工業化路線を

追求した。

　彼ら3人は，いずれも歴史の大きな転換点に，最高権力者として自ら携わった人々である。その時代と環境のなかから将来の自分を描いて努力し，三者三様の成功と挫折を見せてくれる。かならずしも首尾一貫した英雄的人物ではなく，望んで，あるいは望まれてその地位に就いてしまい，よかれと思って決断した積み重ねが思ってもいない結果になってしまった，という人々を描こうと思う。

（須川英徳）

5. 人物が残した作品を通して考える

　歴史における人間のあり方はさまざまであろう。人物を中心に歴史を考える場合，その人物が残した作品（テキスト）を通して考えてみるのも重要なアプローチのひとつではないかと思う。歴史上，名高い書物を残した人物は，枚挙にいとまがない。ヨーロッパの場合，マキャヴェッリやモンテーニュ，ルソーやダーウィンなどすぐ名前が思い浮かぶ人物も少なくないだろう。今回の講義では，必ずしも一般的な知名度があるとは言えない人物も取り上げて，ヨーロッパの中世，近世，現代という三つの時代をそれぞれ象徴していると思われる3名の人物の生涯と彼らの残した作品について考えてみたいと思う。

　まず第4章でマルコ・ポーロ（1254-1324），第8章でアブラハム・オルテリウス（1527-98），そして第12章でマルク・ブロック（1886-1944）を取り上げる。マルコ・ポーロは，13世紀のイタリア，オルテリウスは16世紀のネーデルラント，ブロックは20世紀前半のフランスに生きた。彼らは，それぞれヨーロッパ史における時代の転換期というべき時代を駆け抜けた個性的人物である。

　一人目のマルコ・ポーロは，ヨーロッパが自らの文明を確立していっ

た中世（13世紀）という時代においてはるか東方のモンゴル帝国まで旅し，四半世紀を東方世界で過ごしてヨーロッパへ戻ったヴェネツィアの商人である。彼の体験談として今日に残されているテキストは，当時のヨーロッパ人に東方の未知の文明の豊かさと驚異を伝え，彼は東西世界の遭遇と交流を象徴する人物となった。

二人目はアブラハム・オルテリウスというユマニスト（人文主義者）である。彼は，大航海時代を経てヨーロッパ人が世界の各地に進出していった16世紀という時代に，商業都市アントウェルペンにおいて世界を包括する「世界地図帳」を出版した。16世紀のヨーロッパは，活版印刷術によるメディア革命の時代であり，オルテリウスは世界地図の出版を通して世界のイメージをヨーロッパ人にもたらし，ヨーロッパ世界のアイデンティティ形成に貢献した。

三人目のマルク・ブロックは，20世紀を代表するフランスの歴史家であるが，「戦争の世紀」といわれる20世紀前半の二つの世界大戦に身を投じた行動の人でもあった。彼は，今や古典となった著作を通じて20世紀の歴史学に新たな道をもたらしただけではなく，ユダヤ系フランス人としての彼自身のアイデンティティのゆえに，世界大戦の激動の現実に対峙し，正面から向き合った人物であった。

彼ら3名は，異なる時代のヨーロッパ世界に生きたが，それぞれ後世に残るテキストの著者として，また，時代の転換期における「生きられた歴史」を体現した存在として，歴史に名をとどめている。

（河原 温）

6.〈出来事〉と〈人物〉の物語

私たちがそれぞれの歴史観を形作っていく過程のなかで，〈出来事〉と〈人物〉が主要な構成要素となることは免れえないように思える。た

とえばフランス革命，明治維新，第 2 次世界大戦といった〈出来事〉，
そして織田信長，リンカーン，ナポレオンといった〈人物〉を通じて，
私たちは歴史を理解するようになる。その過程のなかで私たちは，偉人
伝を読んだり，歴史ドラマを見たり，教科書を読んだり，あるいは学術
的な歴史研究に触れたりする。いずれの場合でも，歴史のなかの人間は
物語という要素なしには認識することができない。

　歴史が人間を作るのか，人間が歴史を作るのか——という答えのない
問いに，もし別の角度から取り組むとするなら，物語という要素に注目
することは，ひとつの道となるだろう。つまり〈出来事〉が，どのよう
なプロットやストーリーを通じて意味づけられ，〈人物〉がどのような
登場人物として造形されたか，それをさまざまな資料の読み直しを通じ
て再検討することである。物語が〈出来事〉と〈人物〉を形作り，物語
が歴史と人間を結びつけると言い換えてもよいだろう。

　第 13 章・第 14 章では，アメリカの 20 世紀という時代を代表するふ
たりの人物——チャールズ・チャップリンとアーネスト・ヘミングウェ
イを取り上げる。ともに時代と国を代表する文化的イコンというべき人
物であるだけに，その人物像はもはや「実像」を復元することが不可能
なほど濃厚に物語化されている。歴史における物語の果たす役割を考察
するうえでは，好適な題材となっているといってよいだろう。

　とくに第 13 章で取り上げるチャールズ・チャップリン（1889-1977）
の場合，「喜劇王チャップリン」という人物像と彼がスクリーンのうえ
で演じた「放浪紳士チャーリー」というキャラクターは，切り離すこと
ができないほどに結びついている。この両者を結びつけていた物語を解
明するために，第 13 章では 1914 年のアメリカで起こった映画検閲論争
という比較的マイナーな事件に注目する。

　第 14 章で取り上げるアーネスト・ヘミングウェイ（1899-1961）につ

いては，東西冷戦という歴史的状況のなかで，ひとりの人物に関してい
かに異なる物語化がなされたかを考察する。ヘミングウェイは，アメリ
カで主要作品を発表したアメリカ国籍の作家であるが，同時に後半生に
おいてキューバに居を定めた「キューバ人」でもあった。アメリカの
ジャーナリズムと文学研究のなかでは，ヘミングウェイが左翼作家で
あったこと，そしてその延長線上でカストロ政権を支持していたこと
は，触れられることが稀である。いっぽうキューバにおいては，アメリ
カの観光文化の延長線上で釣りと酒を愛好していたヘミングウェイの姿
は意図的に不可視化されている。このような相容れない二つの人物像の
もとに，冷戦初期に発表されたヘミングウェイの代表作『老人と海』が，
アメリカとキューバでどのように異なる読まれ方をしてきたかを考察す
る。

（宮本陽一郎）

参考文献

五味文彦『人物史の手法―歴史の見え方が変わる―』左右社，2014 年

課題

『日本史リブレット　人』『世界史リブレット　人』（いずれも山川出版社
刊）などの人物史・伝記・評伝から興味のある人物に関するものを 1 冊
選び，その著者がどのような視点で人物史を捉えているのかについて調
べなさい。

2 | 平将門—東国のつわもの

近藤成一

《学習のポイント》 平将門（？ -940）は 10 世紀東国のつわもの，その後東国に発展した武士団の原型となった人物である。将門をうみだした東国の社会と，将門を起点とする東国自立論を考える。
《キーワード》 平将門，平貞盛，藤原秀郷，『将門記』，『源平闘諍録』，妙見信仰，東国自立論

1. 平将門の生涯

平将門は桓武天皇 5 代の末裔と言われる。系譜を示すと，桓武天皇 – 葛原親王 – 高見王 – 高望王 – 良将 – 将門となる。高望王は寛平元年（889）に平姓を賜り上総介に任じられ，子息等とともに任国に下向，任期を終えても帰京しなかった。高望の子の世代である良将，国香，良兼，良正等は，坂東に勢力をひろげた。

図 2 – 1　平将門坐像（坂東市・国王神社所蔵）

将門がいつ生まれたのかは不明で，将門の事績がわかるのは，延長 9 年（931）に伯父良兼と対立したところからである[1]。対立の原因は「女論」であったと言われるが，将門の妻は良兼の女であるから，将門の婚姻をめぐる対立であったのかもしれない。

1　天慶 2 年 6 月頃までの事績はほぼ『将門記』による。以下，『将門記』による記述は注記を略す。

　承平5年（935）5月，将門は前常陸大掾源護と戦い，護の子息たちや護に味方した伯父国香を戦死させた。また護に与力する人々の舎宅，さらに筑波・真壁・新治3郡に拡がる護の同盟者の舎宅500余を焼き払った。そこで護は将門を朝廷に訴えた。同年末の12月29日に護と将門の双方を召喚する太政官符が発給されたが，それが将門のもとに届いたのは，翌年の9月7日であった。将門は10月17日に上洛し半年間在京したが，承平7年4月7日に恩赦となり，5月11日都を立って帰国した。

　将門が上洛するまでの間にも，親族との間の合戦はたびたびあった。承平5年10月には常陸国新治郡川曲村において伯父良正と戦ってこれを破り，承平6年6月には，下総を立って常陸に発向してきた伯父良兼と対峙し，下野国内においてこれを破った。

　良兼との対立は長く続き，将門が京から帰還した後の承平7年8月，常陸下総の境界である子飼の渡において良兼と将門は戦い，将門が敗れた。将門は下総国豊田郡栗栖院常羽御厩と百姓の舎宅を焼き払われ，妻が捕らえられた。翌月，将門は妻を奪回し，常陸国真壁郡に発向し，良兼と同盟者の舎宅を焼き払った。将門は良兼によって人を殺され，物を奪われる損害を受けたことを下総国の解文に詳しく記して朝廷に訴え，朝廷からは諸国が合勢して良兼を追捕することを命じる太政官符が発給された。

　国香の子貞盛は京に出仕して左馬允に任じられていた。父の戦死を聞いて3年を坂東で過ごしたが，承平8年（938）2月京に戻った際に将門の所行を朝廷に訴えた。翌天慶2年（939）6月に将門の召喚を命ずる太政官符が貞盛に下された。ほぼ時を同じくして，武蔵介源経基が権守興世王と将門の謀反を密告したことに対して，問密告使が任命された[2]。問密告使のほうは現地に赴いて密告された事件の詳細を調査する

---

　2 『貞信公記』天慶2年6月7日条，『本朝世紀』同日条。

ものであるが，この時任命された間密告使はついに京を立たなかった。太政官符を抱いた貞盛は常陸国府に赴き，常陸国司から将門に太政官符が牒送された。常陸介藤原維幾の妻は高望の女であるから，貞盛や将門の叔母に当たる。維幾と高望女との子である為憲もともに下向していた。

　貞盛が常陸国府に入った頃，常陸国住人藤原玄明が国司と対立して将門を頼ってきた。将門は仲裁のため天慶 2 年 11 月常陸に発向した。将門は玄明の身の安堵を求めたが国司は承引せず，為憲と貞盛が 3000 の兵と国の兵庫の兵器を用いて将門に合戦を挑んだ。将門はこれを撃退し，国府を包囲して，国司を降伏させた。

　将門は一旦下総国豊田郡鎌輪の宿に還ったが，翌 12 月，下野国府，上野国府を相次いで落とし，上野国府において新皇を称し，下野・上野・常陸・上総・安房・相模・伊豆・下総の国司を任命し，下総に王城を置くことを定めた。

　坂東諸国は将門に制圧され，京都朝廷から派遣されていた国司は機能を停止したが，周辺諸国から京都に非常の連絡が届いた。信濃国からの飛駅は，12 月 27 日に，下総国豊田郡の武夫が将門と興世王を奉じて謀反を起こし，東国を虜掠したことを伝え，29 日には，将門等が上野介藤原尚範，下野前司大中臣完行，新司藤原弘雅等の館を囲み，印鎰を奪い，追われた尚範等が信濃国に越え来たことを伝えている。また 29 日に武蔵守百済貞連が入京したので，貞連が殿上に召されて事件について尋問された[3]。

　年が明けて天慶 3 年（940）正月，京都の朝廷は，東海・東山・山陽道等の追捕使を補任[4]，将門追討を命じる太政官符を東海・東山道諸国に発給[5]，追捕凶賊使を補任[6]，参議藤原忠文を右衛門督に任じ征東大将

---

3 『貞信公記』天慶 2 年 12 月 29 日条，『日本紀略』同月 22 日・27 日・29 日条，『本朝世紀』同月 29 日条。
4 『貞信公記』天慶 3 年正月 1 日条，『日本紀略』同日条。
5 『日本紀略』天慶 3 年正月 11 日条，『本朝文粋』二官符。
6 『日本紀略』天慶 3 年正月 14 日条。

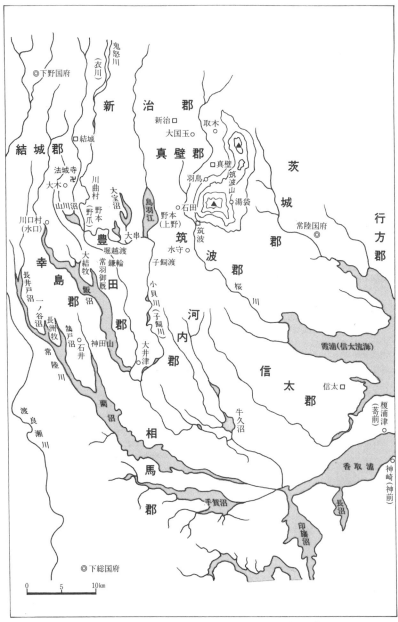

図2−2　平将門の乱関係地図（岩井市史編さん委員会編『平将門資料集』
　　　　新人物往来社，1996年より転載）

軍に補す[7] などの対策をとり，忠文は 2 月 8 日に進発した[8]。

　しかし忠文が京を進発するより以前，下野国押領使藤原秀郷と貞盛が 4000 の兵を集めて将門に挑戦し，将門は 2 月 1 日に下野に発向したが敗退した。秀郷と貞盛はさらに追撃して下総に入り，14 日将門と合戦した。将門は通常は 8000 の兵力を動員できたが，この日の手勢は 400 余で，自ら戦ったが，敵方の矢が的中して戦死した[9]。

　2 月 25 日，信濃国の飛駅が将門の追討を京都に伝えた。この情報は将門が戦死した 14 日の夜半に平良文が安倍忠良に伝え，翌 15 日の巳刻に安倍忠良が上野国に伝え，さらに上野国の牒により信濃国に報じられたものであった[10]。平良文は将門や貞盛には叔父に当たり，良将，良兼，良正には兄弟に当たる人物であると思われる。

2. つわものと東国の社会

　平貞盛は将門を追討した勲功により従五位上に叙せられ，右馬助に任じられた。その後，鎮守府将軍，丹波守，陸奥守等に任じられ，貞元元年（976），陸奥守在任中に石清水行幸料の御馬等を貢進したのが，今日に伝わる最後の事績になる[11]。貞盛の子孫は都で武者として知られ，検非違使を経て諸国の受領に任じられ，都鄙間を往復した。そのなかで坂東に拠点を置いて繁栄したのが，貞盛の弟繁盛の子孫である。

　繁盛の名は『将門記』等には見えないが，寛和 3 年（987），繁盛が金泥書写大般若経 1 部 600 巻を延暦寺に奉納する路次の安全を保障することが，太政官符により近江・美濃の国司に命じられたことで，その名が伝えられている[12]。この官符は繁盛が延暦寺を通して申請したことに応えて発給されたもので，繁盛の申請した内容が引用されている。繁盛の

7　『貞信公記』天慶 3 年正月 18 日・19 日・20 日条，『日本紀略』同月 19 日条。

8　『貞信公記』天慶 3 年 2 月 3 日・8 日・9 日・10 日・16 日条，『日本紀略』同月 8 日条。

9　『扶桑略記』天慶 3 年 2 月 8 日・13 日・14 日条。

10　『日本紀略』天慶 3 年 2 月 25 日条，『大法師法浄蔵伝』巻末収載「将門事」。

11　『大日本史料』第一編之十六，貞元元年 12 月 21 日条に，貞盛の御馬貢進の記事に併せて，貞盛の事績に関する記事が収録されている。

12　寛和 3 年正月 24 日太政官符案（『平安遺文』第 9 巻 4573 号）。

26

述べるところによれば，将門の乱の際，繁盛もまた追討に尽力したのであるが，秀郷・貞盛が恩賞に預かったのに対して，繁盛は恩賞から漏れた。それから半世紀を経て繁盛も白髪の老人になったが，聖朝安穏，国家鎮護を祈願して金泥書写大般若経1部600巻を延暦寺に奉納しようとした。ところが陸奥介平忠頼・忠光等が武蔵国に居住し，周辺諸国の伴類（同盟者）を糾合して繁盛の運上を妨害してきたというのである。繁盛は幼弱の時より故右大臣藤原師輔に奉仕してきたことを強調しているが，当時の天台座主尋禅は師輔の子であるから，永観3年（985）に尋禅が天台座主に就任したことで大般若経の奉納を企図したのであろう。官符には「散位従五位下平朝臣繁盛」と記されているから，繁盛は将門の乱の恩賞には漏れたとしても，生涯無位無官であったわけではない。

　繁盛の子維幹は貞盛の養子になっているが，長保元年（999），五位に叙されるのに花山法皇の年給（推薦枠）を用いるため，その謝礼の不足分絹26疋を献上し，名簿も奉呈した。維幹は中納言藤原実資に仕えていたので，維幹は実資に法皇への仲介を依頼し，実資にも馬3疋を送った[13]。

　『今昔物語集』は常陸守源頼信が下総の豪族平忠常を攻めた時の説話のなかで，頼信の軍勢が2000だったのに対して，維幹が3000を率いて加勢したことを記している。維幹が国司を凌駕する勢力を有していたことを示すものである。

　『古本説話集』『宇治拾遺物語』には維幹の妻と女に関する同じ説話を載せている。維幹の妻は高階成順の女であるが，都でみそめて常陸に連れ帰ったのであった。後年，妻の妹が常陸守の妻となって下向してきた。維幹の妻はすでに亡くなっていたが，女2人が面会し，叔母が母に似ていると言って互いに泣いた。国司の任期が終わるにあたって守の妻は維幹の女2人にその旨を告げた。女2人は国司夫妻が出立する前々日に訪

13　『小右記』長保元年12月9日・11日条。

れたが，名馬 10 疋ずつと土産物を担わせた馬 100 疋ずつを餞別に持参
した。守は国司任期中の蓄財にまさる財物であると語った。維幹の富裕
を語る説話である。

　繁盛・維幹は常陸を拠点として富と軍事力を誇っていた。この子孫が
常陸国在庁官人の筆頭として常陸大掾を号する一門として繁栄すること
になる。

　平繁盛の大般若経運上を妨害した平忠頼・忠光は，将門の戦死を安倍
忠良に伝えた平良文の子である。そして忠頼の子が忠常である。忠常は
長元元年（1028）安房守惟忠焼殺の罪を問われた。平貞盛の曾孫にあた
る直方が追討のため下総に発向したが，2 年を経過しても乱は鎮まらな
かった。長元 3 年，直方は召し返され，かわりに甲斐守源頼信に忠常追
討が命じられた。翌年，忠常は頼信に投降したが，頼信に伴われて上洛
する途中で病死した。これより先，頼信の常陸守在任中，忠常は頼信と
戦いながら降伏し，名簿を奉呈していたから，忠常は直方とは戦っても，
頼信と戦うことを避けたものであろう。この忠常の 5 代の後裔が頼朝の
挙兵を援けた上総介広常，千葉介常胤である。

　良文流の後裔である千葉氏や秩父氏の間で共有されたのが妙見信仰で
あるが，妙見信仰は将門と関連づけて説かれている。

　『平家物語』の異本の一つで千葉氏関係の説話を多く含む『源平闘諍
録』に載せられた妙見説話を読んでみよう。原文は漢文であるが，読み
下し文にして示す。千葉常胤が頼朝に妙見信仰の由緒を語る形で述べら
れる。

【史料】『源平闘諍録』
　此の妙見大菩薩と申すは，人王六十一代朱雀の御門の御宇，承平五
年乙未八月上旬の比に，相馬小次郎将門，上総介良兼と伯父甥不快の

間，常陸国において合戦を企つる程に，良兼は多勢なり，将門は無
勢なり。常陸国より蚕飼河の畔に迫め着けられ，将門河を渡らんと
欲するに，橋無く船無し。思ひ労ふ処に，俄に小童出来て，瀬を渡
さんと告ぐ。将門此れを聞きて蚕飼河を打渡り，豊田郡へ打越え，
河を隔て闘ふ程に，将門矢種尽きける時は，彼の童，落ちたる矢を
拾ひ取りて将門に与へ，之を射けり。亦将門疲れに及ぶの時は，童，
将門の弓を捕て十の矢を矯げて敵を射るに，一つも空箭無かりけ
り。此れを見て良兼，只事に非ず，天の御計なりと思ひながら，彼
の所を引き退く。将門遂に勝を得て，童の前に突い跪き，袖を掻合
はせて申しけるは，そもそも君は何なる人にて御坐すぞやと問ひ奉
る。彼の童答へて云はく，吾は是れ妙見大菩薩なり。昔より今に至
るまで，心武く慈悲深重にして正直なる者を守らんと云ふ誓ひあ
り。汝は正しく直く武く剛なるが故に，吾汝を護らんが為に来臨す
る所なり。自らは則ち上野の花薗と云ふ寺に在り。汝若し志有らば，
速やかに我を迎取るべし。吾は是れ十一面観音の垂迹にして，五星
の中には北辰三光天子の後身なり。汝東北の角に向かひて，吾が名
号を唱ふべし。自今以後，将門の笠験には千九曜の旗（今の世に月星と号するなり）を
差すべしと云ひながら，何ちとも無く失せにけり。仍て将門使者を
花薗へ遣はし，之を迎へ奉り，信心を致し，崇敬し奉る。将門妙見
の御利生を蒙り，五個年の内東八個国を打随へ，下総国相馬の郡に
京を立て，将門の親王と号さる。然りと雖も，正直詔佞と還りて，
万事の政務を曲て行ひ，神慮をも恐れず，朝威にも憚らず，仏神の
田地を奪取る。故に妙見大菩薩，将門の家を出て，村岡の五郎良文
の許へ渡りたまふ。良文は伯父為りと雖も，甥の将門が為に養子為
るに依り，流石他門には附かず，渡られたまひしなり。将門，妙見
に棄てられ奉るに依り，天慶三年庚子正月廿二日，天台座主法性房の

尊意，横河において大威徳の法を行ひて，将門の親王を調伏せしむるに，紅の血法性房の行所の壇上に走り流る。爰に尊意急ぎ悉地成就の由を奏聞せしかば，御門御感の余り，即ち法務の大僧正に成さる。さて妙見大菩薩，良文より忠頼に渡り，嫡々相伝へて常胤に至りては七代なり。

　話の核心は，将門と良兼が蚕飼河において戦った時に無勢の将門に妙見が味方して良兼を退かせたという話である。将門と良兼が子飼の渡で戦ったことは『将門記』にも記述があり，蚕飼は子飼に通じ，現在の小貝川に相当するのであろうが，『将門記』が承平7年（937）とする合戦の年を，『源平闘諍録』は2年さかのぼらせて承平5年とする。

　将門が坂東諸国を制圧して新皇を称したのは天慶2年（939）12月，将門が秀郷・貞盛の軍勢に敗れて戦死したのは翌年2月であるから，その間の2か月間に「万事の政務を曲て行ひ，神慮をも恐れず，朝威にも憚らず，仏神の田地を奪取る」というのは無理があるが，将門が滅亡した理由として，坂東制圧まで味方していた妙見が将門を離れたことを説明しなければならなかったのであろう。それでも妙見の霊験を示すものとして将門の輝かしい勝利を語った。その将門の栄光を先祖のものとするために，良文の後裔は，良文が将門の伯父ながら将門の養子となり，妙見の加護が将門から良文に遷ったとする説話を創り出した。『源平闘諍録』は，千葉常胤の孫成胤が合戦に臨むのに，「栢原の天皇の后胤，平親王将門には十代の末葉，千葉の小太郎成胤，生年十七歳に罷り成る」と名乗りをあげさせるのである。

3. 東国自立論の系譜

　将門の乱の顛末を将門中心に描いた『将門記』は，将門が上野国府に

おいて新皇に即位した後に，京都の朝廷に対して事情を説明した書状を載せている。将門がどのような書き方をしているのかを読み解いておこう。原文は漢文であるが，読み下して示す。

【史料】『将門記』

将門謹みて言さく，貴誨を蒙らずして，星霜多く改まれり。渇望の至り，造次に何をか言さむ。伏して高察を賜はば，恩々幸々なり。然るに先年，源護等の愁状に依り，将門を召さる。官符を恐るるに依り，急然に上道祗候の間，仰せを奉りて云はく，将門が事，既に恩沢に霑へり。仍て早く返し遣はすてへれば，旧堵に帰着すること已に了んぬ。然る後兵事を忘却して後，絃を緩べて安居す。而る間，前下総国介平良兼，数千の兵を興して将門を襲ひ攻む。背き走る能はず，相防ぐの間，良兼がために人物を殺損奪掠せらるるの由，具に下総国の解文に注し，官に言上す。爰に朝家諸国合勢し良兼等を追捕すべきの官符を下され，又了んぬ。而るに更に将門等を召すの使を給ふ。然れども心安からざるに依り，遂に上道せず。官使英保純行に付け，具なる由を言上し又了んぬ。未だ報裁を蒙らず，鬱包の際，今年の夏，同じく平貞盛，将門を召すの官符を拳って常陸国に到る。仍て国司頻に将門に牒送す。件の貞盛は追捕を脱し躡（ぬきあし）に上道する者なり。公家須く捕へて其の由を糺さるべし。而るに還りて得理の官符を給ふ。是尤も矯飾せらるるなり。又右少弁源相職朝臣，仰せの旨を引き書状を送る。詞に云はく，武蔵介経基の告状に依り，将門を推問すべきの後符を定むること已に了んぬてへり。詔使の到来を待つの比，常陸介藤原維幾朝臣の息男為憲，偏に公の威を仮り，只冤枉（えんおう）を好む。爰に将門が従兵藤原玄明が愁に依り，将門，其の事を聞かむが為に彼の国に発向す。而るに為憲と貞盛等と同心

し，三千余の精兵を率ゐて，恣に兵庫の器仗戎具幷に楯等を下して挑戦す。是に於て将門士卒を励まし意気を起して，為憲が軍兵を討ち伏すこと已に了んぬ。時に州を領するの間，滅亡する者，其の数幾許なるを知らず。況や存命せる黎庶，尽く将門がために虜獲せらるるなり。介維幾，息男為憲を教へずして兵乱に及ばしめたるの由，伏弁の過状已に了んぬ。将門本意に非ずと雖も，一国を討ち滅せり。罪科軽からず。百県に及ぶべし。これに因り朝議を候つの間，且つ坂東諸国を虜掠し了んぬ。伏して昭穆を案ずるに，将門已に柏原帝王五代の孫なり。縦ひ永く半国を領せむに，豈非運と謂はんや。昔兵威を振ひて天下を取る者，皆史書に見る所なり。将門天の与ふる所，既に武芸に在り。思ひ惟るに，等輩誰か将門に比ばむ。而るに公家襃賞の由無くして，屢譴責の符を下さるるは，身を省みて恥多し。面目何ぞ施さむ。推して之を察したまはば，甚だ以て幸なり。抑将門少年の日，名簿を太政大殿に奉り，数十年，今に至れり。相国摂政の世に，意はざるに此の事を挙ぐ。歎念の至り，勝げて言すべからず。将門国を傾くるの謀を萌せりと雖も，何ぞ旧主の貴閣を忘れむ。且つ之を察し賜はば甚だ幸なり。一を以て万を貫く。将門謹言。

　　天慶二年十二月十五日
　　謹々上　太政大殿少将閣賀恩下

　将門はまず，源護の訴訟により上洛し恩赦を受けたこと，平良兼と戦って損害を受け，良兼追討の太政官符が下されたこと，平貞盛が将門を召喚する太政官符を持って常陸国に到ったこと，源経基の密告により将門を推問する太政官符が出されたこと，常陸国住人藤原玄明の愁訴を受けて将門が発向したところ，国司の軍勢とぶつかり，これを降伏させ

るに至ったことを述べている。それを受けて「一国を討ち滅せり」とい
い，さらに坂東諸国を虜掠するに至ったことを述べる。

　その後に，将門は坂東諸国を支配する正当性を述べる。まず将門は桓
武天皇5代の孫であるから全国の半分を領することが正統でないとは言
えないという。正統に皇位を継承することを「承運」というから「非運」
とは正統な継承ではないことであろう。「どうして非運であるというだ
ろうか。いやいわない」と反語で問いかけているのであるから，自己の
正統性を主張しているのである。

　将門はもう一つ，兵威により天下をとることの正当性を歴史上の事実
を根拠に主張する。後年，平清盛の追討を東海東山北陸3道の源氏に呼
びかけた以仁王の令旨は，「天武皇帝の旧儀を尋ねて，王位を推し取る
の輩を追討し」と述べ，平家に擁立された安徳天皇を武力により廃して
自らが即位することの正当性の根拠を，壬申の乱を経て即位した天武天
皇の例に求めている。将門書状の前提にも，天武を前例とする武力放伐
の思想があったとみてよいだろう。

　このように，将門は皇胤としての正統性と武力放伐の正当性を高らか
に述べているのであるが，そのあと一転して卑屈な姿勢に転ずる。武力
で並ぶもののない将門を京都の朝廷は褒賞するどころか譴責してきたこ
とを自らの恥辱，不面目であると嘆き，理解を求める。この書状は摂政
太政大臣藤原忠平に宛てたものであるが，将門はかつて忠平に名簿を奉
呈してから今に至るまで臣従の変わらぬことを「国を傾くるの謀を萌せ
りと雖も，何ぞ旧主の貴閣を忘れむ」と述べている。日本全国の半分に
新皇として君臨することを宣言しながら，一方で京都の摂政太政大臣を
「旧主」（年来の主人，今は主人ではないという意味ではない）として臣
従する気持ちを克服していない。

　将門書状に見られる東国自立の主張は，以仁王の令旨を戴いて源頼朝

とともに挙兵した東国武士団に引き継がれた。頼朝は治承4年（1180）に挙兵して鎌倉を拠点としたが，京都から頼朝を追討するために派遣された平維盛を総大将とする軍勢と富士川を挟んで対峙した。『吾妻鏡』によると，維盛軍が撤退したのを受けて，頼朝は追撃して上洛することを士卒に命じたのであるが，千葉常胤，三浦義澄，上総介広常等に諫められて思いとどまったという。彼らの言うところは，常陸の佐竹氏をはじめとして東国にはまだ頼朝に帰服していない者が多い。まず東国を平定した後に関西に赴くべきだというものであった。ちょうど1年後の京都では，頼朝が間もなく上洛するが，以仁王は広常が守護して相模にとどまるという噂が立った。実際には頼朝はこの年には上洛しなかったし，以仁王は前年に戦死していたのであるが，広常等の東国武士団が以仁王を擁して自立をはかっていると，京都の貴族は恐怖しながら感じていたのである。

　建久元年（1190），頼朝は平治の乱以来30年ぶりに上洛したが，後白河法皇に広常について語っている[14]。頼朝が京都の朝廷のことをあれこれ心配しているのに対して，広常は「ナンデウ朝家ノ事ヲノミ身グルシク思ゾ。タヾ坂東ニカクテアランニ，誰カハ引ハタラカサン」と言ったというのである。朝廷のことをあれこれ心配しなくても，坂東でただこうしていればそれでいいではないか。まさしく東国自立の主張そのものである。

　ただし，頼朝がこの話を後白河法皇に話したのは，このような広常を頼朝は「謀反心ノ者」とみなし，「カヽル者ヲ郎従ニモチテ候ハヾ，頼朝マデ冥加候ハジ」と思って粛清したという趣旨であった。広常は「東国ノ勢人」であり「功アル者」であったけれども，「君ノ御敵」として躊躇なく粛清したことを，頼朝が「君ノ御事ヲ私ナク身ニカヘテ思候シルシ」として述べたのである。

14　『愚管抄』巻第六

　頼朝を「鎌倉殿」として推戴した東国武士団の政権は，一面では京都の朝廷から自立していたが，他方では東国年貢の運上を保証し，治安警察機能を請け負うなど，京都朝廷の分肢として行動しようとする面も有していた。将門書状に見られた東国自立論の弱点を鎌倉幕府もまたひきずっているのである。

　鎌倉幕府は結局150年間鎌倉を拠点とし続けたし，京都の朝廷と一体化することはなかった。鎌倉殿の地位は頼朝の2人の子息の後は孫の世代に及ばず，4代目以降は京都から招かれたが，6代目の鎌倉殿として宗尊親王が招かれると，鎌倉の政権を京都の政権に並ぶものとして整えようとする意識がいくつかの事業に認められるようになる。そもそも首長である宗尊親王自身が京都の後深草天皇の兄にあたる人物であった。そして宗尊が鎌倉に迎えられた建長4年（1252）に深沢の地で鋳造が開始された大仏は，京都朝廷にとっての東大寺の大仏，ないしは摂関九条家にとっての東福寺の大仏を意識したものであったであろうし，翌年落慶供養の行われた建長寺は朝廷にとっての延暦寺を意識したものであったであろう。

　京都の政権が有する威儀に相当する威儀を東国の政権も整えたいという意識は，時を隔てて江戸幕府にも認められる。家康の神号を東照大権現としたのは天照大神を意識したものであろうし，「東照宮縁起」は「日本書紀」冒頭の文章を三輪神道によって解釈した文章から始まる。江戸の鬼門に当たる忍岡に建立された東叡山寛永寺は京都の鬼門に位置する比叡山延暦寺を意識したものであろう。

　日本の歴史に長く影響を及ぼした東国自立論の原点として，平将門は後世から振り返られることになった。

参考文献

川尻秋生『戦争の日本史 4 平将門の乱』吉川弘文館，2007 年
鈴木哲雄『動乱の東国史 1 平将門と東国武士団』吉川弘文館，2012 年
木村茂光『平将門の乱を読み解く』吉川弘文館，2019 年

課題

『将門記』が収録されている図書を探し，その原文を読んでみよう。

3 | 阿仏尼—旅する母

近藤成一

《**学習のポイント**》 阿仏尼（1225 頃 -1283）は宮廷の女房，貴族の妻にして母，そして歌人として活躍した女性である。夫の遺産をめぐる訴訟のために鎌倉に向かい，『十六夜日記』を遺した。阿仏尼が女院の女房として仕えた世界と，阿仏尼がかかわった所領の相続をめぐる相論について考える。
《**キーワード**》 阿仏尼，藤原為家，冷泉為相，安嘉門院，持明院殿，和歌，相論

1. 阿仏尼の生涯

阿仏尼（以下，阿仏と称す）の生年は正確にはわからないが，弘安 4 年（1281）の和歌に「むそぢ」と詠まれている。当時の六十路は現在の 60 代の意味ではなく，60 歳前後，むしろ 60 歳に向かう年ごろを指す語であるので，嘉禄元年（1225）頃の生まれと考えられている。

父の平度繁については検非違使や佐渡守に任じられたことがわかる程度であるが，祖父の繁雅は，源平争乱の最中の寿永 3 年（1184），本領信濃国東条庄内狩田郷領主職

図3−1　阿仏尼像

を頼朝から還付されている[1]。平家一門から離脱した平頼盛が鎌倉に下向して頼朝の厚遇を受け，平家没官領のうちの頼盛分が返付された時期

---

1 『吾妻鏡』寿永 3 年 2 月 30 日条。

であるから，繁雅は頼盛に従って鎌倉に下向し，一旦平家没官領のうち
に加えられた本領の還付を受けたものであろう。

　繁雅は文治元年（1185）には鎌倉の勝長寿院供養に頼朝が臨むのに供
奉している[2]ので，頼盛の上洛後も鎌倉にとどまり，御家人として頼朝
に仕えたものと思われる。当時の繁雅は「式部大夫」と呼ばれていたが，
これは式部丞を辞して五位に任じられた者の呼び名である。

　当時，各省の三等官を務めた者が，その功績により五位に叙されて退
職し，顕貴の家や国司に目代として仕えて，民間の諸組織を支えていた。
中世社会の担い手として注目された武士が武勇をなりわいとするのに対
して，文筆をなりわいとして武士と肩を並べる彼らを「文士」と呼ぶ研
究者もいる[3]。

　若き日の阿仏は安嘉門院に出仕した。安嘉門院邦子内親王は後高倉院
の女で後堀河天皇の姉にあたる。内裏や院・女院の御所に出仕する女房
はその御所内で呼ばれる名前を持つが，阿仏の女房名は越前であった。
若くして尼となって奈良の法華寺に住み，後に松尾の慶政のもとに身を
寄せていたところ，後嵯峨院大納言典侍に見出された。『源氏物語』を
書写させるためであったという。後嵯峨院大納言典侍は実名を為子とい
い，藤原為家の娘である。『源氏物語』を書写させる人を探していたの
は為家であり，為子は父のために阿仏を見出したとも考えられている。
阿仏が為子のもとに来たのは，為家が『続後撰和歌集』を奏覧した後の
ことであると言われているが，『続後撰和歌集』の奏覧は建長3年
（1251）のことである。為家は54歳であった。為家が建治元年（1275）
に亡くなった時，阿仏は為家の歌の道に23年間助け仕えてきたと回顧
している[4]。

　為家は康元元年（1256），59歳で出家したが，阿仏が為家の子を産ん
だのはその後であると思われる。最初の子は「誰が子やらん」と疑われ

2　『吾妻鏡』文治元年10月24日条。
3　五味1992。
4　『阿仏仮名風誦』。

たという[5]が，為家は自分の子として認めている[6]。弘長 3 年（1263）に為相，文永 2 年（1265）に為守を産んだ。為相については世間からも為家の子として認められている。

　為相が誕生した弘長 3 年の 3 月，為家は住吉社と玉津島社の社頭で歌合を披講し奉納したが，阿仏も「右衛門佐」の名で出詠している。文永 2 年（1265）成立の『続古今和歌集』にも「安嘉門院右衛門佐」の名で 3 首が採られている。

　為家は宇都宮頼綱の女との間に為氏，源承，為教，為子を儲けていた。頼綱女の母は北条時政の女であるので，為家と頼綱女との婚姻は御子左家にとっては幕府要人との縁を結ぶものであった。しかし為家は文応元年（1260）嵯峨中院に居を移し，頼綱女と離別した。中院は嵯峨の二尊院と清涼寺の中間に位置することにちなんでそう呼ばれた為家の別邸であった。為家のそれまでの居所二条高倉邸は為氏が使用することになった。この年，為家は 63 歳，頼綱女は 61 歳，為氏は 39 歳，源承は 37 歳，為教は 34 歳，為子は 28 歳であった。阿仏は為氏と為教の間，為子よりは少し年長であったと思われる。

　中院には始終多くの人が訪れ，和歌，連歌，朗詠，今様，蹴鞠などに興じたが，阿仏は中院の「女あるじ」として振舞った。文永 10 年（1273），為家と阿仏は持明院殿北辺に移り，中院の旧屋と和歌文書を運び渡した。阿仏とその親族の仕える安嘉門院は持明院殿の西に御所を有したから，持明院殿の北辺は安嘉門院やその親族に仕える者たちの居住域であった。為家と阿仏が転居した先も阿仏の親族の居宅であったと思われる。為家は最晩年を阿仏の居宅で過ごし，建治元年（1275）5 月 1 日，78 歳で亡くなった。

　この年 9 月に一条家経が主催した「摂政家月十首歌合」に阿仏は「安嘉門院右衛門佐」の名で出詠し，翌年閏 3 月に北条時宗が屏風に作らせ

5　『源承和歌口伝』。
6　「冷泉為人氏所蔵文書」文永 5 年 11 月 19 日藤原為家譲状。

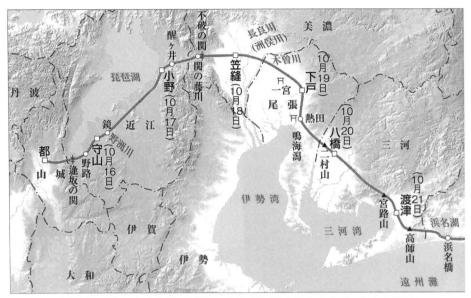

図3－2　阿仏尼が旅した東海道（田渕句美子『物語の舞台を歩く　十六夜日記』
山川出版社，2005 年より転載）

た「現存卅六人詩歌」にも同じ名前で採られている。しかし弘安元年
（1278）に成立した『続拾遺和歌集』には「安嘉門院四条」の名で 6 首
が採られている。阿仏は為家からは「阿房」と法名にちなむ名で呼ばれ
ていたが，歌人としては安嘉門院女房の名で呼ばれていた。その女房名
は越前・右衛門佐・四条と変わった。右衛門佐の名で活動した期間が一
番長いのであるが，最後の名が四条であるので，この名が歌人として阿
仏を示す代表名になっている。
　為家が亡くなって間もなく，為氏と阿仏・為相の間に為家の遺領播磨
国細河庄地頭職をめぐる相論が起こり，弘安 2 年（1279）10 月，阿仏
は訴訟のために鎌倉に下向した。その道中の紀行と鎌倉到着後の京の人

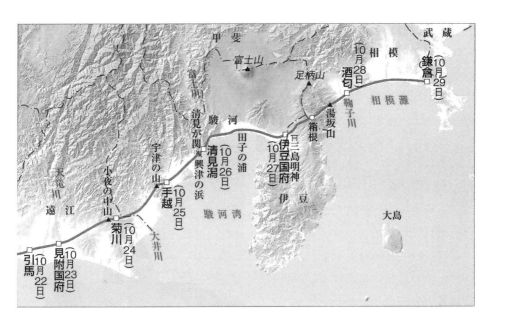

びととの交信を折々の詠歌とともに書きとめたのが『十六夜日記』で
ある。同書は弘安3年8月2日に久々に都から届いた消息を読み，為
相・為守・大宮院権中納言（為教女）等の歌に返事を書いたことを記し，
「都の歌ども，此後多く積りたり。又書きつくべし」と記して終わって
いる。

　阿仏は鎌倉下向の途次，三島社に100首，走湯山に100首，箱根宮に
100首を奉納し，鎌倉について間もなく鶴岡若宮に100首を奉納したが，
年が明けて弘安3年には，正月に佐介の稲荷社に100首，3月に極楽寺
近くの聖福寺の新熊野社に100首，6月に荏柄天神に百首，弘安4年3
月に亀ヶ谷の新賀茂社に100首，同じく亀ヶ谷の新日吉社に100首，9
月には常陸の鹿島社に100首を奉納した。阿仏は10社に奉納した和歌

各100首にそれぞれ序・跋を付け1000首を一括したと思われるが，その後半部が伝来して『安嘉門院四条五百首』の名で知られる。

　鹿島社百首に付された跋によると，8月15日の巳の時に詠み始め，夜ごとに詠んだが，世上の騒動にまぎれて（原文は「おほかたのよにさはりあることなどすぐして」），9月3日の夜に詠み終わり，清書した上で，常陸に赴く人に託して鹿島社に届け，翌年正月に確かに奉納した旨の返事を受け取ったという。弘安4年はモンゴルの第2次襲来のあった年である。8月15日といえばすでにモンゴルの遠征軍の主力は撤退しているけれども，幕府はこの月，高麗に出兵することを計画している。出兵の延期を決めたのが8月25日であった。阿仏の詠歌を滞らせた世上の騒動はこれに関係するものであったかもしれない。阿仏が自ら出向くことのできない鹿島社への詠歌奉納を思い立ったのも，武神鹿島社に異国降伏を祈願したものであったとも思われる。

　鎌倉に下って足掛け4年目を迎えた弘安5年の春，阿仏は細河庄訴訟の進捗を祈って長歌を詠んだ。かつて執権泰時が俊成卿女（為家の祖父俊成の孫，為家の従姉妹にあたる）の和歌にうたれて播磨国越部庄における地頭の非法を停止したことにもとづき，同じ播磨の細河庄について，俊成卿女の親族にあたる為相を勝訴させたならば，幕府の世はますます栄えるであろうと言祝いだものであった。時の執権は泰時の曾孫時宗である。阿仏の長歌は時宗に届くことを期したものであろう。

　細河庄相論に対する裁許は正応2年（1289）11月7日に下され，為相が勝訴したが，阿仏はそれを待てず，弘安6年（1283）の夏に亡くなった。

2.　女房と女院の世界

　阿仏尼が仕えた安嘉門院は，後高倉院と北白河院の間に生まれた女で

ある。

　後高倉院は治承3年（1179）高倉天皇と七条院との間に生まれたが，平知盛とその妻治部卿局とに養育された。寿永2年（1183）に平家一門が安徳天皇を擁して西走すると，後高倉も安徳の皇嗣として知盛・治部卿局とともに同行し，元暦2年（1185）壇ノ浦の戦いを迎えることになる。知盛は入水したが，後高倉と治部卿局は京に戻った。後高倉と父母を同じくする弟後鳥羽を天皇に立てた京都にあって，後高倉ははじめ上西門院（後白河法皇の姉）に庇護され，後には持明院基家のもとに遷った。基家の母は上西門院の乳母であり，基家の妻は平頼盛の女であるが，後高倉の乳母をつとめていた。

　基家の邸宅持明院殿は平安京の北郊，室町小路末に東面して設けられていた。基家の祖父基頼が康和年中（1099-1104）に郭内に建立した持仏堂を持明院と号したのが名称の由来であるが，基家の父通基が天治年中（1124-26）に再建して持明院を邸宅全体の名称とし，持仏堂の名称を安楽光院に改めた。後高倉は持明院殿で成長し，基家の女陳子との間に3男3女を儲けた。その5番目が安嘉門院であり，6番目が後堀河天皇である。

　後鳥羽の子孫に皇位が伝えられている間，後高倉は皇位を窺う対抗者として危険視されるのを避けるために，自らも出家し，年長の2人の子息も出家させたが，承久の乱により後鳥羽の子孫が皇位から排除されることになったために，後高倉の男子のうち唯一出家前であった後堀河が皇位に立てられ，後高倉が院政を行うことになった。後高倉は皇位に登ることなく院政を行った史上唯一の人物ということになる。後高倉の妃陳子は院号を贈られて北白河院と呼ばれることになった。

　寛喜2年（1230）に持明院殿の西に安嘉門院の御所が造営された。藤原定家は，安嘉門院の院司の奉書が到来し，細河庄の負担で西渡殿一間

を造ることが命じられたことを日記に記している。安嘉門院は細河庄の本家であり，定家は本家から預かる形で細河庄を知行していた。定家のように安嘉門院領荘園を知行した人々に御所造営の役が賦課されたのであろう。

　安嘉門院は八条院領荘園を継承していた。八条院は鳥羽上皇と美福門院との間に生まれた女であるが，父母から膨大な荘園を継承していた。八条院が亡くなった後は後鳥羽上皇がその遺領を管領したが，承久の乱により幕府は後鳥羽から没収して改めて後高倉に管領させた。そして後高倉から安嘉門院に譲られていたのである。

　安嘉門院は姪の室町院（後堀河天皇の女）に一期の間この荘園群を管領させ，その後に亀山上皇に継承させるつもりでいた。しかし当時，天皇家は分裂し，後深草・亀山の兄弟が皇位継承と勢力の拡大をめぐって激しく争っていた。弘安6年（1283）に安嘉門院が亡くなると，亀山上皇は幕府に使節を送り，亀山がただちに安嘉門院の遺領を管領することを認めさせた。室町院は当然これに不満であったが，正応3年（1290）に安嘉門院遺領の一部が亀山から安嘉門院に和与された。

　室町院はもう一人の伯母式乾門院からも荘園群を継承していたが，正安2年（1300）に室町院が亡くなると，今度は室町院の遺領の継承をめぐって後深草・伏見父子と亀山・後宇多父子との間で相論となり，幕府はこれを折半する裁定を下した。この際に後高倉・式乾門院・室町院と継承されてきた持明院殿を伏見上皇が居所としたので，伏見の系統が持明院統と呼ばれることになったのである。ちなみに後宇多が後に大覚寺を居所にしたことにより，後宇多の系統は大覚寺統と呼ばれることになる。

　阿仏の祖父繁雅は，妻が北白河院の乳母であり，繁雅は乳母の夫として「女院御後見」と呼ばれていた。後高倉の北面にも祇候し，貞応2年

（1223）に後高倉が崩じた際の葬列には繁雅とその子息信繁・季繁が上北面として，同じく子息度繁が下北面として供奉している。度繁は阿仏の父である。

　安嘉門院が亡くなった後の五七日の仏事は室町院により修されたのであるが，その用途は安嘉門院領荘園に賦課された。それを沙汰した人物として繁高の名が伝えられているが，繁高は阿仏の兄弟である。阿仏も含めその親族は安嘉門院に仕え，その荘園を知行していたのである。安嘉門院領を亀山上皇を経て継承した後宇多上皇が昭慶門院（亀山の女）に管領を委ねた荘園の目録には，信濃国東条庄や遠江国浜松庄の知行者として阿仏の親族繁世・遠繁の名が認められる。信濃国東条庄は一旦平家没官領となりながら頼朝から繁雅に安堵された荘園であった。

　為家は最晩年を持明院殿北辺の阿仏の邸宅で過ごしたが，持明院殿近辺には安嘉門院を含む後高倉皇統に仕える人々が居住していたと思われる。そのことを示す史料を読んでみることにしよう。原文は漢文であるが読み下し文にし，割書の部分は〈〉，割書の割書の部分は《》で括って示す。

【史料】越前島津家文書
沙弥行照解し申し請ふ証判の事
　　先傍例に任せ，殊に証判を給ひ，公験と為すことを請ふ，播磨国
　　下揖保庄地頭方文書紛失の状
右，件の地頭職は，高鼻和左衛門尉有景の所領也。而るに息女越後局之を相伝し，子息左衛門尉忠行相続管領，其の子両輩〈三郎行景・六郎忠幹〉彼の職を相論せしむるに依り，件の庄代々証文等，暫く行照に預け置くの処，去年十月の比，斗薮のため在京，同十月廿四日夜，強盗行照の宿所〈持明院北大路〉に乱入せしめ，彼の証

文等を盗み取られ畢んぬ。捜ね求むると雖も，出来せず。仍て案文〈元仁元年十二月廿五日有景に充て賜ふ関東御下文，仁治三年八月廿六日有景女子越後局に譲る状，《但し一期の後豊後三郎譲与する所也と云々，》寛元元年七月廿二日越後局安堵御下文，弘安二年七月廿七日越後局《法名仏如》嫡子忠行に譲る状〉を以て，正文に摸さんと欲す。且つがつ此くの如きの重書紛失の時，連署を申し請ひ，亀鏡に備ふるは，先傍例也。向後若し彼文書等を帯し，沙汰を致すの輩有らば，盗犯の科遁るべからざるもの也。望み請ふ，証判を給はられ，末代の公験に用ひんが為，事の状を勒し，以て解すてへり。

　　弘安六年八月　　日

「今覆審を加へ，尤も其の謂はれ有るに依り，各加判する所也。

　　　　　　　　　　　散位平朝臣具繁（花押）

　　　　　　　　　　　前周防守源朝臣惟行（花押）

　　　　　　　　　　　前左馬助源朝臣仲忠（花押）

　　　　　　　　　　　木工権頭平朝臣繁高（花押）

　　　　　　　　　　　造酒正中原朝臣師冬（花押）

　　　　　　　　　　　助教中原朝臣師経（花押）

　　　　　　　　　　　前刑部権大輔高階朝臣経茂（花押）」

　「人々証判分明，仍て署判を加ふ。

　　　　　　　　　　　左衛門少尉中原朝臣章名（花押）」

　「面々証判頗る衆証と謂ふべきか。仍て愚判を加ふるのみ。

　　　　　　　　　　　右衛門大尉中原章述（花押）」

「群盗乱入の条顕然の上，文書紛失の事，隣里連署衆証に相叶ふ。仍証判を加ふる所也。

　　　　　　　　　修理左宮城判官左衛門少尉中原朝臣章長（花押）」

　「文書紛失の条，面々の証判衆証に足る。愚署を加ふる所のみ。

　　　　　　　　左衛門権少尉中原朝臣職隆（花押）」
「件文書群盗の為に紛失の条，面面証判炳焉の間，加判する所也の
み。
　　　　防鴨河判官明法博士兼左衛門少尉中原朝臣明盛（花押）」

　播磨国下揖保庄地頭職は高鼻和有景から越後局，忠行と継承された
が，忠行の子息行景と忠幹の間で相論になったので，この所領に関する
証文は行照に預けられた。ところが行照の持明院北大路の宿所に強盗が
乱入して証文を盗み取られてしまった。探索してみたけれども見当たら
ない。そこで行照は，あらかじめ作成しておいた案文（写）に今後正文
に代わる効力を持たせることを申請したのである。申請した先はこの時
期京都市政をつかさどった検非違使庁であったと思われる。
　差出人である行照の名前が冒頭に記され，署判がないのは上申文書の
形式であることによる。日付の次に列挙されている署判は，差出人の申
請内容が正当であることを証明するものである。まず最初に署名してい
る 7 人は近隣の住人，その後に相次いで署名している中原章名，同章述，
同章長，同職隆，同明盛は検非違使の官人である。近隣の住人と検非違
使官人の証明によって行照の申請の正当性，すなわち元仁元年 12 月 25
日関東下文以下 4 通の案文に今後正文と同等の効力を認めることの正当
性が保証されるのである。
　さて，持明院北大路を宿所とする行照の申請の正当性を証明した近隣
の住人 7 人のなかに，平具繁，同繁高の名が認められる。繁高は阿仏の
兄弟，具繁も親族であると思われる。これにより，安嘉門院を含む後高
倉統に仕える阿仏の親族が持明院殿の近辺に居住していたことが推測さ
れる。

48

3. 所領の相続と相論

　為家は正元元年（1259）10 月 24 日，近江国吉富庄・伊勢国小阿射賀御厨・播磨国細河庄を嫡子為氏に譲与した。この譲与について為家は 2 か月後の 12 月 23 日に，西山入道をすかすために行ったと書いている。西山入道とは 11 月 12 日に 82 歳で亡くなった宇都宮頼綱のことである。頼綱は為家の妻の父，為氏の祖父にあたる。為家と阿仏との関係が始まって数年がたっている。為家と阿仏との間の最初の子も生まれていたかもしれない。為家と阿仏との関係が親密になるほど，為家と頼綱女との関係は危うくなり，頼綱女所生の為氏の地位が危うくなる，と頼綱は心配したのかもしれない。臨終の床にある頼綱の心配をなだめるために譲与を行った，と為家は頼綱が亡くなった後に述べているのである。

　文応元年（1260），為家は嵯峨中院に転居して頼綱女と離別したが，あらためて為氏に譲状を認め，為氏の嫡子としての地位を認めている。しかし弘長 3 年（1263）に阿仏が為相を産むと，為家は阿仏・為相を溺愛し，為相が為氏から独立して家を立てる算段を講じ始める。

　文永 5 年（1268），為家は伊勢国小阿射賀御厨預所職ならびに地頭代官を乳母に譲与するが，乳母一期の後の沙汰を阿仏に委ね，為相に難がなければ譲ることを望む。小阿射賀御厨はすでに為氏に譲っているのであるが，領家の預所，地頭の代官として現地を管理し，得分を収取する所職を分離して，為相の将来の資に用意したのである。

　翌文永 6 年には，為家は為氏から播磨国越部下庄を悔い返して為相に譲与した[7]。こうした処置をした理由を為家は譲状に率直に書いているので，原文で読んでおこう。

　　もとは大納言殿ニゆつりて候しかとも，老のゝち，大夫いてきてふ

---

7 「東京国立博物館所蔵文書」文永 6 年 11 月 18 日藤原為家譲状。

　　ひんニおほえ候へハ，大納言殿ニこの一所をこひうけて，さりふミ
　　とりて，大夫為相にゆつりわたし候.

　文中，大納言は為氏，大夫は為相を指す。為相の将来を立ち行かせる
ために，為氏に懇願して為相に譲り直したというのである。為氏もこれ
に応じて為相あての去文を書いている[8]。この頃までは，少なくとも表
向きには為家と為氏との対立はない。
　為家と為氏との関係が悪化したのは文永 10 年のことである。為家は
この年 4 月 21 日から 7 月 3 日までの 100 日間，日吉社に参籠した。参
籠するのにも費用がかかるが，為氏が派遣した家人はおざなりに 10 日
ほど世話しただけで逃げ帰ってしまった。禰宜の成賢が同情して援助し
てくれたので，なんとか 100 日の参籠を遂げることはできたが，さて参
籠を終えて迎えの力者と馬草の手配を申し付けたところが無視された。
そこでこの恥をすすぎ，また一方では成賢の恩に報いるために，為氏に
譲与していた吉富庄を悔い返し，成賢に預けて，援助された食物の返却
に充てることとした。その旨の書状を為氏に宛てて書いたのが 7 月 13
日である[9]が，為氏は仰天して返報し，吉富庄の替わりに細河庄を返却
すると言ってきたので，為家は吉富庄を悔い返すことをやめ，7 月 24
日に阿仏に宛てて細河庄をただちに譲ることを伝えた[10]。
　為家は文永 5 年より不断経（かかさずに読経させること）を行ってき
たが，その供料として 6 人の僧侶に 6 石ずつ合計 36 石を細河庄から支
出することとしていた。為氏がその義務を果たさなかったことも為家を
怒らせていたが，為家は不断経を継続し，なおかつ為相らを養育するた
めに，細河庄の管理を阿仏にゆだねたのである。翌文永 11 年 6 月 24 日，
為家は為相あての譲状を認めた[11]。「七十七の六月廿四日まていきて候」
と書き始めたこの譲状の追而書には「手いとゝわなゝきて，文字かた候

　8　「東京国立博物館所蔵文書」文永 6 年 11 月 18 日藤原為氏避状。
　9　「冷泉家文書」文永 10 年 7 月 13 日藤原為氏書状案。
10　「冷泉為人氏所蔵文書」文永 10 年 7 月 24 日藤原為家譲状。
11　「冷泉為人氏所蔵文書」文永 11 年 6 月 24 日藤原為家譲状。

はす」と記されている。震える手で最後の力を振り絞って書いたのであろう。為家はさらに1年生き，建治元年（1275）5月1日に亡くなった。

　阿仏が細河庄地頭職をめぐる訴訟のために鎌倉に下向したのは弘安2年（1279）10月であるが，これに先立ち4月に為氏が下向していた。為氏は亀山上皇から馬を下されているので，あるいは亀山上皇の使節であったかとも考えられるが，この時期に相論の一方当事者が鎌倉に下れば，もう片方も下らなければ不利になる。それが阿仏がこの年に鎌倉に下向した理由であったのかもしれない。

　阿仏は弘安6年（1283）に亡くなり，為氏もその3年後，やはり鎌倉で亡くなった。細河庄相論は為相と為氏の子為世を両当事者として継続し，正応2年（1289）11月7日に為相勝訴の裁許が下された。しかし為世はこの裁許に異議を申し立て，正応4年8月10日に逆転して為世の勝訴とする裁許が下された。それから18年後，延慶2年（1309）に為相は正応4年の裁許を不服とする越訴を行い，正和2年（1313）為相を勝訴とする裁許が下された。この時の裁許状が残っているので，一部を読んでみよう。原文は漢文であるが，読み下し文にして示す。

【史料】天理図書館所蔵文書
　　前右衛門督家^{為相}雑掌尚弘と民部卿家^{為世}雑掌僧覚妙と相論する
　　播磨国細河庄地頭職の事
　右，尚弘延慶二年越訴状に就き，先度評定事書を尋ねらるるの処，紛失せしむるの間，覚妙陳状を以て，両方を召決し畢んぬ。彼れ是れ申す所枝葉多しと雖も，所詮，当庄地頭職は，京極入道中納言家^{定家}の所領也。入道民部卿家^{為家}伝領の後，正元年中嫡子入道大納言家^{為氏}に譲らるると雖も，条々不孝有りと称し，之を悔返し，文永十年七月廿四日・同十一年六月廿四日両通の状を以て，前右衛門

督家に譲与せらるるの間，彼の状に任せ，正応二年十一月七日裁許せらるるの処，民部卿家重ねて子細を申さるるに依り，同四年八月十四日，先判の状に就き，下知せらるる所也。（中略）此等の子細を閣き，正元の書状を賞し，文永の譲状を棄捐せらるるの条，正応四年の沙汰，参差せしめ畢んぬ。然れば則ち，当庄地頭職に於ては，文永両通譲状ならびに正応二年下知状に任せ，前右衛門督家に付せらるる所也。次いで文永の状の誠詞の如くんば，子孫に至り，違乱を致さば，吉富庄同じく申し給ふべしと云々。充て給ふべきの由，尚弘越訴状に載すると雖も，本所進止の地たるの間，関東に於て其の沙汰に及ばずてへれば，鎌倉殿の仰せに依り，下知件の如し。

　　　正和二年七月廿日

　　　　　　　　　　　　　　　　相模守平朝臣（花押）

　文書の最初の行は「事」で終わっているので「事書」というが，文書の標題にあたる部分である。裁許状の事書は形が決まっていて，「某甲と某乙と相論する某所の事」という形式である。最初に訴人（原告）の名が，次に論人（被告）の名が記され，その次に論所（係争物件）が記される。従ってこの相論の訴人は為相，論人は為世であり，細河庄地頭職を論所とする相論であったことがわかるのである。

　本文は長文であるので大幅に省略した。中略する前に為相の越訴に至った経緯が書かれている。中略の後，「然れば則ち」からあとが判決主文である。文永両通の譲状と正応2年の裁許状を根拠として為相勝訴とすることが述べられている。

　それでは正応4年に為相が一旦敗訴したのはなぜか。上引の裁許状には「先判の状に就き」と記されている。「先判」というのは「後判」に対する語で，先に書かれた譲状を先判，後で書かれた譲状を後判という。

親は子に対する譲与をいつでも何回でもやり直すことが認められるから，譲与対象を同じくして，日付と譲る相手を異にする譲状が存在すれば，日付が後の譲状が有効とされ，日付が前の譲状は無効とされる。正和 2 年の裁許はこの原則に基づき，後判すなわち文永 10 年 7 月 24 日・文永 11 年 6 月 24 日付けの譲状を有効，先判すなわち正元元年 10 月 24 日付けの譲状を無効としたのである。ただし後判とされる文書の真偽や有効性をめぐって争われるのが通例で，中略部分にはそれに関わる論争が延々と引用されている。正応 4 年には一旦為世が勝訴したが，それにはそれなりの理由があったのであろう。しかし，先に述べたように，為相は正応 4 年の裁許を不服として越訴を行い，正和 2 年に為相の勝訴とする裁許が下されるのである。

参考文献

田渕句美子『阿仏尼』吉川弘文館，2020 年
五味文彦『武士と文士の中世史』東京大学出版会，1992 年

課題

『十六夜日記』が収録されている図書を探し，その原文を読んでみよう。

4 | マルコ・ポーロ
—東西世界の遭遇と発見を象徴する旅人

河原　温

《**学習のポイント**》　マルコ・ポーロ（1254〜1324）は，ヴェネツィアの商人家系に生まれ，17歳でモンゴル帝国のクビライ・ハーンの宮廷へ旅し，以来10数年間にわたり元朝支配下の中国に滞在した。故国ヴェネツィアへ帰国した後，物語作家ピサのルスティケッロに東方での見聞を語ったと言われる内容が『世界の記述』（東方見聞録）というテキストとして流布し，中世後期以降のヨーロッパで広く読まれた。マルコ・ポーロの生涯と彼の残したテキストは，何を後世に伝えたのか，その歴史的意義を考える。
《**キーワード**》　クビライ・ハーン，元朝（モンゴル帝国），ヴェネツィア商人，ピサのルスティケッロ，「驚異の書」

1. マルコ・ポーロの生涯と旅

（1）時代背景—マルコ・ポーロの生きた13世紀

　13世紀は，モンゴル帝国が勃興し，ユーラシア大陸の歴史上はじめて東の中国世界から西のヨーロッパ世界までが一つに結びつけられた「世界史」の時代である。1240年代までに，モンゴル帝国は，東は朝鮮半島から西方は黒海周辺までその支配勢力を拡大した。モンゴルによる広大な領域支配は，「モンゴルの平和」（パックス・モンゴリカ）として東西世界の往来を可能としたのである。1245年，ローマ教皇インノケ

ンティウス4世は，聖地エルサレムにおけるイスラム勢力の拡大に対抗してモンゴルとキリスト教世界の連合を構想し，「タルタル族（モンゴル）の王と臣民」に向けた教皇書簡をモンゴルのハーンのもとへ送って，モンゴルとの意思疎通とモンゴル帝国についての情報収集をめざした。教皇の命を受けたドミニコ会士のロンジュモーのアンドレやフランシスコ会士のジョヴァンニ・プラノ・カルピニ，その後，フランス王ルイ9世の命を受けたギヨーム・ド・ルブルックら，何人もの修道士が使節として1240年代後半から50年代にかけてカラコルムなどモンゴルの領土へ旅し，その報告記を残している。

　こうした修道士を中心とするキリスト教使節団の東方行とととともに，すでに早くからヴェネツィアやジェノヴァなどラテン系（イタリア）の商人たちは，ペルシャ，インド，中国などオリエント世界の貴重な奢侈品を求めて，コンスタンティノープルから黒海を経由してペルシャのタブリーズに至っており，モンゴル（イル・ハン国）をはじめとする東方世界との商業活動を活発化していた。1254年，マルコ・ポーロはそうした東方との交易に早くからかかわったヴェネツィアの商人家系の家に生まれた。

　ポーロ一家は，祖父の時代からコンスタンティノープルや黒海周辺での商業活動を行っていたが，さらに東方の富を求めて，マルコ・ポーロの父ニッコロと伯父マッフェオは，1260年頃ヴェネツィアを出発し，1260年代半ばにキプチャク・ハン国を経て，1266年クビライ・ハーンの居る大都（現在の北京）まで赴いたと考えられている。

（2）ポーロ一家の東方への旅

　クビライはニッコロ，マッフェオ兄弟を厚遇し，教皇宛の書簡を彼らに託して再び戻ってくるように求めたという。ニッコロ，マッフェオ兄

表4−1 マルコ・ポーロ年表

年代（西暦）	年齢	出来事
1229		モンゴル帝国第2代オゴデイ・ハン即位。
1243		教皇インノケンティウス4世即位。
1245〜47		フランシスコ会士カルピニ，第3代グユク・ハンの宮廷へ教皇書簡を届ける。
1253〜55		フランシスコ会士ルブルック，第4代モンケ・ハンの宮廷へルイ9世の書簡を届ける。
1254	0	マルコ・ポーロ，ヴェネツィアで生まれる。
1260		モンゴル帝国第5代クビライ・ハーン即位（〜1294）。父ニッコロと伯父マッフェオ兄弟，ヴェネツィアからコンスタンティノープル，ソルダイアへ向かう。
1262	8	ポーロ兄弟（ニッコロとマッフェオ），東方へ向かう。キプチャク・ハン国とイル・ハン国の間で戦いが始まる。
1264/65		ポーロ兄弟，クビライ・ハーンの宮廷に至る。
1269		ポーロ兄弟，アッコン（アークル）を経てヴェネツィアへ戻る。
1270/71	16/17	ポーロ兄弟とマルコ，ヴェネツィアを出発，東方へ向かう。
1274/75	20/21	ポーロ兄弟とマルコ，クビライ・ハーンの宮廷（上都）へ到着，のち大都に移る。
1276	22	クビライ・ハーンの将軍バヤン，南宋の都キンサイ（臨安／杭州）に入城する。
1279		南宋滅びる。
1285頃	31	クビライ，マーバル，チャンパへ使節派遣。マルコはチャンパに滞在（推定）。
1290	36	マルコら一行，イル・ハン国の使節，コカチン姫と共に泉州を出航する。
1291		マムルーク朝によりアッコン陥落。エルサレム王国の滅亡。
1293	39	マルコら一行，ホルムズに到達。
1294		クビライ・ハーン没。ヴェネツィアとジェノヴァの間で「ライアスの海戦」。
1295	41	マルコ一行，タブリーズ，トレビゾンド，コンスタンティノープルを経てヴェネツィアへ帰還する。
1296頃		ヴェネツィアとジェノヴァの海戦にマルコも参戦し，ジェノヴァ側の捕虜となる。
1297/98	43/44	ジェノヴァの獄中で物語作家ピサのルスティケッロと出会う。ルスティケッロの口述筆記により『世界の記述』が書きとめられる。F版（イタリア語なまりのフランス語）原本の作成。
1299	45	マルコ，ジェノヴァからヴェネツィアへ帰国。
1300年代		『世界の記述』の様々な言語による写本作成される。
1318/20		ラテン語（ドミニコ会士F.ピピノ訳）本の作成。
1324	69	マルコ，遺言書を残して没する（1月8日）。
1477		ニュルンベルクで最初の印刷本『世界の記述』の刊行。
1490年代後半		コロンブス，第2回航海後，ピピノのラテン語訳刊本（1485年頃）を読む。
1550年代		ヴェネツィアでラムージオ，様々な写本からの集成版（トスカーナ方言）を『旅行・航海記集成』に収録刊行。

出典：海老澤哲雄『マルコ・ポーロ』（山川出版社，2015年），89頁の年表をもとに作成。

弟は，1270年前後にヴェネツィアへと戻ったのち，1271年，ニッコロの17歳の息子マルコを連れて，再びクビライのもとへと旅立った。

彼らは，ヴェネツィアから十字軍国家の拠点の港アッコンへと海路で赴き，そこから陸路でペルシャを横断し，中央アジアのパミール高原，ゴビ砂漠を縦断して3年半の年月をかけて，クビライの夏の都である上都（カタイ）へと到着した。その年代は，1274/75年頃と考えられている。父，伯父ともに，クビライ・ハーンの宮廷に迎え入れられた時，マルコは，21歳になろうとする若者であった。

ポーロ一家3人は，以後約17年にわたりクビライ・ハーンに仕えた。マルコが，クビライの宮廷で実際どのような役割を果たしていたかは明らかではない。彼の残した『世界の記述』（東方見聞録）で語られるのは，彼が元朝支配下の中国南西部や東南アジア（チャンパ王国）など様々な地方に徴税官や使節として派遣され，征服された各地方に関するさまざまな情報をクビライにもたらしたということである。マルコの父と伯父がイタリア（ラテン系）商人としてクビライにとって有用な経験と知識を持っていたとみられることから，若きマルコが元朝の役人・派遣使節として活動したという『世界の記述』の言説は，史料的には確認されていないものの，ありえないことではなかったと思われる。

マルコは中国語を解さなかったが，母語のイタリア語の他，元朝治下の外国人たちの間で国際共通語とされたペルシャ語をはじめ，モンゴル語，トルコ語，ギリシャ語を通じてコミュニケーションをとっていたと考えられる。

クビライの宮廷に長期にわたり仕えていたポーロ一家は，その後何度か帰国を願い出たが，クビライの寵愛によりなかなか許可が下りなかったという。しかし，イル・ハン国のアルグン・ハンの王妃が亡くなり，その後継の妃に内定したコカチン姫を迎えに来たイル・ハン国の使節団

が，内陸の戦乱のため海路帰国することになった際，同行してヴェネツィアへ戻ることをクビライから許され，1290/91年，14隻の船団を提供され，泉州の港から帰国の途についた。出立にあたって，マルコらには，クビライから元の領土内の通行の自由を保障するパイザ（牌符）を与えられた。

　ポーロ一行は，スマトラ，セイロン，マラバール（インド）を経て，1293年にペルシャ湾の入り口に位置するホルムズに到着した。ホルムズからコカチン姫をアルグン・ハンの息子のもとへ送り届けたのち，トレビゾンド，コンスタンティノープルを経て，ヴェネツィアへ帰国したのは1295年であり，17年間の元朝の宮廷滞在と往還の旅程をあわせ24年間の東方滞在の旅を終えたマルコは41歳になっていた。

（3）帰国後のマルコ・ポーロの人生

　彼らが24年におよぶ大旅行からヴェネツィアへ帰国後まもなく，ヴェネツィアは，東地中海の商業覇権をめぐって抗争していた都市国家ジェノヴァと交戦状態に入った。マルコは，ヴェネツィアの兵士として参加する中で，1296年頃アドリア海で生じた海戦でジェノヴァ側の捕虜となり，ジェノヴァの牢獄に収容された。そして，獄中で出会った物語作家のルスティケッロ・ダ・ピサに東方旅行の詳細を口述し，ルスティケッロがそれをイタリア語（トスカナ方言）なまりのフランス語で書きとどめたものがオリジナルのテキスト（祖本）であると考えられている。1298年頃にマ

図4-1　マルコ・ポーロの肖像

図4-2　マルコ・ポーロの旅行行程図

ルコとルスティケッロの共同作業となった口述筆記によるテキストか
ら，その後多くの写本が作られ，14世紀のうちにヨーロッパ中に広く
流布していったのである。

　この『世界の記述』（東方見聞録）というテキストの誕生した歴史的
プロセスについては，同時代の史料が残されておらず，マルコがジェノ
ヴァの牢獄でルスティケッロとどのような形で『世界の記述』を共同制
作したのか，ルスティケッロのテキストへの関わり方がどの程度のもの
であったのかといった問題は，今日なお議論のあるところである。

　後に述べるように，『世界の記述』の祖本は知られていないが，最も
祖本に近いテキストとして知られるのがフランス国立図書館蔵の写本
fr.1186（Fテキスト）である。その後，祖本から派生した写本から14
世紀以降，ラテン語（Zテキスト）のほか，イタリア語（ヴェネト方言，
トスカナ方言），ドイツ語など世俗諸言語に訳された写本が広く出回る
ことになった。

　マルコは，1299年7月にジェノヴァとヴェネツィアの講和が締結されたのち，釈放され，ジェノヴァからヴェネツィアへと戻った。彼は父と叔父たちが購入した有力商人家系ヴィリオーネ一族の元邸宅に落ち着いた。マルコは，その後，ポーロ一族の遠征事業に出資し，また，麝香の仲買人として商いを行うなど商人としての事業を継続したが，ヴェネツィアを離れることはなかった。

　マルコは，その後，存命中の四半世紀にわたり，彼の著作『世界の記述』の翻訳が各国語で出回ることで，毀誉褒貶の評価をうけることになった。マルコと彼の著作が『百万（イル・ミリオーネ）』とも称されているのは，彼の語った内容が，大げさで信じがたい話として人々に受け取られたことにも因っているであろう。とはいえ，生前にその翻訳（写本）が各国語で流布した数でいえば，『世界の記述』は，まさに中世後期の空前のベストセラーであった。

　1324年1月8日の臨終の床で，マルコは遺言書を作成した。ヴェネツィアの教会施設への宗教的寄進の他，残りの資産は，全て妻と3人の娘に遺贈された。彼は，父ニッコロと同様サン・ロレンツォ教会に埋葬された。彼の死後，ドミニコ会士ヤコボ・ダクイは，「マルコの書物には途方もない不思議があまたもりこまれていて，全てが真実とは信じられないので，臨終の場に集まった友人たちが，事実と違う話があれば，それを除外して記述を正すようにとマルコに求めたところ，彼の答えは，自分は実際に見聞したことの半分も語り終えていない，というものであった」という逸話を伝えている。享年69歳であった。

2. 『世界の記述』（東方見聞録）の語り

（1）内容[1]

　マルコがジェノヴァの獄中でルスティケッロに語り，ルスティケッロ

1　海老澤哲雄『マルコ・ポーロ　『東方見聞録』を読み解く』（山川出版社，2015年）34-39頁。

により筆写されたという『世界の記述』（東方見聞録）の内容を概観しておこう。

　まず、序章（プロローグ）では、マルコの父ニッコロと叔父マッフェオ二人が中央アジアを横断してクビライ・ハーンの宮廷へ赴くことになった東方往還の旅、そしてその後、マルコを加えて3人の東方への旅とクビライの宮廷での長期の滞在、17年後の海路による帰国の旅の結末が語られる。そして、以下の章では、ポーロ一家が滞在した元朝統治下の東方世界のあり様が6章に分けて述べられている。

　『世界の記述』には、中央アジアから中国全土、東南アジアからインド、ペルシャに及ぶ広範な地域の国々の地勢、統治、都市、経済活動、人々の信仰や生活慣習、そしてさまざまな奇談（アネクドート）に満ち溢れている。無論すべてが彼の直接見聞したことではなく、伝聞や伝承をそのまま述べている箇所も多い。戦いや国、都市などの規模や人数の記述では、大幅に誇張された数字が語られていることもしばしばである。また、よく知られている元寇（1281年の弘安の役）にも触れているチパング（日本）についての記述のように、一見荒唐無稽な語りとなっている箇所も少なくない。

　　チパングは、東の方、大陸から1500マイルの大洋中にある。とても大きな島である。住民は皮膚の色が白く礼節の正しい偶像教徒であって、独立国をなし、自己の国王をいただいている。この国では至る所に黄金が見つかるものだから、国人は誰でも莫大な黄金を所有している。この国へは大陸から誰も行った者がいない。商人でさえ訪れないから、この豊富な黄金はかつて一度も国外に持ち出されなかった。（第6章174節、チパング島）

表4-2 『世界の記述』の内容

序章　旅の始まりと終わり
ポーロ一家（ニッコロ，マッフェオ，マルコ）のクビライ・ハーンの宮廷への旅と帰国
第1章　西アジアから中央アジア
小アルメニア／大アルメニア／大都市バウダック（八吉打）／ペルシャ／ケルマン王国／大都市コビナン／＜山の老人＞について／都市サプルガン／大都市バルク（巴里黒）／ケシムール国（怯失迷児）／ベロール地方（勃律）等
第2章　中国の西北辺境（新疆，甘粛，寧夏，内モンゴリア）
カスカール王国（合矢合児）／大都市サマルカンド（撤麻耳干）／大国コータン／ロブ市（羅卜）／スチュー地方（粛州）／カラコロン市／チンギス・ハーンの戦い／エグリガイア国（寧夏）／首都シャンドゥ市とハーンの壮麗な宮殿（上都）等
第3章　クビライ・ハーンの宮廷事情
皇帝クビライ・ハーンその人について／宮廷行事・国内統治，外征について／首都タイドゥ市（大都）／ハーンの護衛軍／ハーンの主催する大饗宴／ハーンの狩猟／大都市カンバルック／紙製の貨幣について／公道／ハーンの貯蔵穀物／貧民に対するハーンの施与／カンバルックの占星術師／カタイ人の掟と慣習等
第4章　雲南への使節行
大都市ジョンジュー／タイユアンフ王国（太原符）／カラモラン大河（黄河）／大都市ケンジャンフ（京兆府）／シンドゥフ地方（成都府）／チベット地方（吐蕃）／大カラジャン地方／ミエン市（蒲甘）／チャージュー地方（叙州）等
第5章　大運河沿線の公道による福建への旅程
カチャンフ市（河間府）／タンディンフ市（東平府）／カタイ人の風習／都市シンジュマツー市（済寧県）／ハーンの大マンジ国征服／ヤンジュー市（揚州）／チンギャンフ市（鎮江府）／スージュー市（蘇州）／キンサイ市（臨安・杭州）／ハーンがキンサイ市から徴収する巨額な税収入／フージュー市（福州）／ザイトゥン市（泉州）等
第6章　南海経由の帰国航路
インドに関する報告／チパング島（日本国）／偶像教徒のいろいろ／チャンパ国（占城国）／大ジャヴァ島／小ジャヴァ島／サマトラ王国／セイロン島／大マーバル地方（馬八児国）／コイラム王国（倶藍国）／エリ王国／メリバール王国／ゴズラート王国／ターナ王国（都奴阿国）／セメナット（ソムナート）王国（須門那国）／ケスマコラン王国（木倶蘭国）／ザンジバル（層期国）／アデン王国（阿丹国）／コルモス（ホルムズ）（惣里模子）市等
第7章　大トゥルキー国事情
大トゥルキー国（トルキスタン地方）／アバガ・ハンとアルグン・ハン（イル・ハン国）／トクトゥ・ハン（キプチャク・ハン国）／カイドゥ・ハン（オゴタイ・ハン国）等

出典：『東方見聞録』（愛宕松男訳注）1・2，平凡社ライブラリー，2000年に基づいて作成。

　他方，元朝統治下の中国についてみると，クビライ・ハーンの宮廷のあった上都と大都をはじめとする中国北部の世界についての描写は，中国中部及び南部の記述と比較してみると極めて具体的かつ精彩を放っており，紋切り型で説明が列挙されている傾向の強い南部の地域の記述と

は対照的な印象を与えている。マルコが自身で直接見聞したとみられる中国北部の世界およびクビライの宮廷についての詳細かつ生き生きとした描写（『世界の記述』第3章）は，おそらく17年間の滞在のうち多くの時期を，クビライに従って，彼の宮廷があった夏の上都と冬の大都の間を往復する生活をしていたことに由来すると考えられる。

　海老澤哲雄氏は，マルコが，宮廷内でクビライに近侍する要員組織ケシクの一員として宮廷での奉仕に従事していたのではないかという見解を出されているが，十分あり得たことだろう。実際，宮廷内での奉仕に従事することで，マルコは，クビライ・ハーンの宮廷における祝いの宴会の様子，鷹狩の壮観さ，大都におけるクビライの生活とその大君主としての栄光をきわめて生き生きと記述しえたのである。また，紙幣の発行や塩税の徴収によるクビライ・ハーンの財の豊かさについての記述は，とりわけ商人としてのマルコの関心を反映していたと言えよう。

　他方，中国中部，南部についてのマルコの記述には，彼がクビライの使節として派遣されたと語っている地域（たとえばキンサイ，マラバール，チャンパ王国など）もないわけではないが，彼が実地に見聞した地域がどれほどあったかは疑問である。彼が訪れていない地域についてはペルシャ人などクビライの宮廷を出入りしていた商人やウィグル系，トルコ系など中央アジア出身のクビライの役人（官人）たちからの伝聞情報に基づいていた可能性が高いと思われる。

（2）テキストの事実と虚構—写本の多様性

　『世界の記述』が語る内容の多様さは，同時に『世界の記述』の写本テキストの異同とも深くかかわっている。現在まで，『世界の記述』の写本は，200あまり伝えられており，内容が全く同じ写本は一つとしてないといわれるほど記述の内容の相違がみられる。最も原本に近いとさ

れるＦテキスト（フランス国立図書館写本 fr.1116 や fr.2810）にも複数
の写本があり，イタリア語なまりのフランス語（フランコ－イタリアン）
写本の他，トスカナ方言やヴェネト方言のイタリア語訳写本，そして，
このＦテキストとは別の祖本からとみられるラテン語訳写本（Ｚテキス
ト）などが知られている。『世界の記述』は，その意味で，1298 年頃
マルコとルスティケッロにより共同制作されたとおもわれる原テキスト
から，写字者・翻訳者によって転写，付加，削除などが施された結果，
様々に変容した内容をもつテキスト群となっていったということを前提
として読まれる必要があるだろう。

　したがって，それぞれの写本で記述される内容の「事実」と「虚構」
は，テキストごとに多様であり，その都度，それぞれのテキストを他テ
キストと比較しつつ吟味して読むことが求められるのである[2]。

（3）「都市」の記述に見るマルコの東方観
　さて，ここでは，『世界の記述』の中でマルコが詳細に語っているト
ピックのうち一つの興味深いケースとして，都市についての記述を取り
上げてみたい。まず元の都であった大都（北京）の都市描写である。

　　　タイドゥ市（大都）の周回は 24 マイル，各辺が（等長の）正方形
　　　をなしている。四周には…高さ 20 ペースに達する土の城壁がめぐ
　　　らされている。（城壁には）総計 12 の門が開かれており，各門の上
　　　には壮麗な城楼がそびえている。…街路はどれも幅が広く一直線を
　　　なしていて，端から端まで見通すことができる…。都城内にはいた
　　　るところに壮麗な宮殿，瀟洒な旅館，立派な邸宅が数多く立ち並び，
　　　目抜きの大通りには各種の店舗が櫛比(しっぴ)している。…都城内は，全て
　　　方形に区画されることあたかも将棋盤のごとく，その美しさ，巧み

2　高田英樹『マルコ・ポーロ／ルスティケーロ・ダ・ピサ 世界の記（東方見聞録）対校訳』（名古
　屋大学出版会，2013 年）は，Ｆテキストをはじめとする 3 種類のテキストの対校訳として重要
　な成果である。

な配置ぶりに至っては，到底筆舌の及ぶところではない。城郭内には一楼があって，そこに大時計つまり巨鐘が備えつけられている。この鐘は夜分になると三度鳴らされるが，これを合図に以後は市民の街路に出入りすることが禁止されるのである。…城外は，どの城門を出てもすぐ広い城外町になっている。これら城外町には…多数の商館があって，各地からくる商人がそこに宿泊する。この首都にはまた 25000 人の遊女が（おり），全て総取締役の差配下に立っている。(愛宕松男訳注『東方見聞録』1，第 3 章 95 節)。

次に，中国中部，南宋の都市キンサイ（杭州 / 臨安）の記述である。

　チャンガン市を発って進むこと 3 日…キンサイ（杭州）という壮麗無比な大都会に到着する。キンサイとは訳して《天上の都市》という意味であるが，まさにそのとおりの壮麗さである。

　この町は清澄な淡水湖（西湖）を一方に控え，他方には一大河に臨むという自然環境の中にある。…市内は，隅々まで街路が通じ，運河が通っている。街路，運河ともに荷車でも荷船でもが自由に往来できて市民の必需品を運搬する。市中にある 12,000 の橋は…大部分が石橋であるが，主要な運河や目抜きの街路にかかっている橋は…巧妙な設計で高いアーチが組まれている。

　城郭内には無数の街区があるが，主要なのは 10 の区画であって，各々一辺が半マイルの正方形をなしている。…一週間に 3 回，どの主要街区でも市場が立って，4 万から 5 万の人々が集まってくる。この市には食料品なら何でも豊富にそろっている。

　主要十街区には，何件もの冷水浴場が軒を並べている。…他の街路には，娼女が集居している。娼女たちの生活は豪奢なもので，華

麗な館に住んでいる。…別の街路には，医師やまた占星術師が集まり住んでいる。占星術師は読み書きも伝授する。その他いろいろの技芸者たちも同業者たちが一団となって，居を構えている。…キンサイ市には，12の主要な工匠同業組合がある。…商人もその数が非常に多く，その富の蓄積も莫大なものだから，想像を絶したその実態はとても述べつくせるものではない。

　市民は，偶像教徒でハーンに隷属し，紙幣を行用する。男子も婦人も色が白く容貌は端正である。…生粋のキンサイ市民は…その人となりが極めて温和である。彼らは正直誠実で，もっぱら商取引に励み，手工業に精をだす。商用で訪れた一見の客に対しても友愛であることは同様で，快く邸内に招じ入れ，…かつ取引上の助言・協力を惜しまない。

　市内の 12,000 の橋にはそれぞれに衛兵（弓手）10 名が昼夜交代で常に配置されている。…衛兵の一部は管轄区域を巡回し，夜間の外出禁止時刻なのに出歩いている者があれば拘留し，日中身体障害のゆえに働けないでいる貧窮者を見つけると，これを養護院に連行して住まわせる。キンサイ市にはこの種の養護院が多数設けられているが，それらはすべて前王朝の歴代君主によって設立され手厚い支給をうけていたものなのである。これに反して，達者な体をもちながら貧窮している連中を見つけると，衛兵は強制的にこれを仕事に就かせる。衛兵はさらに民家のどこかに火災が発生したのを見つけると直ちに木製の太鼓を打ち鳴らしてその事実を伝える。そして衛兵たちが駆けつけて…消火救援にあたる…。（第5章 167 節）

　ごく一部の引用ではあるが，13 世紀の中国の都市の規模の雄大さと豊かさがさまざまな視点から語られていることを読みとれるだろう。マ

ルコ（とおそらくルスティケッロ）が中国の都市についての豊富な記述を盛り込んでいるのは，それがマルコのイタリア商人としての関心に由来するだけではなく，都市を賛美することが，中世のヨーロッパにおいて「先進的な文明」を表現するトポスとなっていたということと無関係ではないと思われる。とりわけ都市国家が隆盛を極めた中世のイタリアにおいて，都市は「野蛮」に対置される「文明」の場として意識されたのである。

　12，13世紀は，イタリアをはじめヨーロッパ各地で「都市讃歌」が書かれた時代である。例えば，ミラノでは，1288年にボンヴェシン・ダ・ラ・リーヴァによる『都市ミラノの偉大さについて』が現れた。この書は，当時イタリア最大の都市のひとつであったミラノの空間（市門，市壁，街路，建物），行政，人口や食料事情，教会や施療院などの宗教施設，都市を取り巻く周囲の自然景観などについて，詳細な数字を挙げて都市の偉大さを称揚する「都市讃歌」の書である。当時中国に滞在していたマルコはもちろん，この書の存在を知りえなかったはずであるが，マルコによるタイドゥ（大都）やキンサイ（杭州）の記述とボンヴェシンによるミラノの記述は，期せずしてきわめて共通するトポス（定型表現）を用いた都市称揚となっていることに注目しよう[3]。

　13世紀のイタリアでミラノと並ぶ大都市ヴェネツィアで育ったマルコが，当時のヨーロッパ人にとって世界の果てというべき東方（オリエント）世界において故国の偉大な都市をはるかに凌駕する都市文明を見出した時，それは，彼にとっても大いなる驚きの観念を伴っていたであろう。彼は，元朝下の中国の都市のけた外れの規模と豊かさを，当時のイタリア商人が用いていた取引に必要な実務や商品の情報を体系的にまとめた「商人マニュアル」のような体裁で具体的に提示しながら，東方世界に洗練された偉大な都市が存在することを故国の人々に伝え，東方

3　K. M. Philipps, *Before Orientalism. Asian Peoples and Cultures in European Travel Writing, 1245-1510*, Philadelphia, 2014, pp.154-158.

に関する僅かな知識のもとで「凶暴なタルタル人（モンゴル人）」に対する「野蛮」と「恐怖」の観念をいだいていた 13 世紀のヨーロッパ人に向けて彼らの伝統的な東方イメージに対する新たなメッセージをもたらしたのである。

3.『世界の記述』の受容とその歴史的意義 — 「驚異」から「事実」へ

（1）テキストの受容（14-15 世紀）

　『世界の記述』は，14 世紀以降，さまざまな言語に翻訳された写本により，人口に膾炙_{かいしゃ}していった。改変され，本来の記述から変質しつつ，また，14 世紀後半から，写本テキストに挿絵が添えられた豪華な彩飾写本が作られる中で，テキストとイメージは，しばしば乖離し，それぞれ独立したメッセージを届けるようになった。こうした作品は，中世ヨーロッパの読者にどのように読まれたのか。

　ここではそうした彩飾写本の一例として『マルコ・ポーロの驚異の書』と呼ばれている写本を取り上げよう。1308 年頃，祖本に近い F テキスト（イタリア語なまりのフランス語）を当時の北フランス標準語に書き直したテキストから派生した彩飾挿絵付の豪華な写本群が，フランス国王をはじめとするフランスやイングランドの王侯の注文により制作された。この系統の写本は，『大ハーンの物語集』とも称されるように，東方世界における「事実」よりも「驚異」と「物語」が強調されている点にその特徴がある。それらの作品は，14 世紀後半から 15 世紀の北フランスの宮廷社会で物語作品として数多く注文され，受容された。

　その一つ『驚異の書 fr.2810 写本』を見てみよう[4]。この『驚異の書』には，全部で 84 葉の挿絵が描かれている。その多くの挿絵は，マルコによる本文の記述に沿って，その記述の内容を視覚的に表現しているよ

4　『全訳 マルコ・ポーロ 東方見聞録『驚異の書』fr.2810 写本』（月村辰雄・久保田勝一訳），岩波書店，2002 年。

うにみえるが，本文にないことを表現している挿絵も見いだされる。

　例えば「エルギユル（西涼州）王国について」という中央アジアの甘州地方から甘粛地方の間の荒野とその周辺の人々についての記述があるが，その挿絵（folio 29v）として描かれているのは，無頭人（アケファロイ）や一足人（スケアポデス）といった異形の民なのである。

　マルコのテキストの記述には現れないそうした驚異の民の表象は，彩飾絵師個人の想像力によって生み出されたのではない。それは古代より西欧人が東方に住むと信じてきた怪物のステレオタイプであったといえる。彩飾絵師は，マルコのテキスト本文に即して忠実に対象を描くことなく，東方の驚異として古代の伝統をそのまま表現したのである。こうした挿絵表現は，マルコの東方世界についての誇張は含むものの，冷静ともいえる記述とは対照的といってよい。それは，絵師の意図というよりは，彼の背後に控えていた注文主や読者の期待によるものであったのだろう。『驚異の書 fol.2810 写本』の注文主はブルゴーニュ公ジャン無畏公であり，1413 年にその叔父ベリー公ジャンに贈呈されている。『驚異の書』は，したがって読むための書物というよりは，王侯貴族によっ

てコレクションされ，眺められるための豪華本であり，その読者（ブルゴーニュ・フランスの宮廷貴族）が期待していたのは，必ずしも東方世界についての「真実」（具体的事実情報）ではなく，ロマンスとしての驚異の物語であったと思われる。マルコの口述筆記を行ったと考えられているルスティケッロ

図4-3　『全訳マルコ・ポーロ 東方見聞録『驚異の書』fr2810 写本』fol.29v. p.73

は，もともと騎士道ロマンスの書き手であった。彼により『世界の記述』テキストにつけ加えられた騎士文学の冒険性，物語性は，読者である宮廷貴族たちの好み・需要に応えるものであったといえるだろう。

　他方，『世界の記述』の彩飾写本（MS fr 2810 および MS 264）の中で，都市キンサイ（杭州）の記述につけられた挿絵では，キンサイの都市的豊かさが具体的に描かれる代わりに，きわめてヨーロッパ的な中世都市のイメージによって表象されていることも興味深い。それは，ヨーロッパの読者の想像をはるかに超える信じがたく偉大な大都市が東方に存在しているというマルコが伝えた現実の「驚異」を写本絵師が十分には表現しえなかったことを意味している。絵師は，想像し難い偉大な中国都市の姿に代えて，馴染みのある中世ヨーロッパの都市の形象をもとにキンサイを描いたのである。

　14 世紀後半から 15 世紀前半の時期は，西欧と東方世界との直接的交渉が絶たれた時代であった。マルコが帰国した半世紀後，モンゴル帝国の瓦解とその後の中央アジアの政治的混乱により，ヨーロッパ世界は中

図4－4　キンサイ（マルコ・ポーロ『驚異の書 MS fr.2810』fol.67, p143）

Figure 2.17: Quinsai, *Li Livres du Graunt Caam*, fol. 257r. Photo: Bodleian Library, University of Oxford.

図4－5　キンサイ（『大ハーンの書』Ms264, fol.257r. ボードレアン図書館蔵）（Strickland, Text, Image and Contradiction, 2008, p52）

国をはじめとする東方世界と直接接する機会を失った。東西の世界の間の「情報」の途絶を背景に，『世界の記述』の読者にとって東方世界は，実体としての世界というよりも物語的想像力の働きの下での「驚異」の世界として受けとめられたのではないかと考えられる。

（2）大航海時代におけるテキストの受容—人文主義とコロンブス

　しかし，15世紀半ば以降，ルネサンス人文主義の潮流において，プトレマイオスをはじめとする古代地理学が再発見され，『世界の記述』は，新たなまなざしで読み直されはじめる。マルコのテキストが語る東方世界の「事実」に対する関心は，15世紀前半にマルコと同じくほぼ25年間をかけてイスラムやインドを回る東方大旅行をして帰国したもう一人のヴェネツィア商人ニコロ・ディ・コンティ（1395頃〜1469）の旅行報告記によって高められていった。コンティの体験談は，教皇庁の書記官長ポッジョ・ブラッチョリーニにより書き留められて1448年に刊行されている[5]。コンティは，中国までは達しなかったものの，彼がインドなどにおいて接触した莫大な富を持つ中国商人や中国の様々な産物について詳細に語っており，これまで信じがたい驚異の世界の物語として見られがちであった『世界の記述』の内容の正当性，信憑性が強調されるようになるのである。

　15世紀後半には，『世界の記述』の写本の増加とともに，ドイツのニュルンベルクで最初のドイツ語版の印刷本（1477年）が刊行された。また，ドミニコ会士ピピノによる14世紀初頭（1318/20年）のラテン語訳テキストが，1485年にアントウェルペンで出版され，広く流布した。

　この時期，イタリアでは，プトレマイオスの地理書の翻訳（1406年）を契機として，既知の世界の規模と形態について，それを地図として表現する試みが進行する。ヴェネツィアの修道士フラ・マウロの世界図

5　ジョン・ラーナー『マルコ・ポーロと世界の発見』野崎嘉信／立崎秀和訳，法政大学出版局，2008年，231頁。

（1457/59 年頃）がその代表的作品である。彼は，プトレマイオスの古代地理学と同時代の経験的知識を調和させた世界図を作成したのである（図 4－6）。この世界図には，チパング島（日本）が不正確な位置ではあるものの，ヨーロッパの地図においてはじめて記載されていることにも注目したい。また，中国を描いた部分では，カタイ帝国とカンバリックの都（北京），キンサイ（杭州），マンジ国（中国南部）の都市が示さ

南

北

図4－6　フラ・マウロの世界図

れ，『世界の記述』テキストに依拠して，都市の地名やそれらの都市についての注釈が書き込まれている。フラ・マウロの地図は，『世界の記述』テキストが15世紀後半の地図制作者にとって東方世界の地誌の証言として信頼するに足るテキストとみなされたことを如実に示しているのである。

　15 世紀後半，東方の驚異に代わって地理情報として読まれはじめた『世界の記述』は，ジェノヴァ生まれの航海者コロンブス（クリストバル・コロン）の西方への航海にも影響を与えたと考えられている。コロンブス自身は，『世界の記述』を，新大陸へ向けた 2 回の航海を終えて 3 回目の航海を控えた時期（1497 年頃）に読んだことが明らかになっている。今日に残されているコロンブスの蔵書（ラテン語版）への書き込みについて詳細に検討した大黒俊二氏によれば，彼の関心は，もっぱら東方の商品（商業），動物，地理・航海関係の情報にあり，東方の事物についての百科全書的テキストとして本書を読んでいたようである。彼

が読んだ印刷本（1485 年のラテン語版）における書き込みは，第一部（中央アジア）にはほとんどなく，第二部（クビライの宮廷と中国諸地方）と第三部（東南アジア，南アジア，中近東部分）に集中していた。クビライの宮廷生活や各地で語られる驚異や物語への関心はほとんどなく，彼が西への航海を通じて到達したと信じたインディアスの商品や地理情報を求めていたというのである。コロンブスが『世界の記述』を読んだと思われる 1497/98 年は，マルコとルスティケッロによる『世界の記述』テキストの成立からちょうど 200 年目にあたっており，「200 年の時を経て『世界の記述』は，初めて物語の衣を取り去った原初の姿で読まれた」いう大黒氏の指摘は，歴史的偶然ながら意義深いものがあろう[6]。

　16 世紀以降，『世界の記述』のテキストの受容は，「事実の書」としての評価を確立していったが，同時に，東方の驚異と富のイメージは，19 世紀以降，帝国主義のもと東方の富の獲得と支配をめざし，装いを新たにして息を吹き返していったことにも注目しておきたい。

　しかし，マルコ・ポーロにとって，東方世界とは，未だ「探求」されるべき驚異の世界だった。彼は，近代ヨーロッパのオリエンタリズムとは無縁の「商人」（＝よそ者)」としての意識で東方世界を冷静に観察し，ヨーロッパ世界に向けて未知の世界の扉を開いた旅人であったと言えるだろう。

参考文献

マルコ・ポーロ『完訳 東方見聞録』1・2（愛宕松男訳注）平凡社ライブラリー，2000（1970-71）年

『全訳 マルコ・ポーロ 東方見聞録—『驚異の書』fr.2810写本』（月村辰雄・久保田勝一訳）岩波書店，2002年

マルコ・ポーロ／ルスティケッロ・ダ・ピーサ『世界の記（東方見聞録）対校訳』（高田英樹訳），名古屋大学出版会，2013年

『東方見聞録（世界の記述）1485［?］年刊 ラテン語版』，東洋文庫監修，勉誠出版，2016年

高田英樹『マルコ・ポーロとルスティケッロ—物語「世界の記」を読む』近代文芸社，2016年

高田英樹『原典 中世ヨーロッパ東方記』名古屋大学出版会，2019年

ジョン・ラーナー『マルコ・ポーロと世界の発見』（野崎嘉信・立崎秀和訳），法政大学出版会，2008（1999）年

樺山紘一『異境の発見』東京大学出版会，1995年

大黒俊二「『東方見聞録』とその読者たち」『岩波講座世界歴史⑫ 遭遇と発見』岩波書店，1999年，63-87頁。

海老澤哲雄『マルコ・ポーロ『東方見聞録』を読み解く』山川出版社，世界史リブレット，2015年

P. Jackson, *The Mongols and the West, 1221-1410*, London, 2005/2018.

S. C. Akbari, /A. A. Iannucci, *Marco Polo and the Encounter of East and West*, Toronto, 2008.

H. U. Vogel, *Marco Polo was in China*, Leiden, 2012.

K. M. Phillips, *Before Orientalism. Asian Peoples and Cultures in European Travel Writing*, 1245-1510, Philadelphia, 2014.

課題

1　マルコ・ポーロは，東方（中国）の世界をどのように理解していただろうか，『世界の記述』（東方見聞録）を読んで考えてみよう。

2　マルコ・ポーロの旅を，中世ヨーロッパの人々はどのように受けとめたのか，考えてみよう。

5 | 北畠親房―戦う貴族

近藤成一

《**学習のポイント**》 北畠親房（1293-1354）は南北朝時代に南朝を支えた廷臣であり，東国において南朝勢力の拡大をはかる間に『神皇正統記』を著したことでも知られる。親房の生きた時代を考え，彼の独特の歴史観の淵源を探る。

《**キーワード**》 北畠親房，後醍醐天皇，『神皇正統記』，南北朝

1. 北畠親房の生涯

　北畠親房は永仁元年（1293）に1歳で従五位下に叙されて，宮廷社会の一員に加わった。

　親房の生まれた北畠家は村上源氏の一門であり，後鳥羽親政・院政の時期の朝廷で辣腕を振るった源通親の五男通方の次男雅家が洛北の北畠を居所としたことが家名の由来であるいわれる。雅家・師親・師重の3代は，後嵯峨・亀山・後宇多の3代に仕える近臣であった。親房は師重の子であるが，祖父師親の猶子となった。

　親房は順調に昇進して，元亨4年（1324），32歳で大納言に達し，父祖の極官を超えた。しかし親房が後見を務めてきた世良親王（後醍醐天皇の皇子）が元徳2年（1330）に亡くなったことにより，38歳で出家した。

　元弘3年（1333），鎌倉幕府が倒壊し，先に倒幕の戦いに敗れて隠岐に流されていた後醍醐天皇が京に還り，後醍醐の主導する政権が成立し

た。親房の長男顕家は陸奥守として後醍醐の皇子義良親王を奉じて陸奥に下向した。親房もこれに同行したが，翌年冬に京に戻った。

　建武2年（1335），北条高時の遺子時行の反乱を鎮圧するために鎌倉に下向した足利尊氏が後醍醐から離反する動きを示したため，後醍醐は新田義貞に尊氏追討を命じた。しかし尊氏は義貞の軍を破って西上し，翌年正月入京したので，後醍醐は比叡山延暦寺に難を避けた。親房はこれに従い，山門において出家の身ながら従一位に叙された。

　尊氏の離反・西上に対して，顕家はこれを追撃するために陸奥から出陣し，尊氏の軍を破って入京した。京から追われた尊氏はさらに西走して九州に至った。後醍醐は京に戻って，建武3年を延元元年に改めたが，尊氏は改元を認めず，建武年号を使い続けた。顕家は再び義良を奉じて陸奥に赴いた。

　九州に落ちた尊氏は勢力を巻き返して東上し，義貞・楠木正成の軍を破って入京した。後醍醐は再び比叡山に避難したが，尊氏は光明天皇を擁立して後醍醐の在位を否定した。後醍醐は山門を降り，ついで神器を光明天皇に渡した。しかし後醍醐は山門を降りる直前，義貞に恒良・尊良の両皇子を預けて越前に下らせ，親房には皇子宗良を預けて伊勢に下らせた。そして後醍醐自身も京を脱出して吉野に自立し，自らの在位と神器の所持を主張した。ここに南北両朝が並立することになった。

　延元2年（1337）12月，顕家は南朝による京都奪回のため，義良を奉じて陸奥を出発して京都に向かったが，直接入京することができず，親房が拠点とする伊勢に入り，大和・河内・和泉と転戦して翌年5月に和泉で戦死した。同じ年の閏7月には新田義貞が越前で戦死した。京都を奪回できず軍事力において劣勢になった南朝は，地方経営によって挽回することを計画し，戦死した顕家に替えてその弟顕信に義良を奉じて陸奥に赴かせ，懐良を征西将軍に任じて九州に派遣することとした。9

月，義良・顕信は伊勢から船団を組んで海路陸奥に向かい，親房もこれ
に従ったが，途中暴風雨に見舞われ，義良・顕信は伊勢に吹き戻され，
親房は常陸に漂着した。

　常陸に漂着した北畠親房は，南朝方を結集して足利方と戦い，主とし
て関東地方の経営に当たった。親房の主著『神皇正統記』はこの時期に
常陸小田城において著されたものである。親房は白河の結城親朝を頼り
にしたが，高師冬の率いる足利方の攻勢によって南朝方が劣勢に立たさ
れる中で，親朝は陸奥に改めて赴いた北畠顕信と常陸の親房の両方から
の救援要請に応じられず，遂に興国 4 年（1343）親朝自身が足利方に組
みして挙兵するに至った。親房は関東に留まることができず，翌年吉野
に戻った。

　延元 4 年（1339）8 月に後醍醐天皇が亡くなり，義良が南朝の皇位を
継承した（後村上天皇）が，貞和 4 年（1348）正月，足利方の高師直は
南朝方の楠木正行を破り，その余勢で南朝の本拠地吉野に攻め込み炎上
させた。後村上天皇は吉野を脱出して賀名生に遷った。

　吉野を落としたことで，師直の声望は上がったが，尊氏の弟で政務を
委嘱されていた直義と対立することになった。師直と直義の対立は師直
を庇護する尊氏と直義の対立に発展し，観応 2 年（1351）2 月両者の合
戦となった（観応の擾乱）。合戦には直義が勝利し，師直は殺害された
が，両派の対立は続き，直義は京を逃れて鎌倉に下向した。尊氏は南朝
と講和して直義追討の命を受け，11 月 4 日に出陣した。同月 7 日，京
都では北朝の崇光天皇と観応年号が廃され，正平 6 年が用いられること
になった。この時期に親房は准三宮の身位を与えられている。

　翌年 2 月，後村上天皇は賀名生を出て摂津住吉に進み，親房はさらに
京都に入って諸事を奉行した。その間に直義が急死し，尊氏と南朝の講
和が破綻すると，南朝は京都を守り切れず，北朝の 3 上皇と前皇太子を

伴って賀名生に撤退した。尊氏は同年8月，崇光の弟後光厳を天皇に立てたので，再び南北に2人の天皇が並立することになった。北朝3上皇と前皇太子が京都に戻るのは延文2年（1357）になる。

　足利氏の内訌に乗じて北朝を一時廃し，京都を占領したのが，南朝と親房の最後の光輝であった。親房は正平9年（1354）に賀名生で亡くなったといわれるが，親房の亡くなった時と所については諸説がある。それは南朝が衰退してその動向の詳細が京都に伝わらなくなったことによるのである。

2. 南北朝動乱の時代と社会

　南北2人の天皇の並立は建武3年・延元元年（1336）から明徳3年・元中9年（1392）まで56年間続いたが，親房が亡くなったのが正平9年（1354）だとすると，親房が生きたのは56年間のうちではわずか18年間に過ぎず，親房が亡くなったあとさらに38年間も南北朝の対立が続いたことになる。しかし親房の生前と没後で，南北朝対立の様相に明らかに変化があった。

　親房の生前，南朝が目指していたのは，京都の奪回である。正平7年（1352），南朝が京都を放棄して賀名生に撤退し，尊氏によって北朝が再建された後，南朝はもはや北朝に対抗する勢力を持たなかった。それにもかかわらず南朝がその後40年間も命脈を保ったのは，諸大名が対立し，一方が幕府の主導権を握ると，排除された方が南朝に帰順したからである。どちらが幕府方でどちらが南朝方であるかはしばしば入れ替わった。たとえば，山名時氏は幕府の要職を務めた人物であるが，正平8年（1353）6月に南朝の楠木正儀と結んで足利義詮を追い落として一時京都を占領した。

　正平10年（1355）の正月には，足利直冬が南朝軍として入京した。

直冬は尊氏が若き日に一夜限りの女性に産ませた子であったが，尊氏から離れて成長し，成人した後も尊氏は対面を認めず，直義が自分の養子とした。直義が死去した後は，直冬は尊氏・義詮と対立し，南朝軍として入京するに至ったのである。翌月，尊氏の軍勢と直冬の軍勢が京中で合戦し，尊氏・義詮が京都を奪還し，直冬は敗走したが，直冬はその後も南朝年号を奉じて中国地方で活動した。

　南朝がもはや幕府にとっての脅威ではなくなると，幕府のほうも南朝を壊滅させずにあえて残すようになった。延文3年（1358）に足利尊氏が死去した後にその後継者となった義詮は同5年（1360）に自ら出陣して南朝を攻撃し，一定の戦果をあげて凱旋した。貞治6年（1367）に義詮が死去すると，その子義満が10歳で後継者となったが，21歳になった永和4年（1378）に南朝攻撃に出陣して武威を示した。南朝攻撃は確実に戦果を示すことができるものであり，義詮・義満の2代の将軍の代替わりの軍事的セレモニーとして行われた。将軍代替わりの儀礼的性格の強い軍事行動の対象として南朝は恰好の材料であり，それゆえに南朝を壊滅させるに至る徹底的な攻撃は行われなかった。もちろん，観応2年（1351）に崇光天皇が廃された後，神器は南朝の手にあり，後光厳・後円融・後小松の3代は神器を継承せずに皇位に登ったから，北朝にとっては南朝の手にある神器を取り戻すことが最大の課題であり，神器もろとも壊滅させるような軍事行動をとることができなかったという面もある。

　諸大名の対立は地方にも及んだから，地方においても対立する一方が南朝を推戴する動きがあり，南朝もまたその動きを利用した。延元3年（1338）に南朝は皇子義良を陸奥に，皇子懐良を九州に派遣して地方に勢力を伸ばすことを図った。懐良は興国3年（1342）に海上から九州南部に上陸し，肥後の豪族菊池氏等の支持を得て北進し，正平16年

（1361）には九州支配の拠点である大宰府を制圧した。1368年に建国した明は懐良を「日本国王」に冊封した。

これに対して幕府は，応安3年（1370）に今川了俊を九州探題に任じて九州の平定に当たらせた。了俊は翌年九州に渡り，同5年に懐良を追って大宰府を制圧した。了俊の九州経営により，幕府の全国支配はほぼ達成された。また幕府は北朝からも権限を接収し，権力の拡大を進めた。このような幕府権力の安定を前提として，明徳3年（1392），幕府は南朝の後亀山天皇を上洛させ，後亀山の所持する神器を北朝の後小松天皇に譲らせた。こうして南北2人の天皇の並立は解消された。

しかしそれで争乱が収まったわけではなかった。その後も南朝の後胤を擁する反乱が起きたが，南北両朝のそれぞれを擁して争うというよりも，そういう旗印を持たない地方争乱がむしろ主流となっていった。応仁文明の乱に至るまでの間にも幾多の争乱があったし，応仁文明の乱以後は戦国時代へとつながっていくことになる。

観応の擾乱以後戦国時代に至る争乱は，時に中央政権の主導権をめぐるものに発展したが，基礎にあったのは地域社会における所領拡大をめぐる争奪である。それは12世紀に全国規模で急速に進んだ大開発が同世紀末にはほぼ限界に達したことに対する社会の対応という側面を有していた。

12世紀における大開発の急速な進展に対応した社会のシステムが荘園制と分割相続である。

荘園制は，首都にあって国家から土地の開発と開発した土地の利用を承認される者と，現地にあって労働力を編成して開発を進める者とが協調するシステムであった。1つの土地にこの両者が上級・下級の領主として共存する。1つの土地に2つの権利主体が並存すれば両者の間に利害の対立が生じる可能性はある。しかし上級領主も下級領主もそれぞれ

複数の土地を管理・開発し，その数の拡大を志向していたから，土地の拡大が順調に進展している間は，1つの土地をめぐる両者の対立が表に出ることはなかった。数多くある土地のいずれかから適当な収益があれば足りるから，すべての土地からより多くの収益を上げるために当事者間で争う必要は少なかった。

　分割相続は財産を子女に分割して譲与するシステムであるから，下級領主が大規模な土地を分割して開発を促進するのに適合的であった。

　しかし，12世紀後半に土地開発が限界に近づくと，荘園制も分割相続も維持することが困難になってきた。土地開発が進まなければ，上級領主も下級領主も手持ちの土地からの収益に執心しなければならなくなるから，1つの土地をめぐる両者の対立が顕在化することになる。また下級領主の間で行われてきた分割相続は，開発可能な土地の拡大が継続することを要したから，土地の拡大が限界に近づけば，分割相続を継続することも困難になる。限られた土地を相続する者は限られることを要し，土地相続をめぐって兄弟姉妹が争わなければならなくなった。

　荘園制にせよ分割相続にせよ，土地開発の急速な展開に対応したシステムであったが，逆に土地開発の急速な展開という条件が失われても，ただちに別のシステムに転換するということは困難であった。条件が失われても，まずは旧来のシステムを維持する努力が行われ，その努力にかかわらずシステムの維持が困難であることによって，新しいシステムが模索されることになる。

　12世紀末からの内乱は敗者の土地を勝者にもたらすことによって，下級領主レベルでの分割相続の限界を先延ばしにする効果を持った。また逆に，土地再分割の要求が内乱の要因ともなった。鎌倉幕府の成立後も，朝廷との間に勃発した承久の乱のみならず，幕府内部の相次ぐ政争が同様の効果をもたらしたが，宝治元年（1247）に最大の豪族三浦氏が

新興の北条・安達両氏に滅ぼされたことが，大規模な土地再分割の最後の機会となった。これ以降，鎌倉幕府が滅亡して北条氏所領が再配分の対象となるまで，土地再分割の機会は失われた。

　土地の大規模開発が限界に近づいたことは，一方では１つの土地をめぐる上級領主と下級領主の対立，他方では下級領主の土地の相続をめぐる兄弟姉妹間の対立を惹起することになった。この対立を解決するために一方では戦争という手段が使われたが，他方，平和時には裁判という手段が使われなければならなかった。戦争の中から誕生し，戦争を終わらせることによって確立した鎌倉幕府には，土地をめぐる裁判を進めることが期待された。源頼朝以来３代の将軍をめぐる政争と，その政争の中から発展してくる北条氏による執権制は，土地をめぐる裁判を合理的に行うシステムを模索することと関係していた。一方，鎌倉幕府よりもはるかに長い伝統を誇る朝廷は，逆に鎌倉幕府よりも遅れ，むしろ幕府からの督促を受け，幕府の制度を模倣することにより，土地をめぐる裁判のシステムを整備していった。

　１つの土地をめぐる上級領主と下級領主の対立は，両者が並存する限りは解決せず，訴訟は繰り返され，裁判は長期化した。その過程で編み出されてきた解決法が，土地を分割して２つの領主がそれぞれを領有し，両者が上下の関係ではなく並立の関係になることであった。下級領主が幕府の御家人となっていて，上級領主が下級領主の任免権を有さない場合にこの方式がとられることが多かった。

　下級領主が幕府の御家人になっておらず，上級領主が下級領主の任免権を有している場合には，上級領主は下級領主を解任することによって排他的支配を実現しようとした。当然，下級領主はこれに抵抗し，現地における実効支配の継続をはかったが，上級領主はこれを不法者として告発して，幕府による弾圧を求めた。当時，幕府の警察権の対象となる

不法者が「悪党」と呼ばれたが，上級領主により解任された下級領主は「悪党」の名で告発され，弾圧された。悪党の告発は 1290 年代以降活発になった。

　悪党の弾圧により下級領主を排除した上級領主の排他的支配が実現し，土地の分割により上級領主と下級領主が並立する半分ずつの支配が実現したが，他方ではもちろん，上級領主を有名無実とする下級領主の実効支配が進んでいた。むしろ多くの土地について下級領主の実効支配が進展する中で，上級領主が死守をはかる少数の土地について，下級領主に対する訴訟が起こされて分割が行われ，さらに少数の上級領主の有利な土地において，下級領主を解任しての排他的支配が実現されたというべきであろう。

　土地をめぐる兄弟姉妹間の訴訟に対して，法にもとづく判断が行われる限りは，分割相続の慣習が尊重されざるを得なかった。そのために土地の分割が限度を越えて行われ，領主支配そのものが解体してしまう場合も多く見られた。鎌倉幕府が滅亡して裁判による解決が期待できなくなり，弱肉強食の内乱が半世紀以上続くなかで，分割相続の慣行が克服されて単独相続が主流となり，またその過程で，女性の相続権が否定されるようになった。しかし単独相続の確立は兄弟対立の解消を意味しなかった。分割相続から単独相続に移行する時期の兄弟姉妹間の争いは，それぞれ応分の配分を求める争いであったが，単独相続が確立した後には，すべてを相続するか何も相続しないかの択一であったから，すべてを相続する単独の地位をめぐって，兄弟がより激しく争うことになったのである。

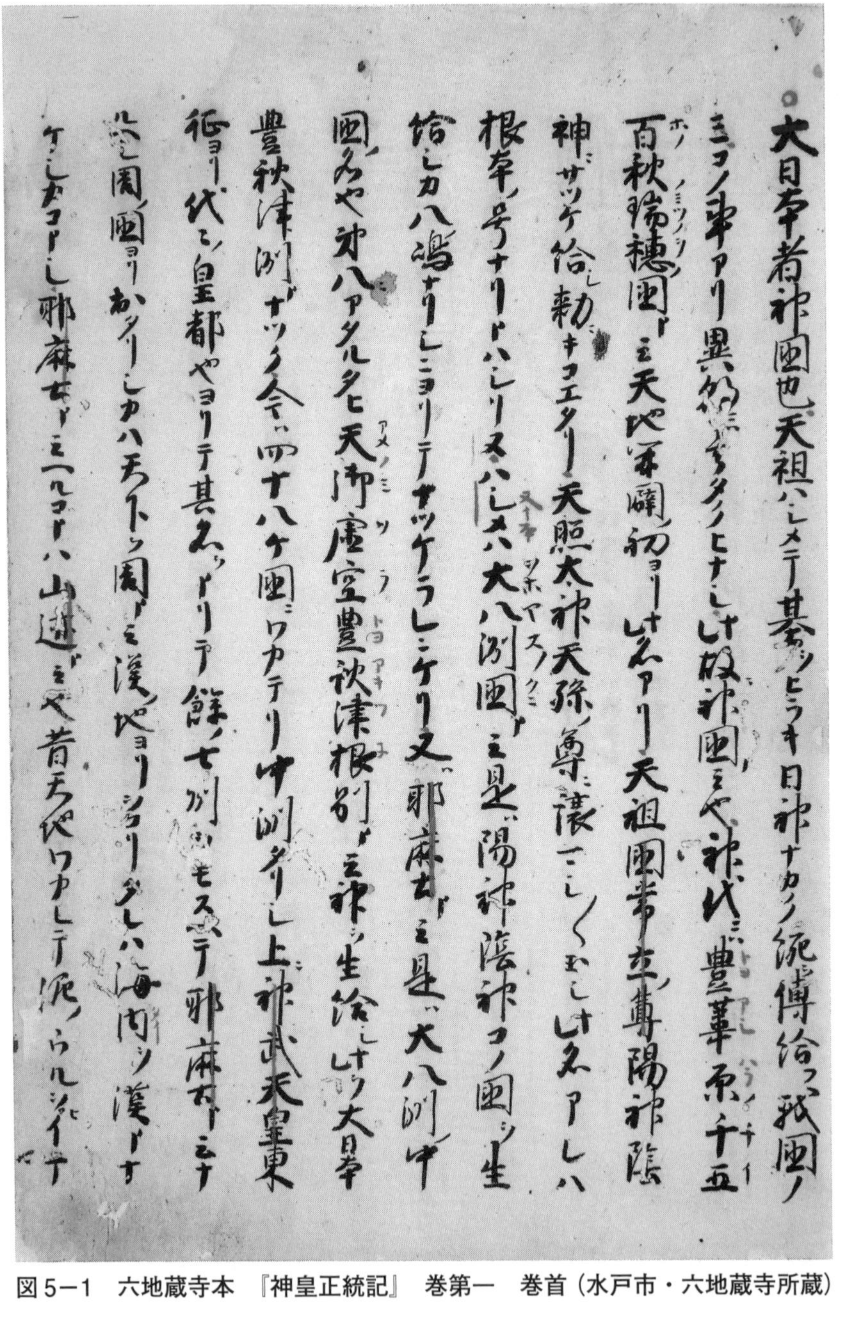

大日本者神国也、天祖ハ〓メテ基ヲヒラキ日神ナガク統ヲ傳給フ我国ノ

ミ此事アリ異朝ニハ其タグヒナシ此故ニ神国ト云ヘ此代ノ豊葦原ヲ千五

百秋ノ瑞穂国ト云天地ノ〓初ヨリ天祖国常立尊ノ陽神ノ臨

神サツケ給フ勅ヲエテ天照太神天孫ニ尊譲ニシク〓名アレハ

根草ノ号ナリトハレハ〓ス八大八洲国ニ是レ陽神陰神ノ国ヲ生

給ヒ力ハ鴻ナリシニヨリテサツケラレニケリ又ニ那麻女カニ大八洲ノ中

国名や対八ァダル名ト天御虚空豊秋津根別ニ三神ノ生給セリ大日本

豊秋津洲ナツク今ニ四十八ヶ国ニワカテリ中洲タリシ上ニ神ハ武天皇東

行ヨリ代ニ皇都ヤヘヨリテ其ミヽヨリテ餘ノ七州モ是モ那麻女

此国周ヨリおタシカハ天下ト開ト漢ベョリショリタレハ海内ノ漢トス

ケニショヨシ邪麻本トニヘヨニハ山遍ニヤヘ首天地ワカレテ泥ノられシイナ

図5-1　六地蔵寺本『神皇正統記』　巻第一　巻首（水戸市・六地蔵寺所蔵）

3.　親房の天皇観

　親房の主著『神皇正統記』は 2 人の天皇が並立している状況において，後醍醐天皇が正統であることの歴史的由来を説き明かそうとするものであった。親房は後醍醐を第 95 代第 49 世とする。95 代というのは皇位に登った数であるが，親房はこれをもって正統とはしない。49 世という親子間の直系の継承をもって正統とするのである。親房が天皇の代と世をどのように数えたのかを見ておこう。

　人皇第 1 代神武天皇から第 13 代成務天皇までは代のみを記し世を記さない。

　第 14 代第 14 世仲哀天皇から代と世を区別して記すが，そのことについて仲哀天皇の項に「大祖神武ヨリ第十二代景行マデハ代ノマヽニ継体シ給。日本武尊世ヲハヤクシ給シニヨリテ，成務是ヲツギ給。此天皇ヲ太子トシテユヅリマシ〳〵シヨリ，代ト世トカハレル初也。コレヨリハ世ヲ本トシルシ奉ベキ也」と説明している。第 14 代仲哀は第 13 代成務の子ではなく成務の兄弟である日本武尊の子である。従って成務は第 13 代ではあるけれども第 13 世ではなく，日本武尊が第 13 世であり，仲哀を成務の後継としては第 14 代，日本武尊の子としては第 14 世に数える。第 1 代神武天皇から第 12 代景行天皇までは直系継承なので代と世を区別しない。もちろん 12 代直系で皇位が継承されたというのがそのまま史実であるわけではない。そのように伝承されてきたということである。

　親房は「代」と「世」の違いについても注をつけていて，「代ト世トハ常ノ義差別ナシ。然ド凡ノ承運トマコトノ継体トヲ分別セン為ニ書分タリ。但字書ニモソノイハレナキニアラズ。代ハ更ノ義也。世ハ周礼ノ註ニ，父死テ子立ヲ云トアリ」と記している。代は「凡ノ承運」を数え

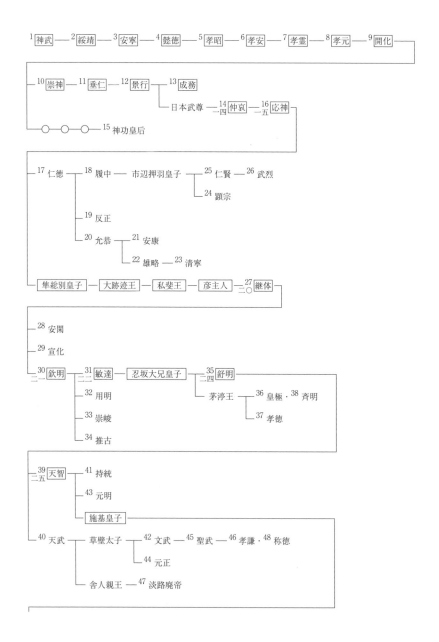

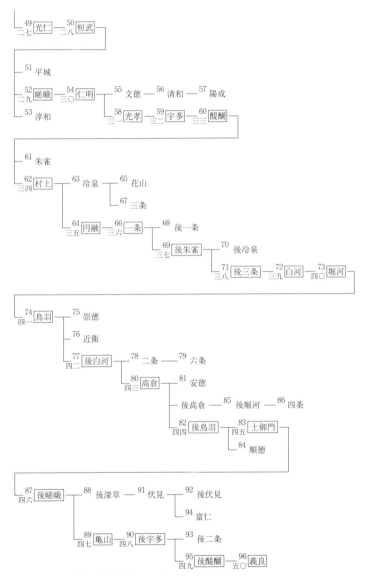

図 5-2　『神皇正統記』による天皇系図
「凡ノ承運」による代数を算用数字，「マコトノ継体」に該当す
るものを ☐ で囲み，その世数を漢数字で付した。

るのに，世は「マコトノ継体」を数えるのに使うというのである。「凡
ノ承運」とは皇位の継承，「マコトノ継体」とは親子間の直系継承をい
い，たとえ親が皇位についていなくても，親を通して直系で過去の天皇
につながることを重視するのである。

　応神天皇を第16代第15世とするのは，応神は第14世仲哀の子であ
るから第15世であるが，仲哀と応神の間に神功皇后が在位したと考え
るので，第14代仲哀，第15代神功，第16代応神の順になるのである。
ただし応神は仲哀の子であるとともに神功の子でもあるし，親房は神功
を第9代第9世開化天皇の4世の孫であるとするので，応神の直系を神
功につなげれば，神功を第15代第13世，応神を第16代第14世と数え
ることもできるはずであるが，親房はその考え方をとらない。

　第17代仁徳天皇は第16代第15世応神天皇の子であるから第16世に
あたるのであるが，第17代仁徳から第26代武烈までは世では数えな
い。この10代の天皇は後醍醐天皇の先祖に当たらないからである。

　第26代武烈天皇のあと第27代に数える継体天皇は，応神5世の孫と
して第20世に数える。応神と継体をつなぐ4人は皇位についていない
ので代では数えないが，第16世から第19世に数えるのである。

　第27代継体の後は第28代安閑，第29代宣化，第30代欽明と続くが，
この3代は兄弟である。後醍醐の先祖に当たるのは欽明であるので，欽
明を第21世に数える。欽明の後に続く第31代敏達，第32代用明，第
33代崇峻，第34代推古も兄弟であるが，後醍醐の先祖に当たる敏達を
第22世に数える。

　第35代舒明は敏達の孫にあたるので第24世に数え，第39代天智は
舒明の子であるので第25世に数える。舒明と天智の間には第36代皇
極，第37代孝徳，第38代斉明がいるが，世では数えない。しかし皇極・
斉明は同一人物であるが，敏達の曾孫にあたり天智の母であるから，斉

明を第 25 世，天智を第 26 世に数えることも可能であるが，親房はこの
考え方をとらない。もしも応神の母神功，天智の母斉明を世で数えたな
らば，応神が第 14 世となり親房の数え方より 1 世繰り上がり，敏達と
舒明をつなぐ忍坂大兄皇子まで繰り上がりが続くが，天智は忍坂大兄の
子舒明と孫斉明との間の子であるので，斉明を経由して数えると舒明を
経由して数えるより 1 世繰り下がり，天智は第 25 世となり，結果とし
て親房の数え方と一致することになる。

　第 40 代天武から第 48 代称徳までの 9 代は後醍醐の先祖にあたらない
ので世では数えない。第 49 代光仁は天智の孫なので第 27 世に数える。
第 50 代桓武は第 28 世，第 51 代平城，第 52 代嵯峨，第 53 代淳和は兄
弟であるが，後醍醐の先祖にあたる嵯峨を第 29 世に数える。第 54 代仁
明は嵯峨の子なので第 30 世，第 55 代文徳，第 56 代清和，第 57 代陽成
は後醍醐の先祖に当たらないので世では数えず，第 58 代光孝が仁明の
子なので第 31 世に数える。

　光孝のあと第 61 代朱雀までは直系でつながるが，朱雀と第 62 代村上
は兄弟であり，後醍醐の先祖にあたる村上を第 34 世に数える。第 63 代
から第 67 代までは村上の 2 人の子冷泉・円融とその子の世代が交互に
皇位につく。後醍醐の先祖にあたる第 64 代円融と第 66 代一条を第 35
世，第 36 世に数える。第 68 代後一条と第 69 代後朱雀も兄弟であるが，
後醍醐の先祖にあたる後朱雀を第 37 世に数え，第 70 代後冷泉と第 71
代後三条も兄弟であるが，後醍醐の先祖にあたる後三条を第 38 世に数
える。

　後三条のあと第 75 代崇徳までは直系でつながるが，崇徳と第 76 代近
衛，第 77 代後白河は兄弟であり，後醍醐の先祖にあたる後白河を第 42
世に数える。第 78 代二条，第 79 代六条は後醍醐の先祖にあたらないの
で世では数えず，第 80 代高倉を第 43 世に数える。

　高倉と第87代第46世後嵯峨の間の直系は第82代後鳥羽を第44世，第83代土御門を第45世としてつながれるが，その間には皇統の断絶が3回ある。すなわち第81代安徳が寿永2年（1183）に平家とともに西走したために，都では後鳥羽が立てられ，後鳥羽が皇位を伝えようとした第84代順徳とその子の廃帝（仲恭）の皇統は承久3年（1221）の承久の乱によって否定されて第85代後堀河が立てられ，後堀河の子第86代四条が夭折したために，後嵯峨が立てられるのである。結果として後嵯峨に直系をつなぐことになった者を世に数え，それからはずれる天皇は世に数えない。

　後嵯峨の2人の子第88代後深草と第89代亀山から皇統が分裂し，後深草の子孫持明院統，亀山の子孫大覚寺統のそれぞれから天皇が立つことになる。持明院統の天皇は世に数えず，大覚寺統のうちでも後醍醐に直系をつなぐ天皇のみを世に数える。亀山は第47世，第90代後宇多が第48世，そして後醍醐は第95代第49世である。親房は後醍醐の子義良が第96代第50世の天皇として天日嗣を伝えたことを記して擱筆する。

　後醍醐以後は親房自身が経験した動乱の時代である。後醍醐は生前2度皇位から退けられ別の天皇が立てられた。親房はその事実を客観的に記述するが，正統は後醍醐であるとする。

　元弘元年（1331）に後醍醐が皇位から退けられ光厳天皇が立てられた経緯は次のように記述されている。

　　同九月ニ東国ノ軍オホクアツマリノボリテ，事カタクナリニケレバ，他所ニウツラシメ給シニ，オモヒノ外ノコトイデキテ，六波羅トテ承久ヨリコナタシメタル所ニ御幸アル。御供ニハベリシ上達部・ウヘノヲノコドモモアルイハトラレ，或ハシノビカクレタルモ

　アリ。カクテ東宮位ニツカセ給フ。ツギノ年ノ春隠岐国ニウツラシ
メマシマス。

　文中で「東宮」と言っているのが光厳天皇である。光厳が即位したこ
と自体は客観的に記述する。その光厳を「偽主」とするのは，元弘３年
鎌倉幕府倒壊後，隠岐に流されていた後醍醐が還京した場面においてで
ある。

　六月四日東寺ニイラセ給フ。都ニアル人々マイリアツマリシカバ，
威儀ヲト丶ノヘテ本ノ宮ニ還幸シ給フ。イツシカ賞罰ノサダメアリ
シニ，両院・新帝ヲバナダメ申給テ，都ニスマセマシ〳〵ケル。サ
レド新帝ハ偽主ノ儀ニテ正位ニハモチヰラレズ。改元シテ正慶ト云
シヲモ本ノゴトク元弘ト号セラレ，官位昇進セシ輩モミナ元弘元年
八月ヨリサキノマ丶ニテゾアリケル。

　文中で「両院」と言っているのが後伏見・花園，「新帝」と言ってい
るのが光厳である。いずれも持明院統の天皇であるから，親房は世には
数えない。しかし代のほうは，後伏見を第92代，花園を第94代に数え
ている。光厳を代にも数えないのは「新帝ハ偽主ノ儀ニテ正位ニハモチ
ヰラレズ」との認識による。
　延元元年（1336）足利尊氏が光明天皇を擁立し，後醍醐が一旦上皇に
退くものちに京を脱出し在位の存続を主張する経緯については次のよう
に記している。

　仍テ都ニハ元弘偽主ノ御弟ニ，三ノ御子豊仁ト申ケルヲ位ニツケ奉
ル。十月十日ノ比ニヤ，主上都ニ出サセ給フ。イトアサマシカリシ

コトナレド，又行スエヲオボシメス道アリシニコソ。（中略）主上
ハ尊号ノ儀ニテマシ⌒キ。（中略）同十二月ニシノビテ都ヲ出マ
シ⌒テ，河内国ニ正成トイヒシガ一族等ヲメシグシテ芳野ニイラ
セ給ヌ。行宮ヲツクリテワタラセ給。モトノゴトク在位ノ儀ニテゾ
マシ⌒ケル。内侍所モウツラセ給，神璽モ御身ニシタガへ給ケリ。
マコトニ奇特ノコトニコソ侍シカ。

　光厳のことは「元弘偽主」と呼んでいる。「主上ハ尊号ノ儀ニテマシ
⌒キ」というのは，光明天皇が後醍醐に太上天皇の尊号を奉ったこと
を言うから，後醍醐が退位したとみなされたことも客観的に記述してい
る。しかしその後に「モトノゴトク在位ノ儀ニテゾマシ⌒ケル」と後
醍醐が主張したことの正当性を，内侍所や神璽を携行していることに
よって強調するのである。
　親房は後醍醐を第95代とするが，現在の皇室は後醍醐を第96代に数
えている。親房との違いは，まず神功を代数に入れないことで生じ，親
房が第16代とする応神を現在の皇室は第15代とする。それから親房が
第39代に数える天智を現在の皇室が第38代に数えるところまでは1代
ずつずれているが，その次に親房が代に数えない大友皇子を現在の皇室
は弘文天皇として第39代に数えるので，親房が第40代に数える天武は
現在の皇室も同じく第40代に数える。そこから第80代順徳までは親房
の数え方も現在の皇室の数え方も同じである。承久の乱で廃される廃帝
について，親房は項目を立てているけれども「譲位ノ後七十七ヶ日ノア
ヒダ，シバラク神器ヲ伝給シカドモ，日嗣ニハクワへタテマツラズ」と
する。しかし現在の皇室は仲恭天皇として第85代に数えるので，そこ
から後醍醐天皇までの代数が1代ずつずれることになるのである。
　親房は後醍醐天皇を第95代第49世と数えた。後醍醐に至る95代全

部を正統とするのではなく 49 世を正統としたのである。したがって 95代のうち実に過半数の 53 代が正統からはずれることになり，逆に親房が正統とする 49 世のうちには皇位に登らなかった人物 7 人が含まれている。

　親房は後醍醐天皇が正統であることを説き明かそうとしたのかもしれないが，後醍醐に至る直系を正統とみなしたのであるから，後醍醐が正統であることを前提として後醍醐が正統であることを説いたに過ぎない。前提を変えればまったく異なる結論を導くことも可能である。たとえば後醍醐が代にも数えなかった光厳天皇が正統であることを説きたいのであれば，光厳に至る直系を正統とする系譜を述べればいいことなのである。

　実際，文明 3 年（1471）から同 14 年の間に著されたと考えられている壬生晴富の『続神皇正統記』は光厳を第 96 代とし，第 97 代を後醍醐重祚，以下第 98 代光明，第 99 代崇光，第 100 代後光厳，第 101 代後円融，第 102 代後小松，第 103 代称光，第 104 代後花園という系譜を記している。ちなみに現在の皇室は光厳・光明・崇光・後光厳・後円融を正統に数えず，第 96 代後醍醐のあとは第 97 代後村上，第 98 代長慶，第 99 代後亀山とし，後亀山から後小松に譲位のかたちをとることで南北朝合体となったことを受けて，後小松を第 100 代に数えている。

　親房が『神皇正統記』で説き明かしたのは何なのか。後醍醐天皇が客観的に正統であることは証明できていない。しかし後醍醐が正統であるというのは，親房にとっては不動の前提なのであり，親房はむしろそれを前提として，後醍醐に至る正統の系譜を示したのであった。

参考文献

岡野友彦『北畠親房』ミネルヴァ書房，2009 年

課題

『神皇正統記』が収録されている図書を探し，その原文を読んでみよう。

6 | 李成桂

須川英徳

《**学習のポイント**》 李成桂（1335〜1408 年）は，1392 年に高麗（918 年成立）に代わる新王朝の朝鮮を開創した人物である。即位前の彼が生きた時代は，中国では元から明（1368 年に洪武帝即位）への交替という激動の時期に重なる。李成桂の即位までの足跡をたどることで，14 世紀後半の東北アジアで生じていた社会変動と国際秩序の再編について学び，朝鮮の歴史と社会についての理解を深める。

《**キーワード**》 事元期，倭寇，恭愍王，紅巾賊，明，遼東，鉄嶺，威化島回軍，恭譲王，鄭道伝，趙浚，鄭夢周，李芳遠

1. 李成桂の生まれた時代

　李成桂（イ ソンゲ）は高麗生まれの人ではなかった。彼は 1335 年，今日の咸鏡南道永興（ヨンフン）（当時は和寧（ファニョン））の地に李子春（イ ジャチュン）の次男として生まれた。永興はかつて高麗の地であり，北方諸民族の侵入を防ぐために築かれた長城の南側に位置していた。しかし，元によって双城摠管府が置かれ，その周辺は元の直轄地にされていた。

　父李子春は地域の有力者であり，永興近辺に居住する高麗系の人々を束ねる地位にあった。子春の祖父は承仕郎管領双城等処高麗軍民達魯花赤（ダルガチ）に任じられ，その地位は子孫に継承された。子春もまたその官職を授けられた。

（1）元への事大

　高麗は1231年からのモンゴルの度重なる侵入に激しく抵抗し，都を開京（開城）から江華島に移して抗戦を続けた。しかし，国土は荒廃し多くの人民を失い，1259年，やむなく降伏を選んだ。降伏に反対した高麗将兵は，モンゴルの支援を受けた高麗軍により討伐された。これにより，モンゴルへの事大（事元）を前提とした高麗国王の親政が復活した。しかし，それは，元皇帝となったクビライ・ハーンの日本征討計画への全面的な協力を意味した。

　二度の日本遠征への多大な貢献が認められ，忠烈王（位1274～1308）以後の高麗国王は，元帝室から妃を迎え，元皇帝の駙馬（女婿）の地位を得てモンゴル帝室の一員となった。髪型や衣服もまたモンゴルに倣った。王妃がモンゴルの公主であるため，宮中にはモンゴル語やモンゴル料理などが持ち込まれた。元は高麗の王位継承にも介入し，元帝室内の争いに関連して国王の廃立や拘束も起きた。忠宣王（位1298，1308～1313）は高麗国王に加えて瀋王位も与えられたが，瀋王は甥に継がせ，高麗国王でありながら元で暮らし続けた。息子の忠粛王（位1313～1330，1332～1339）に譲位したが，父子はさまざまに対立した。また，忠粛王代には高麗国を廃止して「立省置官」する動きもあった。忠粛王の子が忠恵王（位1330～1332，1339～1344）であり，忠恵王は暴政を理由に廃位されて流配地に向かう道筋で死去した。

　忠恵王廃位後は彼の息子たちである忠穆王（1337生，位1344～1348），忠定王（1338生，位1349～1351）と幼い王が続いたが，ともに短い在位で他界し，あるいは廃位された。政治の実権は，忠穆王の生母徳寧公主と忠定王の生母禧妃尹氏，そして彼女らの寵臣たちが握っていた。このころの高麗では，大風や雹の害，さらに北部と中部では日照りによる深刻な飢饉の発生が記録されている。また，忠定王二年（1350）

二月（漢字の年・月は史料が用いる陰暦）に倭が慶尚道南部を襲い，
『高麗史』には「倭寇の侵すは此れを始めとする」と記す。

（2）恭愍王の離元政策

　忠恵王の異腹弟である恭愍王（位 1351〜1374）が王位に就き高麗に
入った。忠定王は鉄槌で人を殴るのを好むなど粗暴な振舞が伝えられ，
廃位後に流配先の江華島で毒殺される。元では紅巾などの反乱が大規模
化し，反乱勢力が各地に割拠した。中国でも飢饉が深刻だった。援軍の
要請を受けた高麗は，国内と大都とで徴募した将兵を送った。彼らは元
の内紛と衰退を見聞して帰国する。

　1356 年，恭愍王は元帝室の皇后を出して権勢を振るっていた奇氏一
派を誅殺し，高麗を監視する元の出先機関である征東行中書省理問所を
廃止した。つづいて元に繋がる鴨緑江以西の駅站三ヶ所を破壊するとと
もに，高麗の旧領回復をはかった。すでに高麗に内応していた李子春は
高麗の東北面兵馬使柳仁雨とともに双城摠管府を攻め，その領域を高麗
に取り戻した。

　この一連の施策は王位への干渉を防ぐとともに元と距離を措くための
ものであったが，元との国交は断絶せず，使臣も往来した。李子春は開
京に居を移し，礼成江への倭寇侵入を防ぐ西江兵馬使に任じられ，官位
も従二品まで昇った。李成桂の異腹の兄元桂が恭愍王の側近に取り立
てられたのもこの頃であり，二男の李成桂も馬術と騎射の腕前で開京の
貴顕に知られるようになった。

（3）倭寇の侵入

　当時の高麗では，事元期にそれまでの軍事力がほぼ解体されており，
宮闕の守備や地方の治安維持程度の兵力しか保有していなかった。援軍

要請に応えたときには，官職授与と褒賞によって高麗国内で集めること
のできた将兵は2000に過ぎなかった。その後，地方在住の富裕な邑吏
階層，官位を有して地方で暮らす品官層，富裕な農民層などから馬術や
弓術に長けた者たちを軍士に徴募して兵力を増強するとともに，中央の
文武官を兵馬使や元帥に任じて指揮に当たらせた。元と距離を置いたこ
とで，東北面と西北面が女真族，元と向き合う国境地帯となった。

　また，倭寇の襲撃がしだいに激しくなったため，南部の税米を海路で
運送する漕運船と税米の倉庫を防禦する城郭も築かれた。税米を集積し
た倉と，税米を積載した漕運船が，倭寇の主たる標的だったからである。
当時の日本は短命な建武政権を経て足利尊氏による武家政権が開設され
たが，各地で南朝・北朝を旗印とした戦乱が続いた。1340年代に差し
掛かるころには小康状態となったが，尊氏・直義兄弟の対立に端を発し
た観応の擾乱（1350～52年）をきっかけに，再び激しい内戦状況に陥っ
ていた。

　14世紀の中ごろは，世界的に気候が寒冷化し，ヨーロッパではペス
トが猖獗を極め，中国では中南部の穀倉地帯が連年の凶作に見舞われて
紅巾をはじめとする農民反乱が激発した時期だった。高麗も例外ではな
く，忠定王代からはしばしば飢饉に襲われている。内乱の続く日本にお
いても，水害などの災害発生が記録されており，それが内乱をいっそう
長引かせたとの見解もある。食糧自給のできない対馬や，戦闘が続く北
九州の土豪武士たちが，食糧と労働力を求めて高麗から遼東近辺までを
襲ったことは十分に想定できる。

　高麗人のなかには水路や漕運の発船，高麗軍の動静などの情報を進ん
でもたらす者もいたであろう。半島南部と西部の海岸は地形が複雑で海
流の変化も激しいので，水路を熟知した者がいなければ半島西岸を北上
することは難しい。また，倭寇は内陸にまで侵入して略奪を行ったが，

これもまた土地の事情に通じた者の協力がなければできないことである。さらに，紅巾や方国珍・張士誠など中国での反元勢力が長江下流から南部海岸を占拠していたことも無視できない。朱元璋により1367年に彼らが倒されると，その残党が倭人も引きこんで中国の沿岸各地を襲撃したと伝える。1370年の高麗側の記事では，方国珍の残党が高麗に渡航し，全羅道古阜に百名余りが居住していたと伝える。朝鮮半島の南西部は中国南部の沿海と深くつながっていた。他方，半島の東海岸北部を襲ったのは女真系海賊の可能性がある。1368年に元が大都を放棄して北遷すると，華北から遼東までが混乱に陥った。中小の武装勢力が乱立し，生き残るために争っていた。倭寇が高麗を襲撃した記事の数は1370年代がピークとなる。

　明が建国され，元が大都（北京）を放棄して北遷したといっても，動乱の余波はただちに収まるものではなかった。東アジア一帯では，兵乱と飢饉の慢性化に起因して，食糧と安全を求める難民集団，明への旧敵対勢力の抵抗，さらに食料と労働力を求める略奪が国境を超えて横行した。多様な出自を有する武装海寇集団を一括りにして倭寇と称した。

（4）紅巾賊侵入による荒廃

　元の衰退を見定めて断行された1356年の高麗の離元は，これから陥る苦難の予告でしかなかった。1359年十一月には紅巾に追われた遼東地域の難民2300戸余りが高麗に逃げ込んできた。それに続いて紅巾賊三千が侵入し，略奪して帰った。これは偵察隊だった。十二月，四万と号する大軍が氷結した鴨緑江を渡って侵入した。義州，さらに西京（平壌）も賊手に落ちた。この紅巾賊は，大都攻略を目指して北上しながらも，元軍と衝突して進路を変え，遼寧から遼東，さらに高麗へと移動してきた流賊集団だった。年が替わり，軍勢を集めた高麗の反撃がはじ

まった。義州などの拠点は高麗軍に奪還された。退却する紅巾賊は食糧が尽き，道には行き倒れとなった賊兵の遺骸が連なったと伝える。

　翌年の1361年十月には，十万余と号する紅巾の大軍が鴨緑江を越えて再び侵入した。西北部は前回の侵入により荒廃しており，紅巾賊は文字通り無人の野を疾駆して開京に迫った。恭愍王は開京を脱出して福州（安東）まで移御し，南部の兵を召集した。紅巾賊が開京を占拠した二ヵ月余りは捕えた男女を焼いて食べていたと伝える。翌年正月，高麗の反撃が始まり，李成桂は2000の将兵を引き連れて開京の奪還戦に参加し，城内に籠もっていた賊兵と戦った。高麗軍はわざと逃げ道を開けておいたので，紅巾の敗残兵は城外に逃れて北上し，高麗軍に追撃されて殲滅された。

2. 李成桂の昇進

（1）紅巾賊，北元との戦い

　李成桂は1361年十月には東北面上万戸に任じられ，父が任じられていた朔方道万戸兼兵馬使の地位を引き継ぎ，その譜代の軍勢もまた受け継いだ。

　このころ瀋陽では元の武将納哈出（ナハチュ，ナガチュ）が自立し行省丞相を自称していた。1362年二月には双城摠管府を追われた趙小生の誘いにより東北面に侵入し，七月には咸興に近い海辺の洪原に陣を構えた。李成桂は納哈出の軍を激戦の末に退けた。

　軍事的危機を脱したにもかかわらず，1363年の高麗政界では，元に内通する金鏞（キムヨン）の陰謀により，紅巾賊との戦いに戦功を挙げた元帥たちが処刑され，開京郊外まで戻った恭愍王が暗殺者集団に襲撃されるという事件（興王寺の変。宦官が身代わりに殺されて王は無事だった）が起きた。さらに，大都に暮らす徳興君（忠宣王の庶子。恭愍王の叔父にあた

る）が新たに高麗国王に任じられ，64年春には1万の軍勢とともに鴨緑江を越えて侵入してきた。

　高麗は西北面に新たな指揮官を任命したが，李成桂は含まれていない。彼は東北面に南下し侵入しようとする武装勢力（李成桂の親族も加わっていた）との戦いに忙殺されていた。中央政界では，1365年に王妃を喪い悲嘆にくれる恭愍王の信任を得た僧辛旽が，権勢を振るっている（1371年に失脚）。また，1368年には元が大都を放棄した知らせがとどき，翌年には明からの使節が訪れた。恭愍王は明への事大と北元との断交を決定し，東寧府（遼陽）への出兵を決めた。出兵に先立ち，李成桂は東北面元帥知門下省事（従二品）に任じられた。

（2）遼東への遠征

　1370年，李成桂は騎兵5000，歩兵10000を率いて北上し，鴨緑江中流を渡河して今日の通化のあたりまで進出した。この地域には多くの高麗系の人々と女真系の人々が居住しており，多くが高麗に帰服して高麗領にもどったと伝える。また，吉州方面の女真も高麗に来献してきた。同年十一月には下流の義州から鴨緑江を渡河して東寧府（遼陽）を目指した。東寧府には恭愍王に父を誅殺された奇氏の遺児が元の官吏や兵士を集めて割拠しており，しばしば高麗の北辺を襲っていたため，その根拠地を急襲して陥落させた。二度の遼東出兵により鴨緑江以北の敵対的勢力の掃討という派兵は果たされた。『太祖実録』では，その帰路で次のような掲示を貼りだしたと伝える。

　　　本国は堯の時代と同じに立てられ，周の武王が箕子を朝鮮に封じ，西は遼河に至るまでの地を賜り，代々その彊域を守ってきた。［中略］凡そ遼河以東の本国の彊内の民，大小の頭目官らは，速やかに自ら来朝し共に爵禄を享けよ。もし来庭しないなら，その鑑は

東京［東寧府］である。

　ここで注目したいのは，朝鮮半島における国家の起源を，中国の伝説的存在である堯と同時代とされる，すなわち13世紀に記された『三国遺事』と『帝王韻紀』の語る檀君朝鮮の開創に求めたことである。また，その朝鮮の彊域は，箕子が封じられたとする朝鮮の彊域であり，遼河以東の地（高句麗の旧領と重なる）が朝鮮の本来の領域だという主張である。当時の遼東は，紅巾賊とその残党に荒らし尽くされ，元が北遷したにもかかわらず，新興の明の支配がいまだ及ばないなか，無政府状態となって武装勢力が割拠していた。

　李成桂の布告が史実であったか否かを確認できる他の材料はない。しかし，李成桂即位後にも密かに遼東派兵が計画されたことや，明に冊封を求めたときに提示した国号候補が和寧と朝鮮であったことを勘案するなら，李成桂の本心では遼東もまた朝鮮の本来の彊域であるとの意識があったことは否定できないだろう。このような記事が『太祖実録』に挿入されたのは，1413年に『太祖実録』の最初の稿本が完成した当時の朝鮮における明への微妙な感情と，編者である河崙の記憶する李成桂像が反映されているのであろう。

（3）内政外交の迷走と倭寇との戦い

　さて，二度にわたる遼東派兵ののち，李成桂は知門下府事に昇進し，1372年には和寧府尹を兼ね，東北面の軍事と行政を掌握した。それとともに，周辺の女真族首長やモンゴル系武将の帰順により，東北面の支配領域は海岸沿いに拡大して豆満江河口に至り，また内陸でも鴨緑江上流域まで拡大していった。そこで，東北面では独自に収税して軍糧を調達した。東北面の新領土には権門勢家の農庄も置かれておらず，東北面は高麗の領域でありながら半独立的な地域となった。

　北方の情勢が安定化しても，倭寇の襲来は 1370 年代に激化した。
1374 年には恭愍王が宮中で殺害された。後継をめぐって王族の永寧君
瑜を推す意見もあったが，門下侍中李仁任の主張により恭愍王の子禑
（位 1374〜1388）が立てられた。禑はいまだ 10 歳であり，政権は李仁
任に握られ，恭愍王の逝去と禑の即位を北元に伝えた。禑王の即位にた
いし北元は瀋王暠の孫である脱脱不花を高麗国王に推すなど，高麗内政
への関与の意図を見せた。禑王が北元から高麗国王に冊封されたのは禑
王三年（1377）である。

　高麗では親明か親北元かをめぐって対立が生じていたが，それでも北
方からの侵入路である西北面に軍を駐屯させて警戒を強めざるをえず，
疲弊した西北面での軍糧確保が大きな負担になった。禑王の信頼を得て
各地で倭寇と戦っていた武将の第一人者は，都統使として全軍の指揮権
を与えられた崔瑩だった。彼は累代の武人家門の出である。賊徒もまた
「畏れるべき者は白髪頭の崔万戸だけ」と言っていたと伝える。

　軍が増強されるにともない支給する軍糧が不足し，寺院に給されてい
た寺田や，官吏への給与に替えて特定田土の田税相当額を個人の収入に
充てる各種の私田にたいしても，軍糧供出が課されるようになり，禑王
十三年（1387）には，全国の私田田租の半分を軍糧に徴収することを命
じている。また，田租を国庫や王室に納めるべき田土（公田）を不正に
占有している者の調査も命じた。私田田租の半分を軍糧に供する件は，
各地に駐屯する兵馬使・判官などの武官が，軍糧名目で穀物や貯蔵食品
などを任意に徴発している状況下で，徴発額を田租の半分までに制限し
たものと見るべきだろう。地方武官は，配下の兵士を養うために強制的
な現地調達を常としたのである。十万余りにまで膨張した将兵に十分な
食料を供給するだけの財政的余裕はなかった。

　度重なる外寇と飢饉による疲弊にくわえ，明との関係も緊張に満ちて

いた。禑王九年（1384）には，過去五年分の歳貢を併せて，馬5,000匹，金500斤，銀50,000両，布50,000匹を一時に献納することが脅迫的に要求され，金・銀・布の不足分は馬に換算して納めることとされた。遼東へと軍を進めていた明は，高麗に馬匹などの負担を求めたのだが，明の高圧的な要求は高麗内部に明への反感を高めていく。多額の歳貢は禑王十二年（1386）に減免され，三年一貢良騎50匹とされたが，まもなく馬5,000匹の要求が伝えられた。布物で代価を支払うとのことであったが，一時に揃えるには過大な要求だった。

　1380年代の李成桂は，半島の中部・南部を転戦して倭寇と戦っていた。その間にも東北面に侵入する女真とも戦った。彼の次男や異腹の兄元桂もまた李成桂麾下として参陣し，帰順した女真人の李豆蘭も以前の配下とともに将帥の一人となっていた。しかし，彼の根拠地が東北面であることに変わりは無く，禑王八年（1382）には東北面都指揮使に昇任，1383年には東北面都元帥門下賛成事に任じられた。李成桂の武人としての名声が高まるとともに，鄭夢周や鄭道伝，趙浚のような朱子学を奉ずる文臣たちとの親交が深まった。深く絡み合った王室や閥族との関係がほとんどなかったことが，閥族と相容れず現状打破の思いを抱く文臣たちを引きつけたようだ。それでもあえて戦場に身を置くことで，開京での閥族たちによる政争からは距離を置いていた。

3.　威化島回軍から新王朝開創まで

（1）鉄嶺以北の割譲要求と遼東出兵

　禑王十三年（1387）には，遼東に残っていたモンゴル系の将帥納哈出が明に降伏した。遼東もまた明の支配下に入った。高麗の官服も明のものに切り替えられた。ところが明からは屯田のための農牛5,700頭の提供が要求され，高麗からの使節も入境を禁じられた。この年の五月，明

の兵糧運送船が開京近くの島に漂着したが，それを明軍の上陸侵攻と誤報したために都は大騒動になったと記す。明との関係が緊張を孕んでいたことを伝えるものである。

　翌 1388 年二月，明の遼東都司からの使者が鴨緑江を渡ってきて，鉄嶺以北は遼東の管理下に置くとの榜示を示したとの報があった。一月に守門下侍中に昇進していた李成桂も含めた宰相たちの会議では，とりあえず模様眺めとした。しかし続いて明の都から帰った使節が驚くべき皇帝の聖旨を伝える。元の旧領であった鉄嶺以北をすべて引き渡せとの命令だった。鉄嶺は現在の江原道と咸鏡南道の境にある峠で，北緯 39 度線よりも少し南に位置し，平壌がほぼ北緯 39 度である。高麗は遼の時にほぼ北緯 40 度線まで領域を拡大し，遼に替わった金には鴨緑江河口南岸の領有も承認されていた。いくら明の命令でも唯々諾々と従うわけにはいかなかった。

　門下侍中崔瑩が百官を召集した会議では，割譲反対に一決した。禑王と崔瑩は明の拠点である遼陽攻撃の策を練った。また，諸道の「両班百姓郷駅吏」を軍籍に登録させ，動員に備えた。このあたりから，『高麗史』『高麗史節要』という朝鮮王朝が編纂した公式史書は，李成桂の動向についての筆が怪しくなる。遼東攻撃の主戦論の責任を禑王と崔瑩の二人に負わせ，李成桂は一貫して攻撃不可の立場だったと弁護しはじめる。なぜなら，李成桂が遼東攻撃に賛成であったなら，明に対し戦争を仕掛けようとした大逆罪であり，そのような罪人が立てた朝鮮王朝そのものが大逆罪の国となってしまうからである。史書には，李成桂は出兵に反対だったと示すために，彼の献策「四不可」を掲げる。『高麗史節要』は次のように書く。

　　　夏四月乙巳朔，禑は鳳州を訪れ，崔瑩と太祖（李成桂）を召し出して，「遼陽を攻めようと思うので，卿らには尽力してほしい」と

伝えた。太祖は，「今，出兵するには四つの不可があります。小が大に逆らう（小逆大）のは第一の不可です。夏に兵を発するのは第二の不可です。国を挙げて遠征すれば倭寇が虚に乗ずるのが第三の不可です。暑雨の季節になるので弓の膠が溶け軍勢には病が発生するのが第四の不可です」と申し上げた。禑は頗るこれを然りとした。太祖が下がって崔瑩に「明日，このことを再度申し上げてほしい」と伝えると，崔瑩は「わかった」といった。その夜，崔瑩は再び禑に会って「他言を容れてはいけません」と申し上げた。翌日，禑は太祖を召して「すでに軍勢を召集してあるので（業已興師）中止はできない」と言い，太祖は「大計を成そうと欲するなら西京（平壌）に滞在なされて秋を待って出兵すべきです。穀物が野に稔り，大軍の食が足りるようになってから進発すべきです。今は出陣の時ではありません。遼東の一城を落としても雨の季節となり，軍は進むも退くもできず，食糧は腐ります。拙速は禍を招くだけです」と申し上げた。

この遣り取りは，四月一日と二日の記事である。実は，その五日前には全国に動員の命令が下されている。守門下侍中の李成桂が遼東攻撃計画に関与しなかったはずがない。三日には鴨緑江に船橋を掛けることが命じられ僧徒も動員された。十二日には将帥の名簿が発表され，十八日には全軍が平壌を出発，十九日には遼東から戻った密偵が，「遼東の兵はモンゴル方面に出動しており，遼陽には小部隊しか残っていないので，高麗の軍勢が押し寄せれば戦わずに降伏するでしょう」と崔瑩に報じたと記事が続く。

これまでは，一日に李成桂が述べた「四不可」のうち，最初の「小が大に逆らう」について，「小国である高麗が，大国であり事大すべき明に逆らうのは道義に背くことである」と解釈された。つまり，明が中華

の宗主国であり，周囲の諸国は中華に朝貢して冊封を受けるという華夷
秩序を名分に掲げて，李成桂は遼東出兵に反対したと説明されてきた。
ところが，十二日には左右二軍のうち右軍の司令官である右軍都統使に
任じられており，それを辞退した形跡はない。また，四不可の第二・
三・四の不可はあくまで軍事的問題であり，翌日の反対論も夏の出兵の
不利を説き，秋の出兵がよいと言っており，遼東への出兵そのものに反
対するものではなかった。第一の不可も軍事的理由とみるべきなのだ。
つまり，「小逆大」は少ない軍勢で明の大軍と戦うのは不可だ，という
分かりやすいことを言ったにすぎない。高麗が動員できた軍勢は 38,830
人，荷物運びなどの従者が 11,634 人でしかなかった。納哈出を降伏さ
せ遼東に駐留する明の軍勢は，高麗全軍を上回る可能性が高い。まして
明との全面戦争となれば兵力差は圧倒的であり勝てる見込みはない。勝
ち目のない戦いに高麗を巻き込むことに歴戦の武人である李成桂は反対
したのである。

　事大の大義名分を理由に遼東出兵に反対したというのは後世の儒者に
よる李成桂弁護論である。また，これをもって李成桂を事大主義と詰る
のも虚像への無意味な批判でしかない。父祖たちと自らが血を流して獲
得し守ってきた領土が他国から割譲を求められたとき，抽象的な名分に
従って領土を差し出す武人がいるだろうか。鉄嶺以北を割譲すれば，李
成桂の本拠地も無くなってしまうのである。彼は割譲にも反対だが，夏
場の軍事行動にも反対だった。

　15 世紀中頃に確定し，あるいは編纂が終わった官撰史書でさえ，丹
念に日時を追えば，派兵決定の前に事大を理由として反対したようなこ
とは書かれていない。『太祖実録』には遼東への歴史的領有権が主張さ
れていた。李成桂こそが遼東派兵の中心となる武人だった。しかし，李
成桂を明に対する大逆罪の共犯とは書けない。明への出兵という大逆罪

の責任を禑王と崔瑩の二人に負わせることで李成桂を弁護するとともに，事大の大義名分を掲げることで，以後の彼の権力掌握が正当化されるのである。

（2）威化島回軍

　記録は次のようにつづく。日付は干支で記されている。

　平壌を出陣してから17日目の五月庚辰，左右軍は鴨緑江（アムノッカン）を渡り，中洲の威化島（イファ）に駐屯した。23日目の丙戌には，鴨緑江が増水していて次の流れを渡れないまま日を過ごし，鴨緑江を渡れてもその先には大河がいくつも存在すると，進軍を躊躇う軍中の様子が記され，進軍中止を求める書状を左右都統使の名義で送った。その書状に「以小事大保国之道，我国家統三以来事大以勤」（小国が大国に事大するのが保国の道であり，我が国［高麗］は後三国を統一して以来，事大に勤めてきた）という事大にかんする句節が初めて出てくる。さらに「今は暑さと雨で弓は解け甲冑は重く，兵士も馬も困憊している。これを堅城の下に赴かせて戦っても，勝つことはできず，取ることもできない。兵糧は補給されず，進退は窮まった」と軍の窮状を訴え，撤退を求めた。しかし撤退は認められなかったと記す。

　出陣から32日目の乙未，李成桂が直率の親兵とともに東北面に帰ったとの噂を聞き，左軍都統使曹敏修が李成桂の幕舎を訪れた。二人の話し合いで，回軍すなわち軍勢の反転と君側の奸を除くことが決められ，軍を南下させることにした。40日目（回軍決定から9日目，六月癸卯），左右軍は禑王と崔瑩が逃げ戻った開京の周辺に布陣し，42日目乙巳に開京に入城。さしたる抵抗もなく禑王と崔瑩は宮中で拘束された。

　注意したいのは，平壌から鴨緑江までが17日かかったのに（地図上の直線で約130km，実際の道程はもっと長くなる），鴨緑江から平壌を

経由して開京（開城）までは 2 倍弱の距離（同じく約 240km）である
にもかかわらず，9 日で戻ったことになる。この帰りの速さは，雨天で
疲弊し，食糧までが欠乏した歩兵のなしうることではない。騎兵や乗馬
歩兵を主力として長距離移動に慣れていた李成桂直属の精鋭が回軍の中
心だったと見るべきだろう。また，李成桂が東北面に帰ったとの噂は，
すでに麾下の将兵の一部を先発させていたことが誤報された可能性があ
る。左軍の曹敏修の軍勢も騎乗する幹部と騎兵だけが戻れたはずであ
る。往きはあえてゆっくり進み，鴨緑江では増水を理由に渡河を引き伸
ばし，食糧の欠乏と他部隊の兵の疲弊を待ったうえで，温存しておいた
直属の精鋭部隊を率いて追撃不可能な速さで開京に駆け戻ったというの
が真相であろう。数千の精鋭が駆け戻れば十分だった。

　彼らの回軍を知った禑王は，鴨緑江中上流の江界（カンゲ）などから出陣して明
軍と対峙している部隊に追撃を命じたが，間に合うはずがなかった。も
はや回軍部隊を阻止できるほどの軍勢は国内には残っていなかった。開
京の守備兵力は無いも同然だった。李成桂は遅れた兵の収容と休養のた
めに一日をおいた。このとき，東北面から千名余りがさらに参陣したと
伝える。この経過を見るならば，遼東派兵が立案されたときから，李成
桂は軍勢の反転と政権掌握を周到に計画していたと言わざるをえない。

（3）政権掌握から即位まで

　回軍は君側の奸を除くことを名分としたため，政府中枢は入れ替えら
れた。左侍中に曹敏修，右侍中に李成桂が就き，李成桂派文官の趙浚が
簽書密直司事兼大司憲に任じられて宮中警護と官吏糾察の任を担った。
禑は国王を廃され，その子昌（チャン）（九歳）が新王に立てられた。曹敏修と
李穡（イセク）が推したためである。また，曹敏修が南部・中部の都統使に，李成
桂が東部と北部の都統使となり，全国の軍事動員権を二人で分割した。

七月には回軍の功を李成桂と分かち合っていた曹敏修が趙浚に弾劾されて流罪となり，全国の軍事動員権は李成桂に握られた。ついで趙浚による官制改革と冗官淘汰が実施される。

翌1389年には，私田の廃止をめぐって賛否の議論が交錯した。田制改革の賛成派と反対派，換言すれば李成桂支持派と反対派が明瞭になり，多数を占めた反対派は「皆巨室子弟」だったと記す。

有力者たちのもう一つの収入源は中国との貿易だった。事元期はもちろんのこと，高麗と中国は海路と陸路でつながっており，明に派遣される使節もまた，苧布・毛皮・松の実などを持ち込み絹織物などの奢侈品を購入してくるのが通例となっていた。使節一行に参加した李崇仁が商人のように振舞い，明人に嘲笑されたとの理由で弾劾され，失脚した。崇仁は文章家として明にも知られていた。崇仁との関係で李穡もまた引退した。李穡は学者としての名声が高い人物である。以後，明との私的な交易は厳禁されていく。

十一月，李成桂暗殺未遂事件に連座させて残った反対派を粛清した。その事後処理の過程で，明皇帝が「廃假立真」すなわち王氏の血筋ではない昌王を廃し，王氏の血筋を国王に立てよ，と命じたと称して，昌王を廃し，籤引きで王族の定昌君瑤を国王に立てた。高麗最後の国王恭譲王（位1389〜1392）である。実際には明皇帝からそんな指示は下されていなかった。恭譲王擁立に関わった，李成桂，沈徳符，鄭夢周，池湧奇，偰長寿，成石璘，朴葳，趙浚，鄭道伝の九人は功臣とされ，忠義伯・忠義君の称号を受けた。

恭譲王二年（1390）には田土に関する旧来の権利文書がすべて焼き捨てられ，翌年には新たな田土頒布の法である科田法に基づく田土の頒給が実施された。名門閥族が保有していた私田が消滅し，李成桂派に田土が再分配されたのである。とはいえ，高麗末の国家財政は郡県に課す現

物の雑貢や戸布が中心であったので，国家財政が確保されたと見るのは正しくない。田土に課される田税徴収権の再配分なのである。

　恭譲王三年には，王の熱心な仏教信仰と仏事にたいする諫言が相次いだ。しかし仏教尊崇は高麗の太祖王建以来の国是であり，おいそれと廃止することはできない。傀儡だった恭譲王は反撃に出る。九月には世子を賀正使として明に派遣した。明皇帝が認めた世子であれば廃せないだろうとの思惑である。十月，李成桂派の中心である鄭道伝に対し，彼の家系に賤民がいたとの弾劾で罷免した。翌月には失脚していた李穡と李崇仁が呼び戻された。恭譲王四年（1392）三月，帰国した世子を出迎えに出ていた李成桂が海州で落馬して病床に伏せったとの知らせが届く。四月には李成桂派の趙浚・南誾（ナムン）らが弾劾された。これら一連の動きは恭譲王と鄭夢周の連携によるものである。鄭夢周は田制改革をはじめとする国政刷新には賛同したが，趙浚・鄭道伝らが李成桂を国王に推戴しようとする意図を知り，高麗の廃絶には断固反対したのだ。

　鄭夢周の動きを阻止したのが五男李芳遠（イバンウォン）だった。彼は配下の武士たちに夢周の殺害を命じた。李成桂の国王推戴には兄李元桂でさえも内心で反対しており，女壻の卞仲良（ビョンチュンニャン）を通じて暗殺の危険を鄭夢周に伝えていた。それでも夢周は自ら李成桂の私邸を訪れ，李成桂の本心を見極めようと面談した。そのとき何が語られたのか，伝えられていない。しかし，その帰路，李芳遠の放った騎馬の武士たちが夢周を襲った。馬を斃され走って逃げる夢周を追いまわし，衆人環視のなか，鉄槌で撲殺した。夢周に連なった者たちも大挙して粛清された。もはや，李成桂の推戴をあえて阻もうとする者はいなくなった。

　七月十二日，王大妃（恭愍王妃）の決定で恭譲王は廃され，原州への流配と決まった。翌日，王大妃は李成桂を監録国事に任じた。国王権力を象徴する国璽は王大妃の下にあったが，十六日には国璽を持ち出した

者たちが李成桂の屋敷に押し寄せ，李成桂に国璽を捧げ，即位を求めた。十七日，私邸を出た李成桂は群臣の出迎える寿昌宮に入った。玉座を避けて立ち，朝賀を受けた。李氏による新王朝の開創である。高麗では早くも11世紀から「十八子」すなわち李姓の者が次の王朝を開くとの讖緯説が流行っていたが，それが現実になった。

4. 李成桂はなぜ王に推戴されたか

　14世紀後半の高麗は，激動の連続だった。さまざまな対立や思惑は，仏教と文雅，そして既得権保持に傾く門閥家門と，仏教を排撃し朱子学（性理学）の原理原則に忠実であろうとする儒者たちの対立という構図へと集約されていった。後者の人々に担がれたのが新興軍閥とも言うべき李成桂であり，鉄嶺以北割譲要求は，国内のさまざまな利害と思想の対立を武力で一掃し，それを事大の大義名分で正当化できる絶好の機会となった。

　それでは，李成桂は国王になることを自ら望んでいたのか。残された編纂史料を見たかぎりでも，彼の率いる圧倒的な軍事力が着目され，傍流家門の出である鄭道伝・趙浚などの文官たちの支持と理念的正統化，そして執拗なまでの反対派排除によって，玉座に祭り上げられてしまったというのが事実に近いだろう。朱子学を国の正統教学とした新王朝を開創するという趣旨には，李成桂は馴染むことがなかった。それでも，本人は推戴に積極的に反対したのでもなかった。

　李成桂は若くして父親の武官としての地位を引き継ぎ，多くの戦場で先頭をきって戦い，並外れた騎射の腕前をもつ生粋の武人である。つねに麾下の将士と戦場の労苦を共にしていた。さらに彼の配下となった女真兵や降伏して配下となった者たちにも分け隔てなく接し，幕僚や副官などを殴ったり，ひどく罵ったりもしなかったと伝える。そのために将

士たちの忠誠は絶対だった。その一方で，国王となってからも古くから
の将士を宿衛とし，彼らは夜中に鐘・太鼓とともに読経し，その大音声
は宮外にも響いた。戦を控えた野営のときを思わせる。また，周囲に告
げず，僅かな供回りを連れて狩猟に出かけるなど，それまでの生活を変
えようとはしなかった。

　彼のそのような振舞いは，王家との血縁や門閥を誇る開京の貴顕たち
とは大きく異なったようだ。彼らは下の者を冷たく見下した。洗練され
た文化環境のなかで成長し，詩文の才をもって科挙に及第し，毛並みの
良さで枢要の地位へと駆け上っていく彼らには，それが当然の秩序だっ
た。身分の壁は名門の証しだった。禑王の時代にも外戚と貴顕の縁者が
重用された。曹敏修もその一人である。

　しかし，李成桂に接近し，彼を王に推戴した文官は違っていた。賤民
の血が入っていると見られて鄭道伝は蔑視され，科挙に及第した趙浚は
王の厩の管理人だった。学問や文章力では閥族の壁を越えられなかっ
た。高麗がそのまま続くのであれば，出世の見込みのない二流以下の家
門出身の文官たちだった。既成の門閥を背景にもたない李成桂は，彼ら
に対しても分け隔てなく接した。もし彼の率いる精強な武力を動かせる
なら，閥族が深く根を張った閉塞的な現状を打破しうる存在と映ったは
ずである。禑王が決定した遼東派兵は，明こそが正統な中華王朝である
と信じる彼らには，千載一遇の好機となった。

　他方，儒学などと縁の無い庶民のあいだには預言者のように振舞って
信者を獲得した巫や僧が多かったことも史書が伝える。戦乱と飢餓に起
因する社会不安と緊張，加えて閉塞感に満ちた時代だった。

　では，李成桂自身になんらかの政治的構想や経綸があったのか。それ
については即位後の彼を見ればわかるだろう。彼自身が主導して決定し
たものは，後継者を康氏所生の末子芳碩に定めたことくらいである。こ

の決定は後に韓氏所生の兄たちの反発と挙兵を招き，鄭道伝ら回軍以来の権臣たちと康氏所生の兄弟が殺害された。漢陽（漢城，現在のソウル特別市）に遷都した後も，都の中心に興福寺を創建し，景福宮の正殿である勤政殿には僧侶を招いて鎮護国家の法要を行った。また，王妃康氏が死去すると漢城内に貞陵を作り，供養のために興天寺を建立した。明日をも知れぬ戦場を生き抜いてきた李成桂と彼の将士には，仏への帰依こそが唯一の救済だったのだ。それゆえ無用な殺生は好まなかった。戦場において敵であっても武勇の士であれば殺さずに降伏させ，配下とすることを望んだと伝える。降伏した敵は殺さなかった。

　ところが，朱子学の学徒は，自らの主張だけが唯一の正義であるとの自負があり，個人的な怨恨も含めて敵対者を殺戮することに躊躇はなかった。恭譲王をはじめとする王氏一族とその血縁者もまた殺戮を免れなかった。抑圧されていた喉舌の徒が権力を握ったとき，その振舞いは，自ら刃を振り下ろすのではないがゆえに，武人よりも残虐だった。

　後継者の地位をめぐって韓氏所生の兄たちにより康氏所生の芳蕃・芳碩が殺害されると（第一次王子の乱，1398 年），ただちに王位を投げ出した。王位への執着は無かった。第二代定宗は，次の後継者をめぐる再度の兵乱（第二次王子の乱，1400 年。四男芳幹が五男芳遠を排除しようと挙兵した）を経て，まもなく芳遠に王位を譲る。この第三代国王太宗（位 1400〜1418）のとき，明から正式に朝鮮国王の冊封を受け，国内諸制度の整備が本格的に進められた。父李成桂と五男芳遠の父子の葛藤はまた別の物語となる。

参考文献

桑野栄治『李成桂』世界史リブレット 037，山川出版社，2015 年

檀上寛『明の太祖　朱元璋』ちくま学芸文庫，筑摩書房，2020 年。原著である『明
　の太祖　朱元璋』中国歴史人物選第九巻，白帝社，1994 年，に一部手直しを加
　えたもの

課題

高麗をめぐる国際環境の変化について，それが高麗の国内政治にどのよ
うな影響を及ぼしたのか，時期ごとにまとめよう。

7 | フランシスコ・ザビエル ―日本布教の記録と記憶

杉森哲也

《学習のポイント》 フランシスコ・ザビエル（1506-52）は，1549（天文18）年に日本に初めてキリスト教を伝えた人物として，広く知られている。本章では，まずその生涯，来日の経緯，日本での布教活動などについて見る。次に，ザビエルの死後，キリシタン禁制下の江戸時代の日本では，ザビエルとその来日はどのように認識されていたのかを検討する。さらに近代になってから発見された著名な「聖フランシスコ・ザビエル像」を取り上げ，その発見の経緯と歴史的意義について論じる。

《キーワード》 フランシスコ・ザビエル，キリシタン禁制，排耶書，新井白石，キリシタン遺物，池長孟，聖フランシスコ・ザビエル像

1. フランシスコ・ザビエルと日本

（1）ザビエルの生涯

　フランシスコ・ザビエル Francisco Xavier は，1506年にナバラ王国の貴族の家に生まれた。ナバラ王国は1515年にカスティーリャ王国に併合され，現在はスペイン王国ナバラ州となっている。ナバラ州はスペイン北部に位置するバスク地方の一部で，スペイン語とは異なるバスク語が使用されるなど独自の文化を有している。このためザビエルは，現代の枠組みではスペイン出身であるが，正確にはスペインに併合されたバスク地方出身ということになる。ザビエルの母国語はバスク語であり，名前の表記と発音も欧米各国で異なっている。このため日本語の表

記も，史料や書籍によってさまざまな違いが存在する。現在はフランシスコ・ザビエルにほぼ統一されているので，本講義ではこれを用いることとする。

　表7-1は，ザビエルの生涯を略年表にまとめたものである。この年表に沿って，まずザビエルの生涯の概略を見ていくことにする。1525年，ザビエルは哲学と神学を学ぶためパリ大学に入学する。そして同じバスク地方出身のイグナチオ・デ・ロヨラと出会い，信仰上の大きな影響を受けることになる。1534年8月15日，ザビエルはパリ・モンマルトルの丘で，ロヨラら7人の同志と信仰上の誓いを立てた。これは実質的なイエズス会の創設であるとされ，1540年にはローマ教皇パウルス3世の勅書によって正式にカトリック修道会として承認された。イエズス会創設の背景には，宗教改革の進展と大航海時代の到来がある。当時ヨーロッパ各地ではマルティン・ルターによる宗教改革が進展しており，カトリック側からも改革の必要性が認識されていた。さらに大航海時代の到来による世界の拡大に伴い，新大陸やインドなどのヨーロッパ世界以外の地域への布教を大きな方針として定めたのである。そしてイエズス会はポルトガル国王ジョアン3世の承認を得て，ポルトガルの布教保護権の下，東回りでインド，東南アジア，日本を含む東アジアへと布教に乗り出すことになる。

　1541年4月，ザビエルは布教のため，ポルトガル王国の首都であり大航海時代の世界への窓口であった港町リスボンを出航し，インドのゴアに向かった。ザビエルはその後，二度とヨーロッパに戻ることはなかった。ザビエルは，アフリカ大陸東南部に位置するモザンビークでの半年間の滞在を経て，翌1542年5月にゴアに到着した。ゴアはポルトガル領インドの中心都市で，イエズス会のアジアの拠点でもあった。以後ザビエルは，インドおよび東南アジア各地で，布教活動を行っている。

表7−1　フランシスコ・ザビエル年表

年月日（西暦）			邦暦	年齢	事　　　　　項
1506	4	7	永正3	0	ナバラ王国のザビエル城で生まれる
1515	6		12	9	ナバラ王国，カスティーリャ王国に併合される。後にスペイン王国の一部となる
1525	10		大永5	19	パリ大学に入学
1529	9		享禄2	23	大学の寮でイグナチオ・デ・ロヨラと同室になり，以後影響を受ける
1533	6		天文2	27	大回心し，東方布教を決意
1534	8	15	3	28	パリ・モンマルトルの丘で，ロヨラら7人の同志と，清貧・貞潔・聖地巡礼の誓いを立てる
1537	6	24	6	31	同志とともに司祭に叙階され，同志の会の名前をイエズス会とする
1540	9	27	9	34	ローマ教皇パウルス3世，勅書でイエズス会を承認
1541	4	7	10	35	ポルトガルのリスボンを出航し，インドに向かう
1542	5	6	11	36	インドのゴアに到着。以後，インドおよび東南アジア各地で布教
1547	12	7	16	41	モルッカ諸島からゴアに帰還する途中，マラッカで日本人アンジローと出会う
1548	4	2	17	42	アンジローを伴って，ゴアに帰還
1549	4	15	18	43	ゴアを出航し，日本に向かう
	8	15			薩摩国鹿児島に到着
	9	29			戦国大名・島津貴久に謁見し，布教の許可を得る
1550	8		19	44	肥前国平戸に移る。戦国大名・松浦隆信に謁見し，布教の許可を得る
	11				周防国山口に到着し，戦国大名・大内義隆に謁見する
	12	17			堺に到着
1551	1		20	45	京都に到着。荒廃した町を見て，京都での布教を断念する
	3				京都を発ち，山口を経て平戸に戻る
	4				山口に移る。大内義隆に再度謁見し，布教の許可を得る
	9				豊後に移る。戦国大名・大友義鎮（宗麟）に謁見し，布教の許可を得る
	11	15			豊後国沖ノ浜を出航し，ゴアに向かう
1552	2	15	21	46	ゴアに帰還
	4	17			ゴアを出航し，中国に向かう
	8				中国・上川島に到着
	12	3			上川島で病死
1619	10	25	元和5	−	教皇パウルス5世により列福され，福者となる
1622	3	12	8	−	教皇グレゴリウス15世により列聖され，聖人となる

注　　　　　は日本滞在期間を示している。

　そして1547年12月，ザビエルはマラッカ（現・マレーシア）で日本人アンジロー（ヤジロウとする説もある）と出会うのである。この出会いによって，ザビエルは日本の存在を確信し，日本への布教を志すことになる。そして1549年8月15日（天文18年7月22日），ザビエルはついに日本に到達し，薩摩国鹿児島（現・鹿児島市）に上陸するのである。以後，1551年11月15日（天文20年10月18日）に豊後国沖ノ浜（現・大分市）から出航してゴアに向かうまで，2年3ヵ月間にわたり日本に滞在し，各地で布教活動を行っている。日本への布教を志す経緯と，日本での布教活動については，後節で改めて取り上げることとする。

　1552年2月，ゴアに帰還したザビエルは，中国での布教のため，2ヵ月後に当時ポルトガルの中国における拠点であった上川島（現・広東省）に向かった。そして同年8月には上川島に到着するが，熱病に冒され，12月3日に当地で死去する。46歳であった。ザビエルの東方布教の功績はカトリック教会で高く評価され，1619年に教皇パウルス5世によって列福されて福者，1622年に教皇グレゴリウス15世によって列聖されて聖人となっている。

（2）日本人アンジローとの出会い

　『日本史』は，ポルトガル人のイエズス会司祭であるルイス・フロイスが執筆した，イエズス会の日本布教史である。フロイスは，1583年にローマのイエズス会総長からその執筆を命じられて以来，1597年に亡くなる直前まで，14年間にわたり執筆を続けた。『日本史』は，「日本総論」など日本に関する概説部分と，3部304章から成る厖大な分量の本論部分で構成されている。本論部分は編年体であり，その第1部1章は，「イエズス会のメストレ・フランシスコ・ザビエル師が聖なる福音を伝えるために，日本島に赴くことを決意した次第」という章名が付

されている。『日本史』の本論部分は，1549 年にザビエルが初めて日本を訪れた目的と経緯の記述から始まっているのである。次にその冒頭部分を掲げる。

【史料 7 − 1】

　　我らの主なるデウス Deus は，日本人が，自らの創造性に関して，真の知識と認識からおよそ遠ざかっており，同様にいとも長らく，諸地方にかなり分散して生存して来たのに鑑み，その暗闇の世界と偶像崇拝の国へ，輝かしい温情の燭光と奇しき慈愛の光明を投げかけることを望み給うた。そして大いなる恩恵をもって彼らの霊魂を救済せんものと，1548 年に⁽⁷⁾，メストレ・フランシスコ師がマラッカ市において，アンジロー Anjiro − 後にパウロ・デ・サンタ・フェ（聖なる信仰のパウロ）と名付けられた − という一人の身分ある異教徒の日本人と邂逅するよう取り計らい給うた。（中略）アンジローはメストレ・フランシスコ師に，日本の特質，日本人の知識，文化，理解力，および我らのカトリックの信仰を受け入れるに足りる大いなる能力や適性について非常に詳しく的確に報告するところがあったので，司祭の心は大いに動かされ，東インドの各地で彼が実行することになっていたすべての他の計画や希望を留保してまでもこの日本伝道の企てを実現しようとの心からの喜び，情熱と欲求に燃え立った。そして彼はただちにその非常な熱望を実行しようとして，準備のためにインドに赴いたが，かのアンジローもそこへ折よく到着した。アンジローはついでゴアのサン・パウロ学院でキリシタンになった。

　　　　　　　　　（注 − 筆者の判断により表記の一部を改めた箇所がある。）

　　　　　　　　（松田毅一・川崎桃太訳『日本史』第 6 巻，17-18 頁）

　アンジローについては，【史料7−1】に続く箇所で，彼の長文の書簡を引用して詳細に述べられている。アンジローは薩摩国（現・鹿児島県）出身で，人を殺して逃亡するため日本を離れた。16世紀には後期倭寇が中国沿岸から東南アジアに進出して活発な活動を行っており，またポルトガルもすでに東南アジアから中国南部まで進出していたため，アンジローはそうした経路を利用して移動したのだと考えられる。アンジローは，ポルトガル人にザビエルを紹介されて面会したいと思い，マラッカに向かったのである。一方ザビエルは，モルッカ諸島（現・インドネシア共和国）での布教活動を終え，ゴアに戻る途中に，中継地のマラッカに立ち寄った。そして1547年12月，この地でザビエルは，日本人アンジローと出会うのである。ザビエルにとって，日本布教を志すというその後の人生を大きく変える運命的な出会いであったといえよう。

（3）日本での布教活動

　1549年4月15日，ザビエルは日本への渡航を目指して，ゴアを出発した。コスメ・デ・トルレス司祭，ジョアン・フェルナンデス修道士，そしてアンジローらを伴っての出発であった。アンジローはポルトガル語会話ができたので，日本の案内役と日本語通訳を務めることが期待されていたと考えられる。そして苦難の航海の後，8月15日に鹿児島に到着し，念願の日本上陸に成功するのである。ザビエルは，1549年11月5日付，鹿児島発信，ゴアのイエズス会員宛書簡で，日本到着時の様子について，次のように記している。

【史料7−2】
　　こうして神は私たちがあこがれていたこの地にお導き下さり，
　　1549年8月，聖母の祝日（15日）に到着したのです。日本の他の

港に寄ることができず，聖信のパウロ（アンジロー）の郷里である鹿児島にやって来ました。ここで私たちは彼の親戚や親戚でない人たちすべてより，心からの歓迎を受けました。

（河野純徳訳『聖フランシスコ・ザビエル全書簡』471 頁）

　ザビエルは，1549 年 8 月 15 日から 1551 年 11 月 15 日まで，2 年 3ヵ月間，日本に滞在した。主な滞在地は，薩摩国鹿児島，肥前国平戸（現・長崎県平戸市），周防国山口（現・山口市），豊後国府内（現・大分市）であり，これら各地では領主の戦国大名に謁見して布教の許可を得ている。さらにザビエルは，堺を経て，都（京都）を訪れていることが注目される。その目的は，日本の国王（天皇）に謁見して布教の許可を得ることであった。ザビエルは 1551 年 1 月，平戸から 2ヵ月もかけて，京都に到着した。しかし，天皇との謁見は果たせなかった上，戦乱で荒廃した町の様子を見て布教をあきらめ，わずか 11 日間滞在しただけで京都を去っている。

　ザビエルは天皇に謁見して布教の許可を得ることができなかったことから，日本での布教方針を再検討して一旦ゴアに戻ることにし，1551年 11 月 15 日に豊後国沖ノ浜を出航している。2 年 3ヵ月間の日本滞在であった。ザビエルは翌 1552 年 2 月 15 日にゴアに到着するが，わずか 2ヵ月後に中国に向けて出航している。これは中国での布教を目的とするもので，ザビエルはまず中国で布教を成功させれば，その影響を受けて日本でも布教が成功すると考えてのことであった。そして同年 8 月に，当時ポルトガルの中国の拠点であった中国南部沿岸の上川島に到着している。ところがザビエルは熱病に冒され，12 月 3 日にこの地で亡くなっている。

2. 江戸時代のキリスト教とフランシスコ・ザビエル

（1）キリシタン禁制と「鎖国」

　ザビエルの来日以降，イエズス会による日本布教は継続的に進められ，16世紀後半には九州と畿内でかなりの成果を挙げるに至った。九州では肥前国の大村純忠，有馬晴信，豊後国の大友義鎮（宗麟），畿内では摂津国の高山右近など，キリスト教に入信する戦国大名が現れ，その領内では布教が進み多くの信者を獲得している。また天下統一を目指す織田信長がキリスト教に理解を示したため，1580年頃には日本布教は着実に進展していたといえよう。

　しかし，信長の後継者となった豊臣秀吉は，キリスト教に対して厳しい政策を取った。天正15（1587）年6月，九州平定を終え筑前国箱崎（現・福岡市）に滞在していた秀吉は，側近から九州でキリシタンが神社仏閣を破壊していることなどを聞いて怒り，バテレン追放令を出したのである。これはバテレン（宣教師）の国外退去を命じるものであり，キリスト教を禁止するものではなかったが，イエズス会とヨーロッパ世界に大きな衝撃を与え，特にイエズス会にとっては日本での布教開始以来最大の危機となった。続いて秀吉は，翌天正16（1588）年4月，大村純忠が寄進してイエズス会領となっていた長崎を没収し，直轄領としている。その一方で，17世紀末以降，フランシスコ会やドミニコ会などイエズス会以外の修道会が日本での布教活動を始めている。

　慶長8（1603）年の江戸幕府成立当初，徳川家康は秀吉のキリシタン政策を踏襲し，キリスト教を禁止したわけではなかった。しかし，側近の本多正純の家臣でキリシタンである岡本大八が起こしたポルトガルとの交易をめぐる事件を契機として，慶長17（1612）年3月に幕府直轄領，翌年12月に全国に対して，キリスト教禁令が出されることになる。

そしてこの直後には，多数の宣教師とキリシタンが国外追放されている。

　寛永 9（1632）年正月，前将軍で大御所の秀忠が死去すると，3 代将軍家光の親政下で，いわゆる「鎖国」政策とキリシタン禁制が強力に進められた。「鎖国令」は，寛永 10（1633）年の奉書船以外の海外渡航禁止に始まり，寛永 12（1635）年の全ての日本船の海外渡航禁止などを経て，寛永 16（1639）年のポルトガル船の来航禁止によって完成する。またキリシタン禁制は，寛永 14（1637）年にキリシタンが多数参加した島原の乱が起きたこともあり，徹底的に強化された。全ての人間を檀家として檀那寺に登録する寺請制度が実施され，キリシタンの密告を奨励する訴人褒賞が推奨された。またこの時期のキリシタン弾圧は過酷を極め，改宗を余儀なくされた転びキリシタンが続出するとともに，改宗を拒否して処刑される殉教者が数多く出たことが特筆される。

　こうして江戸時代には，バテレンと呼ばれたヨーロッパ人宣教師はもちろんのこと，ごく一部の潜伏キリシタンを除いて，キリシタンは完全に姿を消すことになる。天文 18（1549）年，フランシスコ・ザビエルが強く決意し，命懸けで訪れて開始した日本での布教は，江戸幕府による強力なキリシタン禁制の下で，百年を待たずして挫折することになったのである。

（2）排耶書の登場

　排耶とは，耶蘇すなわちキリスト教を排斥するという意味である。そして幕府の基本政策としてキリシタン禁制が確立する 17 世紀前期以降，排耶を主張するために執筆・刊行された書物が排耶書である。キリスト教の教理批判を目的として執筆・刊行されたものと，民衆教化のための通俗書として流布したものとがある。前者は僧侶や上級武士などの知識

人を読者とするもので，棄教した元イエズス会修道士の不干斎ハビアンが元和6（1620）年に刊行した『破提宇子』が代表的なものである。また後者には，作者・成立年未詳『南蛮寺興廃記』などがある。

　こうした排耶書の一つに，慶安元（1648）年に執筆された雪窓宗崔『対治邪執論』がある。著者の雪窓宗崔は，豊後国臼杵の臨済宗の高僧で，長崎に赴いてキリスト教の教理や典礼の調査を行い，批判の説法を行っている。本書は高い学識を有する仏僧の立場からキリスト教批判を行ったものである。本書で注目すべきは，日本にキリスト教が伝来した歴史を述べた中で，ザビエルについて記していることである。これは排耶書としては唯一の記載であるとともに，ザビエルの名前を記した日本側の史料としては，管見では最も早い時期のものである。次の【史料7-3】は，本書の冒頭部分である。本書の原文は漢文であるが，海老沢有道氏の校注による読み下し文を掲げる。

【史料7-3】
　　　原るにそれ天文の末に商客あり。西夷恚哆俚夜の国，浪魔の京より来り，船を豊後国に寄す。その船路を尋ぬるに，西海よりして南方に向ひて往く。南方より北に向ひて日本に来る。故に倭国の人，これを呼び南蛮人となす。その船中を見るに商客棹郎すべて二百余人。その中に形服衆人に異なるの人両個を見る。一人を名づけて三跏乱志須古娑毘恵婁と曰い，一人を我須顔婁と曰ふ。この二人を称して顔姪連と曰ふ。ここに和尚と翻へす。（中略）娑毘恵婁は宗旨を弘通せんため，且く日本に留まる。我須顔婁は重ねて顔姪連数人を遣さんがため，その明年浪魔に還る。しかる後，娑毘恵婁，終に国主をして宗門に帰せしめ，寺門を建立し，邪法を演説す。この時に当りて宗門に帰入する者麻粟の如し。

（注－下線は筆者が付したものである。）
（海老沢有道校注「対治邪執論」『日本思想大系 25　キリシタン書
排耶書』460 頁）

　この史料は本書の冒頭部分で，日本にキリスト教が伝来した経緯が述
べられている。その記載は，おおよそ次のように訳すことができるだろ
う。

　天文年間（1532-55）末年に，商人がイタリア国のローマの都から，
船で豊後国にやって来た。その船には商人と船員が約 200 人乗っていた
が，服装が異なる者が二人いた。一人は聖フランシスコ・シャビエル，
一人はガスパルと言う。この二人はバテレンと言い，和尚と翻訳する。
（中略）シャビエルはキリスト教の教えを広めるため，しばらく日本に
留まった。ガスパルはさらにバテレン数人を日本に派遣するため，翌年
ローマに帰った。その後，シャビエルは，ついには国主をキリスト教に
入信させ，教会を建て，不正な教え説教した。この時にキリスト教に宗
門に入信した者は数多くいた。

　事実の錯誤は多いが，ここでは以下の点に注目したい。それは，天文
年間の末年に初めてキリスト教の教えを日本にもたらした人物として，
「三跡乱志須古娑毘恵娶（さんふらんしすこしゃびえる）」と「我須頗娶（がすぱる）」という二人を挙げ，それを
「頗姪連（ばてれん）」と述べていることである。「三跡乱志須古娑毘恵娶」とは，サ
ン・フランシスコ・シャビエルすなわち聖フランシスコ・シャビエルの
ことであり，正確にその名前が把握されている。また他の箇所では単に
「娑毘恵娶」とのみ記載していることから，短くはシャビエルと呼ばれ
ていたことが分かる。もう一人の「我須頗娶」とは，ガスパル・ビレラ
Gaspar Vilela であると考えられる。ビレラはポルトガル人のイエズス
会司祭で，弘治 2（1556）年に豊後国府内に上陸し，初期の日本布教で

128

活躍した人物である。ビレラが来日したのはザビエルが離日した5年後のことであり，この二人が同時に日本に滞在していたことはない。先に述べたように，天文18（1549）年にザビエルが来日した際に伴っていた司祭は，コスメ・デ・トルレスである。トルレスは，ザビエルが離日した後も日本に残り，イエズス会の日本布教の基礎を築いた。そして元亀元（1570）年に，そのまま日本で亡くなっている。

このように【史料7-3】の記載には，多くの事実誤認が見られる。しかし，雪窓宗崔が『対治邪執論』を執筆したのはザビエル来日から99年も後であること，さらに厳しいキリシタン禁制によって情報が限られていることなどを勘案すると，むしろその概要や人名など，正確に書かれている部分を評価すべきであろう。天文年間の末年に二人の「頗姪連」が初めて来日したこと，そのうちの一人が「三跗乱志須古娑毘恵婁」であると記していることは，非常に注目されるのである。

（3）新井白石の西洋認識

新井白石（あらいはくせき）は，甲府藩主徳川綱豊（つなとよ）（後の6代将軍・家宣（いえのぶ））に仕える儒学者であったが，綱豊が将軍世嗣となったことに伴って幕臣に取り立てられ，家宣の将軍就任後は側近として幕政に関与した。側用人（そばようにん）の間部詮房（まなべあきふさ）とともに行った政治改革は，正徳（しょうとく）の治（ち）と呼ばれた。学者としても，広い学識に裏打ちされた数多くの優れた著書があり，江戸時代を代表する知識人の一人と評価されている。

宝永5（1708）年，イタリア人のカトリック司祭であるシドッチ Giovanni Battista Sidotti が，日本での布教を目的として薩摩藩領の屋久島（や くしま）（現・鹿児島県久島町）に潜入するという事件が起きた。これは江戸幕府の基本政策であるキリシタン禁制と「鎖国」に反する重大事件であった。直ちに捕えられたシドッチは，長崎を経て翌年江戸に送られ，

幕政を担当していた白石から直接尋問を受けることになったのである。この尋問では，世界の地理・歴史，天文，キリスト教など，広範な世界の諸事情が聞き出されている。

　そして白石がその尋問の成果をまとめた著書が，正徳5（1715）年頃に執筆された『西洋紀聞』である。全3巻から成り，上巻ではシドッチの尋問の経緯，中巻では世界情勢，下巻ではキリスト教について記されている。尋問する白石が幕政の中枢に位置する第一級の知識人であったこと，応答するシドッチもまた広い学識を有する人物であったことから，本書の内容は学術的にも優れたものとなっている。ただし本書の白石自筆本は，寛政5（1793）年に新井家から幕府に献上されており，近世においては刊行されたり広く流布することはなかった。

　この『西洋紀聞』には，日本に初めてキリスト教を伝えた人物として，ザビエルの名前が数ヵ所に記載されている。次の【史料7-4】は，中巻の世界情勢を各国別に記している中のポルトガルに関する箇所，下巻の日本に初めてキリスト教を伝えた人物について記している箇所である。

【史料7-4】

　　亦按ずるに，彼方，天主の教，我国に入りし事は，此国のはじめて通ぜし時に，フランシスクス＝サベイリウス〈漢に訳して，仏来釈古者といひし，即此也〉といふ師の，其舶に駕して，豊後国に来れるに始るといふ。即是天文年間の事也。また，彼教，漢に入りし事も，大明神宗万暦二十九年の春，大西洋利瑪竇（筆者注－イエズス会司祭マテオ・リッチ）が来りしに始れりと見えたり。其万暦二十九年は，本朝慶長六年に当れり。さらば，彼教の漢に入りし事は，我国に入りしよりは，相後れたる事，六十年におよべり。

（中略）

　むかし我国に来たりて，始て其法を説しものゝ事を問ふ。（中略）
按ずるに，フランシスクスは，漢に波羅多伽児人，仏来釈古者と
いふもの，即此也。（中略）<u>そのフランシスコ＝シャヒエルといふ
は，ポルトカルの語也。ラテンの語に，フランシスクス＝サベイリ
ウスといふ，これ也。</u>

（注－下線は筆者が付したものである。）

（松村明校注「西洋紀聞」『日本思想大系35　新井白石』32，60-61
頁）

　この史料で「按ずるに」とあるのは，シドッチの応答に対して白石が
考察を行っている部分である。『西洋紀聞』では，白石の尋問に対する
シドッチの応答はもちろんのこと，白石の考察からはその豊富な知識と
深い思索を読み取ることができる。

　白石は，キリスト教についての知識を有していたことは確かで，【史
料7-3】雪窓宗崔『対治邪執論』も読んでいたものと推測される。た
だし『西洋紀聞』の執筆は，『対治邪執論』の執筆から約70年後，ザビ
エル来日からは約170年後であることに留意する必要がある。18世紀
初頭の日本の時代状況として，もはやキリシタンは存在せず，現実的な
脅威ではなくなっていた。さらにキリスト教の教理や典礼はもとより，
日本布教の歴史を伝える者は，全く存在していなかったのである。

　この史料で注目すべきは，ザビエルの記載である。白石は，①『西洋
紀聞』の各所では「フランシスクス＝サベイリウス」と表記しているこ
と，②それはラテン語であり，ポルトガル語では「フランシスコ＝シャ
ヒエル」であると認識していたこと，を指摘することができる。①はシ
ドッチがザビエルをそのように呼んでいたことを示していると考えられ

る。また②は，『対治邪執論』の記載が「三跗乱志須古娑毘恵娶」または「娑毘恵娶」であることから，シドッチにそれはポルトガル語であると教えられたものと推定される。

　シドッチの尋問は，白石が幕府の中枢にいたからこそ可能となったことである。さらに白石が第一級の知識人であったからこそ，その成果は『西洋紀聞』という書物として結実したのであると評価することができる。しかしその一方で，18世紀初頭には，ごく少数の潜伏キリシタンを例外としてもはやキリシタンは存在せず，キリスト教の教理や典礼はもとより，日本にキリスト教を伝えた人物であるザビエルは，当時の社会ではほぼ完全に忘れ去られていたことを指摘しておきたい。

3.「聖フランシスコ・ザビエル像」

（1）大正9年のキリシタン遺物の発見
　大正9（1920）年9月26日，大阪府三島郡清渓村大字千提寺（現・茨木市）で，数多くの貴重なキリシタン遺物が発見された。ここは大阪府北部の山間地域で，摂津国高槻を拠点としたキリシタン大名の高山右近の領地であった。右近は熱心なキリシタンであったため，領内には多数のキリシタンが存在したのである。右近は天正13（1585）年に播磨国に転封されており，さらに江戸幕府の成立後は厳しいキリシタン禁制が行われたため，右近の旧領でもキリシタンは消滅した。しかし，当地は山間地域の村落であったため，潜伏キリシタンが残ったと考えられている。

　小学校教員の藤波大超は，当地の潜伏キリシタンの伝承を聞き，調査を続けていた。そして千提寺の旧家の当主である東藤次郎を説得して，ついに同家で秘匿していた「あけずの櫃」を開くことに成功したのである。この櫃の中には，「聖フランシスコ・ザビエル像」，「マリア十

図7-1 「聖フランシスコ・ザビエル
像」(神戸市立博物館所蔵)

五玄義図」,キリスト磔刑像,メダ
イ(メダル)など,貴重なキリシタ
ン遺物が多数入れられていた。キリ
シタン史上の大発見であり,私たち
が知る「聖フランシスコ・ザビエル
像」(図7-1)は,この時に初めて
その存在が明らかになったのであ
る。

このキリシタン遺物の発見は,『大
阪毎日新聞』大正9年10月1日朝
刊で報じられ,広く世間に知られる
こととなった。そして,この発見に
立ち会った仏教史研究者の橋川 正
は,翌大正10(1921)年1月刊行
の学術誌『史林』に,「北摂より発見したる切支丹遺物」という報告を
寄稿している。これが学界への最初の報告である。そして同年4月には
京都帝国大学教授で言語学者の新村 出と考古学者の濱田耕作(青 陵)
が東家を訪れて現地調査を行っている。新村はその成果を「摂津高槻在
東氏所蔵の吉利支丹遺物」(『京都帝国大学文学部考古学研究報告 第7
冊』京都帝国大学,1923年)として刊行しており,現在もまず参照さ
れるべき基本研究である。

この発見には,キリシタン史はもちろんのこと,史学史(歴史学の歴
史)においても,興味深い重要な論点が数多く存在している。しかし,
ここでは「聖フランシスコ・ザビエル像」に絞って,検討を行うことと
する。ここで注目されるのは,発見当初,この画像はどのような名称が
付されていたのかという点である。先述の橋川の報告には「師父シャ

ギエルの影像」，新村の論文には「シャギエル聖人画像」とある。特に新村論文は，画像下部の日本文を「瑳夫羅怒青周呼山別論」と解読し，「さふらぬしすこさべりお」＝聖フランシスコ・サベリオと解釈している。この解読と解釈はなお検討を要するが，後にこの画像の人物は，「山別論」を採って「山別論上人」と表記されるようにもなる。またこの論文には，「シャギエル聖人画像」が図版として掲載されており，発見当初の状態を見ることができる。なお，聖人・上人は本来仏僧に用いる言葉であるが，戦前のキリスト教関係の翻訳では，仏教用語をそのまま用いた事例が見られる。

（2）南蛮美術と池長孟

　池長孟（1891-1955）は，昭和戦前期に活動した南蛮美術コレクターで，南蛮堂と号した。神戸の資産家である池長家の莫大な財産を若くして相続し，その多くを南蛮美術収集に注ぎ込んだ。当時，南蛮美術に着目する人は少なかったこともあり，優品はほぼ全て池長によって収集されたといっても過言ではない。池長は南蛮美術の研究も行い，カタログを自ら執筆・刊行している。さらに昭和15（1940）年には，収集したコレクションを市民に広く公開するために，私設の池長美術館まで開設している。

　千提寺の東家で数多くの貴重なキリシタン遺物が発見されたというニュースは，池長の耳にも入っていた。池長にとって，「シャギエル聖人画像」と「瑪利亜十五玄義図」は，何としても手に入れたい品であったのである。池長はすぐに所蔵者の東藤次郎に譲渡を依頼したが，断られ続けていた。そして昭和10（1935）年になって，ようやく「シャギエル聖人画像」の入手に成功するのである。池長は，その著書『南蛮堂要録』（1940年刊）に掲載した「蒐集内幕噺」に，その時の事情を

次のように記している。

【史料 7-5】

この十年の十二月に入って、千提寺の藤波大超氏から書面が来た。東藤次郎氏の切子丹絵を譲渡するとの事である。（中略）夢見るやうな話に、すぐさま茨木から自動車で千提寺村へ飛んだ。種々交捗の上「山別論上人」だけ話が纏まり、金額を持って又小野をひきつれて再度出かけた。昼饗には鶏肉のすき焼を御馳走になりこの潜伏切子丹の末裔の主人や若主人や藤波氏と歓談に時を過して思はずも多量の酒杯を重ねて辞去し、冬枯の野路を又自動車で引き返したのであった。この記念日は十六日である。

（池長孟『南蛮堂要録』123-124 頁）

　池長が「夢見るやうな話」と述べているように、「シャヴィエル聖人画像」は、大変困難な交渉の末に、そのコレクションに加わることになったのである。ちなみにこの作品の購入金額は 2 万 6250 円で、神戸郊外の別宅を売却して代金に充てている（図録『南蛮堂コレクションと池長孟』神戸市立博物館、2003 年）。池長をしても簡単に用意できる金額でなかったことが分かるが、これは同時に、目利きの池長がいかにこの作品の価値を認めていたかという証左でもある。そして池長は、入手したこの作品を「山別論上人像」と名付けている。これは画像下部の日本文の「山別論」に拠るもので、「ザベリヨ」と読んでいるようである。

　その後、昭和 15 年の池長美術館の開館、戦中・戦後の混乱を経て、池長は昭和 26（1951）年に、南蛮美術コレクションの全てと池長美術館の土地建物を神戸市に委譲する。もちろんこの中には、「山別論上人像」も含まれていた。そして現在、池長の南蛮美術コレクションは神戸

市立博物館に引き継がれており，「山別論上人像」は「聖フランシスコ・ザビエル像」として，特別室で展示・公開されている。池長は，収集したコレクションを退蔵することなく，広く公開して社会に還元することを常に考えていた人物である。潜伏キリシタンの家で長年秘匿されていた「聖フランシスコ・ザビエル像」は，池長孟という人物によって，私たちが広く知る共有財産となったのである。

参考文献

浅見雅一『フランシスコ＝ザビエル―東方布教に身をささげた宣教師―』（山川出版社，2011年）

茨木市立文化財資料館編『茨木のキリシタン遺物―信仰を捧げた人びと―』（茨木市教育委員会，2018年）

海老沢有道ほか校注『日本思想大系25 キリシタン書 排耶書』（岩波書店，1970年）

河野純徳訳『聖フランシスコ・ザビエル全書簡』（平凡社，1985年）

河野純徳『聖フランシスコ・ザビエル全生涯』（平凡社，1988年）

神戸市立博物館編『南蛮堂コレクションと池長孟』（神戸市立博物館，2003年）

『京都帝国大学文学部考古学研究報告 第7冊』（京都帝国大学，1923年）

松田毅一・川崎桃太訳『日本史』第6巻（中央公論社，1978年）

松村明・尾藤正英・加藤周一校注『日本思想大系35 新井白石』（岩波書店，1975年）

課題

ザビエルが滞在した薩摩国鹿児島（現・鹿児島市），肥前国平戸（現・長崎県平戸市），周防国山口（現・山口市），豊後国府内（現・大分市）では，ザビエルの来訪を現在どのように記念しているのかを調べなさい。

8 | アブラハム・オルテリウス —世界地図帳の革新者

河原　温

《学習のポイント》　アブラハム・オルテリウスは，世界初の近代的な世界地図帳（アトラス）を制作したネーデルラント（現ベルギー）の地図制作者にしてユマニスト（人文主義者）である。彼の生涯と作品を通して，近世ヨーロッパ世界における知識人の生き方を考える。

《キーワード》　アントウェルペン，人文主義，宗教改革，カルヴァン派，印刷術，地図制作者，世界地図，《世界の舞台》

---

1. アブラハム・オルテリウスの生涯

（1）時代と環境：16世紀のアントウェルペン

　アブラハム・オルテリウスは，1527年に南ネーデルラント（現在のベルギー王国）の港町アントウェルペン（アントワープ）で生まれた。書籍・骨董商，地図彩飾師，地図出版者，古代のコイン（貨幣）コレクターなど多彩な才能を発揮した「ルネサンス人」として活動し，1598年に71歳で亡くなるまで，生涯の大半をこの都市で過ごした。彼の知的・文化的関心，人的・社会的関係は，この都市をはるかに超えて広がっていたが，彼の生の現実は，このアントウェルペンという町に根差していた。彼が生きた16世紀のアントウェルペンは，どのような世界であったのかをまず概観しておこう。

　16世紀のヨーロッパは，大航海時代の波をうけ，さらにイタリア・

ルネサンスと宗教改革という文化的，宗教的革新を通じて，中世から近世へという時代の転換期を迎えていた。16世紀初頭のアントウェルペンは，大西洋やインド洋を越えて新大陸（アメリカ）やアフリカ，アジアから金銀や香料をはじめとする様々な奢侈品が海路運ばれてくるとともに，毛織物やタペストリー，絵画などが各地に輸出されるヨーロッパ最大の港町となっていた。

　16世紀半ばにアントウェルペンの人口は10万人に達しており，北西ヨーロッパにおいてパリに次ぐメトロポリスであった。イタリア，スペイン，ポルトガル，ドイツ，フランス，イングランドなどの外国商人たちが蝟集して活動するとともに，在地の市民たちもまた，さまざまな商工業の分野で活動し，富を蓄積していったのである。オルテリウスの地図制作，出版活動の経済的支援者となったヒリス・ホーフトマン（1521-1581）もアントウェルペンの代表的貿易商であった。彼は，アントウェルペン随一の船主であるとともに，美術収集家であり，画家や学者のパトロンとしての役割を果たしていた。16世紀のアントウェルペンには，こうした富裕商人と職人，出版業者などの間をとり結ぶ人的，社会的ネットワークが存在していたのである。

　1550年頃，アントウェルペンでは，毛織物や絹織物などの織物業のほか多様な輸出産業が営まれていた。なかでも，近世以降のヨーロッパ世界に大きな影響を与えたのは，活版印刷術による書籍，版画，楽譜，宗教パンフレットなどの多様な印刷物の刊行という「情報産業」であった。

　プランタン＝モレトゥス印刷所をはじめ，数多くの出版・印刷業者が16世紀のアントウェルペンで活動したことが知られている。印刷所の数や出版点数からすると16世紀半ばのアントウェルペンは，パリ，ヴェネツィア，リヨン，ロンドンに次ぐヨーロッパ屈指の出版センターで

あった。この都市は，さまざまな言語，文化，宗教の交わる地域としての強みを生かし，旧教（カトリック）と新教（プロテスタンティズム）の宗派的対立のなかでも，多言語訳の聖書や宗教パンフレット，風刺文学，科学書，医学書，地理書，歴史書，地図など全方位的な出版活動を維持し，ヨーロッパの一大情報センターとして機能した点が重要である。この都市がオルテリウスの活動の場として何よりもふさわしかったといえる所以である。

　しかし，こうしたアントウェルペンの世界市場と情報センターとしての地位は，16世紀後半，ネーデルラントを支配したハプスブルク・スペインのフェリペ2世のカトリック強権政策により揺らいでいく。1560年代から70年代にかけてネーデルラント各地で生じたカルヴァン派による聖画像破壊運動（イコノクラスム）や政治的抵抗に対して，スペイン軍による侵攻，弾圧が行われた。アントウェルペンでは，1576年にスペイン軍により7000人の市民が虐殺される事件（「アントウェルペンの劫略」）が生じている。その9年後，1585年の執政パルマ公ファルネーゼによるアントウェルペン占領とスヘルデ河の閉鎖は，アントウェルペンの経済を急激に衰退へ向かわせることになった。

　この時期以降，多くのカルヴァン派の市民たちは，スペインからの独立を勝ち取った北部ネーデルラントやイングランドへと逃れた。オルテリウスの人生の後半期は，そうした南ネーデルラントをとりまく政治的，宗教的変動の中で，都市アントウェルペンに名声と尊厳をもたらす人文主義者（ユマニスト）としての活動であったと言えるだろう。

図8-1　アントウェルペンの風景（1515年）

（2）ビジネスマン・地図制作者・ユマニストとして

　アブラハム・オルテリウスは，前世紀にドイツのアウクスブルクから
ネーデルラントへ移住してきた商人家系の一員として 1527 年 4 月 4 日
にアントウェルペンで生まれた。彼が 10 歳の時，骨董商だった父親が
39 歳の若さで亡くなり，伯父のヤーコプ・ファン・メテレンの後見の
下で，古典語や地理，歴史の学問を強い興味を持って学んだ。しかし，
母親と妹 2 人の生活を支えるために，「地図彩飾師」となり，当時ネー
デルラントで盛んだった地図の製作，彩飾，額装の仕事についた。彼は，
1547 年，20 歳でアントウェルペンの聖ルカ・ギルド（画家や彫刻家，
地図制作者などが加入する同業団体）に地図彩飾師として登録されてい
る。地図装飾の仕事の傍ら，彼は，写本や書籍，版画，アンティーク品
（古代ギリシャ・ローマのコインやメダル）を取引する書籍・古物商の
ビジネスにも従事した。聖ルカ・ギルドのメンバーには，ピーテル・ブ
リューゲルをはじめ著名な画家や彫刻家，画商，彫版者，印刷業者など
が含まれており，オルテリウスは，ギルドの多彩な人的関係を通じて，
重要な顧客を獲得していったと考えられる。

　オルテリウスは 20 代から地図や書籍販売のビジネスで，ドイツ，フ
ランス，イタリアなどヨーロッパ各国を訪れた。1560 年には，同時代
の著名な地図学者・制作者であるヘラルド・メルカトル（クレーマー，
1512-1594）とともにフランス中を旅している。オルテリウスが本格的
な地図制作活動に取り組んだのは，36 歳頃と考えられているが，それ
以前の 20 代後半から 30 代前半に，彼はフランクフルトの書籍市をたび
たび訪れて書籍や版画を売買し，ローマやヴェネツィアでは，古代のコ
インや地図の購入と収集を行っていた。彼は，そうした旅で知り合った
ドイツやイタリアの学者や書籍商，貴族などユマニスト（人文主義者）
との交友関係を通じ，古代世界や地理学への関心を深めていったのであ

表8-1　オルテリウス略年表

年代	年齢	出来事
1527	0	4月4日，アントウェルペンで生まれる。
1540年代		ネーデルラントにカルヴァン派広がる。
1547	20	聖ルカ組合に彩色絵師として登録する。骨董商，書籍商，地図販売商としても活動。
1550〜58		イタリア，フランクフルト書籍市，フランスへ旅行。
1555		カール5世退位，フェリペ2世のネーデルラント統治開始。
1564	37	最初の『世界地図』刊行。
1566	39	アントウェルペンで聖画像破壊運動。
1568頃	41	クリストフ・プランタンと親交，プランタン印刷所と関わる。
1569	42	メルカトルの『世界地図』（アトラス）刊行。
1570	43	『世界の舞台』（Theatrum Orbis Terrarum）初版刊行。
1572	45	ブラウンとホーヘンベルフの『世界の諸都市』ケルンで刊行。
1573	46	フェリペ2世より「陛下の地理学者」の称号を授与される。
1576	49	スペイン軍によるアントウェルペン劫略，7000人の市民虐殺。
1579	52	プランタン印刷所が『世界の舞台』を印刷。
1581	54	オランダ（北部ネーデルラント7州）の独立。
1585	58	ファルネーゼ（スペイン総督）アントウェルペン占領。
1582〜90		天正遣欧使節ポルトガル，スペイン，ローマ訪問，帰国。
1592頃	65	「オルテリウス博物館」開設。
1595	68	『世界の舞台』第2版（ラテン語版）刊行。アントウェルペン市より多年の功績に対して顕彰される。
1598	71	7月4日，アントウェルペンで没する。
1602		イエズス会士マテオ・リッチ，北京で『坤輿万国全図』（世界地図）刊行。

る。彼は，大学教育を受けなかったが，若くして古典語（ギリシャ語とラテン語）をマスターしていたばかりではなく，母国語のオランダ語の他にフランス語，ドイツ語，イタリア語，スペイン語，英語に通じてい

た。1573 年に刊行された彼の『交遊録』には，ネーデルラントの 74 人，ドイツの 22 人を始めとしてヨーロッパ中の学者や詩人など著名なユマニスト 115 人の名前が記されている。

　近世ヨーロッパ社会において，商取引で成功するためには，有能さや社交的手腕とともに，良い風貌が重要な意味をもっていた。オルテリウスの友人だったフランス・スウェルツは，回想録の中で，オルテリウスの風采と物腰について次のように書き残している。

　　オルテリウスは背が高く，ゆったり優雅な物腰であった。彼の眼は青く，ひげは髪の毛と同じブロンドで，それは彼の顔の白さと顔の美しさを引き立てていた。気持ちの良い態度で，また話題が豊富で愛想よく会話を楽しんだ。学者ぶらない誠実さで，彼はたえず自らの際立ってキリスト教的な教養がわかるように振舞った。

　同時代の著名な画家ピーテル・ルーベンスによって描かれた彼の肖像画からもうかがえるように，彼は，風貌，内実ともに 16 世紀のユマニスト（人文主義者）のひとつのモデル的存在であったと言えよう。

　16 世紀半ばのアントウェルペンは，ヨーロッパにおける地図制作の最も重要な中心地であった。オルテリウスが地図彩飾師としてスタートし，本格的な地図の製作に至るまでの 1530 年から 1570 年の間に多くのすぐれた地図制作者や彫版

図 8-2　ルーベンスによる
　　　　オルテリウスの肖像

師がアントウェルペンやその周辺地域で活動していた。その技術的水準，制作・出版された地図の審美的評価は極めて高かった。なかでも，ヒエロニムス・コックス（1507-70），ヤーコプ・ファン・デフェンテル（1505-75），ヘラルド・メルカトル，フランス・ホーヘンベルフ（1539-90）らの名前が挙げられる。彼らは，いずれも後にオルテリウスの『世界の舞台』に収録されるヨーロッパやアジアの地域図の制作者であり，銅版の彫版師であった。オルテリウスは，1560 年代以降，彼らとの交友を深める中で，自身の畢生の大作となる地図帳（『世界の舞台』）の制作へ向かった。なかでも 15 歳年長の地図学者メルカトルは，彼の地図表現の技法にとって重要な示唆を与える存在となったのである。

　オルテリウスは，職業柄，当時ネーデルラントやイタリア，ドイツで盛んに制作されていた様々なタイプの地図を収集し，そのコレクションを増やす機会に恵まれていた。後世から，地図制作者としてよりもむしろ地図収集家，地図書誌家としての評価が高いのもうなずけるところである。オルテリウスは，1560 年代なかばから『世界地図帳』の制作を計画していた。彼のパトロンであったヒリス・ホーフトマンら新しい地理的情報と至便な世界地図を求めていたアントウェルペンの商人企業家たちの需要に応えるために，この時期，世界地図帳の出版の計画は複数あったとされている。メルカトルもまた世界の地図を独自に集成する計画をもっていたと言われているが，オルテリウスとの交友関係を通じて，彼と地図資料を融通しあい，オルテリウスがいち早く地図出版を成し遂げるために協力を惜しまなかったのである。

　オルテリウスとメルカトル，この二人の地図学者の作業の方法は全く異なっていた。オルテリウスの関心は，何よりも商業的なものにあり，新しい地理情報をいち早く取り入れた最新の地図を制作して販売することにあった。これに対して，メルカトルは，批判精神をもって地図の改

良に取り組み，基礎資料を注意深く検証して地図学的に完璧な地図制作をめざした。メルカトルにとっては，地図制作は，生活の糧を得る仕事ではあったが，主たる関心はあくまでも科学的なものだったのである。

オルテリウスは，メルカトルの科学的優越性を認めており，彼に地図学上のアドヴァイスを求める機会を逃さなかったと言われている。1570年，地図とテキストが一体をなす近代的な地図帳として『世界の舞台』は，アエギディウス・コッペン・ディーストにより最初に出版された。当時，アントウェルペン有数の出版者であり，オルテリウスの親しい友人であったクリストフ・プランタン（1520-1589）の印刷所がディーストの印刷所を引き継いで『世界の舞台』を印刷，販売していくのは9年後の1579年のことである。

1570年5月に印刷，刊行されたラテン語版『世界の舞台』は，その年のうちに評判となり，アントウェルペンのみならず，ヨーロッパ各地で好評をもって迎えられた。友人のメルカトルは，手元へ送られてきたその地図帳について，1570年11月22日付のオルテリウス宛書簡において，次のようにオルテリウスを称えている。

　　私はあなたの『世界の舞台』を閲覧しましたが，あなたが原図作成者の作品を細心さと優雅さをもって装飾されたこと，またそれぞれの作成者の地図を忠実に再現されたことに対し，敬意を表したいと思います。そうしたことは地理学的真実を発表するために不可欠な点ですが，地図制作者によって無視されてきているのです。…それ故，各地域の最良の地図を選択した点，小額で買えるよう，また小さなスペースに収納でき，望む所へ持って行けるように一冊の便覧にまとめた点で，あなたは大いなる称賛を受けるのが当然です。

（3）宗教的背景

　オルテリウスは，後見人であった伯父をはじめ多くのカルヴァン派の親族の下で成長した。しかし，彼自身は，16世紀のヨーロッパ各地において生じていた宗教改革をめぐる紛争の激化の中で，宗教的には中庸の立場に立ち続けた。政治的，宗教的言動には慎重で，アルバ公支配下のスペイン当局やカトリック教会からは異端審問の対象とされないように努め，プロテスタント側，カトリック側のいずれとも良好な関係を保った。彼のパトロンであった貿易商ホーフトマンをはじめ商人や画家，地図制作者などアントウェルペンの商工業者の多くがカルヴァン派に帰依していたことは，地図制作と出版においてオルテリウスの立場を危うくすることもありえただろう。彼は，カルヴァン派に過度に与することはなく，しかし，必要があれば，スペイン当局によって反逆や異端の嫌疑をかけられたカルヴァン派の知人たちに手を貸して，彼らをイングランドへ脱出させる労をとったのである。

　オルテリウスの基本的スタンスは，リベラルでエキュメニカル（全キリスト教的）な宗教的態度をとることであり，アントウェルペンにおいて，カトリックとプロテスタント（ルター派，再洗礼派，カルヴァン派など）の両者のいずれからも信頼される存在であった。

　激しい宗派的対立の中で宗教的寛容を重んじ，リベラルなユマニストであろうとしたオルテリウスは，晩年，ロンドンにいる甥のヤーコプ・コール2世に送った手紙（1593年）の中で，

　　　　賢明な人々は，当節，沈黙しなければならない。…我々にあれこれを強制するキリスト教宗派は，本来のキリスト教とは無関係である。

とその心情を吐露していたのである。

（4）晩年

　1570 年に初版が出版された『世界の舞台』の名声によって，オルテ
リウスは，1573 年，スペイン王フェリペ 2 世から「陛下の地理学者」
の称号を与えられた。この時期以降，彼は，『世界の舞台』の改訂の作
業とともに，古代の地理学や古銭学の研究に情熱を燃やしていく。1573
年に，古代の希少なコインの解説書を，1578 年には，古典古代の著作
家が言及している地名を比較対照した『地名対照表事典』をプランタン
印刷所から出版した。

　1580 年代後半以降，オルテリウスは，『世界の舞台』の成功がもたら
した富により，アントウェルペン市内に彼の所蔵する古代のコインやメ
ダルと地図のコレクションなどを収めた「博物館」を設立した。この「オ
ルテリウス博物館」（Museum Orteliana）は，アントウェルペンの名所
となり，ネーデルラント総督をはじめとする要人や著名な外国人たちが
多数訪れる場となったのである。

　1595 年，アントウェルペンの市当局は，オルテリウスの長年の功績
に対して公式の敬意を表し，銀メッキ製の装飾ゴブレット（高杯）を贈
呈した。オルテリウスは，最晩年まで，古代ローマのポイティンガー図
など歴史的な古地図の複製版を出版しようと仕事をしていた。その刊行
を見ることなく，1598 年 7 月 4 日にアントウェルペンで 71 歳の生涯を
閉じた。生涯独身であった。全市がこの稀代のユマニストの死を悼んだ
のであった。

2. 近代的「アトラス」としての『世界の舞台』

（1）『世界の舞台』（Theatrum Orbis Terrarum）の構成

　オルテリウスによって出版された『世界の舞台』は，どのような地図
帳であったか見ておこう。

表 8-2　『世界の舞台』（1570 年，初版）の構成

献呈の辞　フェリペ 2 世への献辞	
序文	アドルフ・ファン・メートケルケによる扉絵説明
	アブラハム・オルテリウスの読者への緒言 / 収録地図制作者のリスト(87 名)
世界図（Typus Orbis Terrarum）	
アメリカ図（新世界図），アジア図，アフリカ図，ヨーロッパ図	
地域図	
ブリテン島（イングランド，スコットランド，アイルランド）	
イスパニア王国（スペイン）ルシタニア（ポルトガル）	
ガリア（フランス）	
	ベリー地方 / リムーザン地方 / ブーローニュ地方 / ヴェルマンドワ地方 / ナルボンヌ（プロヴァンス）地方 / サヴォア，ブルゴーニュ地方
ゲルマニア　低地ゲルマニア（ネーデルラント）	
	ヘルダーラント / ブラバント / フランドル / ゼーラント / ホラント / フリースラント
	デンマーク王国 / ホルシュタイン / プロシア / ザクセン / フランケン / オスナブリュック司教管区 / ボヘミア王国 / シュレジア / オーストリア公国 ザルツブルク裁判管区 / バイエルン / ビュルテンブルク公国 / ヘルベティア（スイス）
イタリア	
	ミラノ公国 / ピエモンテ / コモ / トスカーナ / ナポリ王国 / 地中海諸島 シチリア島 / サルディニア島 / マルタ島 / キプロス島 / クレタ島
ギリシャ/ スロヴェニア / クロアチア / ボスニア / ハンガリー/ トランシルヴァニア / ポーランド	
北方地域図 / ロシア，タルタリア / タルタリア（大ハン国）/ 日本	
東インド / 隣接諸島 / ペルシア / トルコ帝国 / パレスチナ（聖地）/ アナトリア（小アジア）/ エジプト / バルバリア	
＊付録　ドルイド僧のモナ（マン島）について（ハンフリー・ロイドの書簡）	
＊古代の地名との対照索引	

アブラハム・オルテリウス『世界の舞台』（ライデン大学図書館所蔵，1570 年初版ファクシミリ版），臨川書店，1991 年より作成。

図8-3 オルテリウス 〈世界の姿〉

　序の部分は，扉絵とフェリペ2世への献辞，オルテリウスの序文，そ
してこの地図帳で採用された地図の作成者87名の目録が挙げられてい
る。さらに収録地図の地域や国名の索引が付されている。

　続いて，地誌的説明（テキスト）と地図（図版）が頁の表裏に印刷さ
れている。全部で53の地域（国）の70図が収録され，それぞれ地域名
と地図制作者名が記されている。最初に，「地球（世界）の姿」Typus
Orbis Terrarum というタイトルの世界図が見開きで示される。ついで，
アメリカ，アジア，アフリカ，ヨーロッパの図が見開きで配置される。
続いて，アングリア（イギリス），ヒスパニア（イベリア），ガリア（フ
ランス），ゲルマニア（ネーデルラントとドイツ），スイス，イタリア，
地中海諸島，ギリシャ，バルカンの順にヨーロッパ諸国の地図が掲載さ
れ，さらにロシア，タルタル（北東アジア），インド，ペルシアからバ
ルバリア（マグレブ地方）までの西アジア，北アフリカの広域地方図が
続く。

　冒頭の世界地図をはじめ，アメリカ大陸，アフリカ大陸などその多く
は，『世界の舞台』の前年（1569年）に刊行されたメルカトルの『世界

地図』の内容を踏襲しているが，特に詳細なヨーロッパの各地域の地図
や中東地域については，ヴェネツィアのジャコモ・ガスタルディ（1500-
1565）をはじめとして，先行する 16 世紀の優れた地図制作者の地図を
採用している。

（２）16 世紀ヨーロッパの地理情報と世界認識

　オルテリウスが『世界の舞台』を刊行した 16 世紀後半，ヨーロッパ
以外の地域についてのヨーロッパ人の地理的知見は，どこまで知られて
いただろうか。

　15 世紀にプトレマイオスの「地理学」が再評価され，ルネサンス期
の世界地図制作に取り込まれていったが，15 世紀末からの大航海時代
の到来によりさまざまな探検航海が行われるまで，ヨーロッパ以外の世
界についての地誌的情報と地図学的知見はきわめて限られていた。ユー
ラシア大陸についてみると，北極圏やロシア極東地域は 18 世紀まで地
理的空白地帯であったといわれている。

　これに対しヴァスコ・ダ・ガマによるインド航路の開拓（1498 年）
以来，アフリカ西海岸からインド洋を経てインド以東の海岸地方に至る
知見は，ポルトガル人による遠征によって拡大した。1560 年までにポ
ルトガル人はモルッカ諸島からマレー諸島に至る東南アジアの地域の地
図を作成していたのである。

　アメリカ大陸については，コロンブスの航海（1492-1504）を皮切り
に，北アメリカ沿岸の探検航海が行われた。ラテンアメリカについては，
スペイン人コルテスのメキシコ征服（1519-35）やピサロによるペルー
征服（1524-27）により，ラテンアメリカの沿岸部が広く探検された。
マゼランによる太平洋の南西航路の発見（1522 年）ののち，スペイン
人も，メキシコから太平洋を横断してフィリピン諸島，モルッカ諸島へ

至り（1528年），西回りで東南アジアについての地理的知識を得ることになった。

　このように，16世紀前半までに行われたポルトガルやスペインによる探検航海の結果，「地球」という観念は，ようやく現実的な地理情報と共にヨーロッパ人の世界認識へと影響を及ぼし始めたと言えよう。オルテリウスの時代のヨーロッパ人にとって，世界はなお，未知の領域に満ちていた。しかし，アントウェルペンという港町において新世界からの様々な情報に接し，その情報を地図として流通させることを可能にした活版印刷所と彫版者の存在を通して，オルテリウスは，アントウェルペンの国際商業世界の需要にいち早く応じつつ，簡便で高水準な世界地図帳を作り上げたのである。

（3）『世界の舞台』の反響

　『世界の舞台』は，1570年にラテン語による初版が刊行されたのち，オランダ語，ドイツ語，フランス語，スペイン語，英語，イタリア語版が相次いで出版され，年を追うごとに図版を増やし，増補改訂されていった。1570年の初版では，53図であったが，1588年のスペイン語版では114図，1595年のラテン語版では147図，そして彼の死後も，1608年のイタリア語版では167図まで増やされ，1624年まで41版にわたって改訂され，刊行された。

　1579年以降，『世界の舞台』を印刷したのはオルテリウスの友人クリストフ・プランタンであった。プランタン印刷所に残されている会計簿から，オルテリウスが1598年に亡くなるまでに販売された部数は，ラテン語版とフランス語版をあわせて2000部に達していたという。最近の研究では，総計7300部が印刷されたと推定されている。当時の書籍販売としては，大成功であった。

3. 『世界の舞台』の意義とその遺産

（1）特徴

　『世界の舞台』が刊行される以前にも，プトレマイオスの古代地図に新しい地理的発見を記載した新しい地図を接ぎ木する方法で時代の要請に応えようとした新たな地図帳が，イタリアを中心に 16 世紀前半から刊行されていた。しかし，それらの地図は，古代の地図と当時の新しい地図とを混淆させており，実用に耐えうるアトラスとして利用するには極めて不便であった。オルテリウスの『世界の舞台』は，ヨーロッパ各地域についてとりわけ詳細な地図帳となっているのは当然のことながら，当時知られるようになった世界の諸大陸の形状を当時望みうる最良の地図の採用によって示した点に大きな意義がある。

　従来の大小さまざまな雑多な地図の寄せ集めではなく，経緯度をそろえ，統一化されたハンディな地図帳として，『世界の舞台』はヨーロッパのみならず，広く世界の地理情報を集成した情報ツールとなった。地図学的には，メルカトルのより厳密な世界地図を基準として用い，地名索引や精選された地図の制作者たちの名前を明記することで，その正当性と権威をアピールしたのである。

　地図帳本体をなす地図と対をなして記された歴史地理学的テキストと，巻末につけられた古代地理書の地名と当時の地名相互の比定を可能とする索引の付録は，『世界の舞台』が，単なる商業目的の地図帳ではなく，何よりもルネサンス地理学の伝統を継承した学問的にも優れた画期的な「地図帳」であったことを示していると言えるだろう。

（2）『世界の舞台』と日本

　『世界の舞台』は，ヨーロッパ以外の世界をどのように捉えていたか。

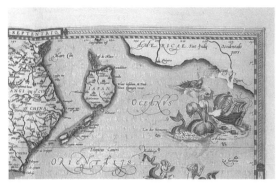

図8-4　日本図　メルカトル型（左）とオルテリウス型（右）

　ここでは，日本との関わりについてみてみよう。本地図帳には，当時
ヨーロッパにほとんど知られていなかった日本の姿が4葉（世界図，ア
ジア図，タルタリア図，東インド図）描かれている。船越昭生氏によれ
ば，日本の輪郭は一様ではなく，世界図と東インド図に見られるような
団塊状の日本島に，いくつかの島が連なっている形状のタイプ（メルカ
トル型）と，アジア図とタルタリア図に見られるような横長に日本を本
州，四国，九州に分割して描いているタイプ（オルテリウス型）に分け
られる。いずれもオルテリウス自身の作図ではなく，前者はメルカトル
の世界図（1569年）に由来し，その原型は，1540年代後半に描かれた
作者不詳のポルトガル系地図ないし1561年にヴェネツィアで刊行され
たジロラモ・ルッセリ（1504頃-1566）のプトレマイオスの『地理学』
に辿るという。後者のタイプは，ポルトガルの海図作成家バルトロメ
オ・ヴェロ（1560年代）やヴェネツィアの地図制作者アントニオ・ミ
ロらによって作成されていた世界図に由来しているという。
　メルカトルの世界図に見える日本の地名「ミヤコ」（Miako），「オー
ミ」（Homi）などは同時代のイタリアの地図制作者ガスタルディの地図

や，マルコ・ポーロの旅行記（東方見聞録）を編纂したことで知られる
ジョヴァンニ・ラムージオ（1485-1557）の著作から採録したと考えら
れている。他方，オルテリウス型の日本図に見える地名は，「日本島」
（Iapan Insula）と記された本州に，「ミヤコ」（Meaco），「オーサカ」
（Osaqua）の地名が，四国は「Tonsa」（土佐）と記されている。本州
の西端に「ブンゴ Bungo」（豊後）が誤って記載されていることから，
この日本図がヴェロ図の系譜をひいていることが知られるのである。本
地図帳に異なる 2 種の日本図が併存していることは 16 世紀のヨーロッ
パの世界認識の揺らぎの一端を知るうえでまことに興味深い。

　16 世紀はまた，イエズス会の宣教師たちがキリスト教布教のため，
アジアやラテンアメリカ世界へ向かい，未知の人々と接触・遭遇した時
期であった。フランシスコ・ザビエルがヨーロッパ人としてはじめて日
本へやってきたのは，1549 年のことであり，その時点で日本は，まだ
ヨーロッパ側の地理的世界認識の射程内に入っていなかったと言えよ
う。ザビエルの来日とほぼ同時期に，ポルトガルやイタリアで作成され
ていた世界地図の中の日本図が，『世界の舞台』においても用いられて
いることは，13 世紀に中国へ赴いたマルコ・ポーロの『世界の記述』（東
方見聞録）におけるチパング（日本）の記述から 300 年を経た 16 世紀
のヨーロッパに生きたオルテリウスにとっても，極東の世界が未だいか
に遠い世界であったかを象徴しているように思われる。

（3）『世界の舞台』の遺産と広がり

　オルテリウスの『世界の舞台』が刊行された 2 年後の 1572 年，ゲオ
ルク・ブラウンとフランス・ホーヘンベルフによる『世界の諸都市』
（Civitates Orbis Terrarum）第一部がケルンで出版された。それは，
ヨーロッパ各地の 59 都市の景観図が収録された都市アトラスであり，

その後 1617 年まで六部にわたって刊行され，全体で 360 を超える都市景観図が収録されている。この地図帳も，『世界の舞台』に劣らない人気を博した。ホーヘンベルフは，プロテスタントであったため，ケルンに移ったが，それ以前はアントウェルペンにおいて『世界の舞台』のために彫版師を務めていたのである。『世界の諸都市』に記載されている都市図の多くは，ホーヘンベルフと同様『世界の舞台』の地図制作に携わったヤーコプ・ファン・デフェンテルらによって制作されており，本書はまさに『世界の舞台』と同じ知的，社会的環境から生み出された「二大地図帳」として評価されるべきものである。16 世紀はヨーロッパの各地で，大型の壁掛け用の都市鳥瞰図が制作された時代であったが，この『世界の諸都市』は，都市景観の詳細な描写により際立っているだけではなく，『世界の舞台』と同様，統一化されたハンディな造本により画期的な作品となったのである。

　イエズス会士デ・サンデ（1531-1600）の『天正遣欧使節記』によれば，1585 年，はるばる日本からローマを訪れていた天正遣欧使節の一行が教皇との謁見の後，北イタリアのパドヴァを訪れた際，ドイツ人植物学者のメルヒオル・ギランディヌスから 4 冊の豪華本を贈られたという。そのうちの 1 冊は，オルテリウスの『世界の舞台』であり，他の 3 冊は，1585 年までに刊行されていた『世界の諸都市』の第 1 巻から第 3 巻であったと考えられている。イエズス会士のダニエロ・バルトリ（1608-1685）の証言から，天正遣欧使節の一行がこれらの地図帳を日本へ持ち帰ったことが確認されているのである。

　また，オルテリウスの『世界の舞台』は，中国にも到来していた。イエズス会士マテオ・リッチ（1552-1610）が北京で 1602 年に作成した漢語による世界地図『坤輿万国全図』に影響を与えたと考えられていることもあわせて付け加えておきたい。

　日本や中国にまではるばるもたらされることになったオルテリウスの『世界の舞台』は，以後，日本では南蛮屏風図への影響なども指摘されている。日本人の世界認識にも間接的にではあれ，影響を与え，幕末まで広く流布して，当時の一般的な世界知識の基準となったと言えよう。

おわりに

　オルテリウスの生涯はおそらく 16 世紀のヨーロッパ知識人のひとつのサクセス・ストーリーと言ってよいものだった。その背景には，何よりも『世界の舞台』の出版の経済的成功があった。彼の成功を可能にした 16 世紀のアントウェルペンは，商工業を営む自由で寛容な市民たちにより支えられた文化的メトロポリスであった。しかし，カトリックとプロテスタントという宗教的対立が先鋭化する中で，オルテリウスを含むユマニストたちは，古代の文化を再発見し，その伝統を同時代の商業的ニーズの下で新たにつくりかえていった。オルテリウスにとってそれは，古代ギリシャのプトレマイオス地理学に根ざした新たな形式の地図帳制作の道であった。彼のうみ出した新しい「世界地図帳」は，おそらく期せずして，近世以降の極東の人々にも世界への「窓」を開くことになったのである。

参考文献

アブラハム・オルテリウス『世界の舞台』（世界地図帳）［ライデン大学図書館所蔵，1570 年初版 ファクシミリ版］，臨川書店，1991 年

船越昭生『オルテリウス『世界地図帳』（世界の舞台）別冊解説』，臨川書店，1991 年

コルネリス・クーマン『近代地図帳の誕生─アブラハム・オルテリウスと『世界の舞台』の歴史』（船越昭生監修／長谷川孝治訳），臨川書店，1997 年

156

中澤勝三『アントウェルペン国際商業の世界』同文館，1993 年

森田安一編『スイス・ベネルクス史』山川出版社，1998 年

『プランタン・モレトゥス博物館展—印刷革命がはじまった：グーテンベルクから
　プランタンへ』（印刷博物館，2005 年）

T. L. Meganck, *Erudite Eyes. Friendship, Art and Erudition in the Network of Abraham Ortelius*（*1527-1598*）, Leiden-Boston, 2017.

M. Van den Broecke, et al.(eds.), *Abraham Ortelius and the First Atlas. Essays Commemorating the Quadricentennial of his Death, 1598-1998*, Utrecht, 1998.

Musée Plantin-Moretus & Bibliothèque royale de Belgique, *1527-1598. Abraham Ortelius cartographe et humaniste*, Turnhout, 1998.

Leon Voet, *Antwerp: The Golden Age*, Antwerpen, 1973.

課題

1　16 世紀の宗教改革期におけるアントウェルペンの社会的環境がオルテリウスの人生に与えた影響について考えてみよう。

2　活版印刷は，ヨーロッパの文化発展にとってどのような役割を果たしただろうか，オルテリウスとプランタン印刷所の事例を通じて考えてみよう。

3　世界地図制作の発展と近世日本におけるその受容について考えてみよう。

9 │ 徳川和子
―徳川家と天皇家を結んだ女性

杉森哲也

《学習のポイント》　徳川和子（1607-78）は，江戸幕府2代将軍徳川秀忠の娘
として生まれ，後水尾天皇の女御として入内し，奈良時代以来の女帝である
明正天皇の生母となった人物である。和子の入内により，徳川家と天皇家
は，婚姻関係で結ばれたのである。和子は当時の社会の最上層に位置する女
性であるが，日本の近世という時代に生きた一人の女性でもある。本章では，
和子の人生を通して，この時代の最上層の家と女性のあり方の一端について
考える。
《キーワード》　徳川和子，東福門院，徳川秀忠，後水尾天皇，入内，明正天皇，
洛中洛外図屏風

1．徳川和子の家系と入内

（1）徳川和子の生涯

　まず最初に，基本的なことであるので，徳川和子という人物の名前の
表記について述べておきたい。福田千鶴氏の整理によると，幼名は松，
通称は和（読みは不明），諱（実名）は和子（かずこ・まさこ），院号
は東福門院である。日本の近世においては，男女を問わず，人生の各局
面によって複数の名前が用いられていた。おおよその基準として，院号
宣下以前は和子，以後は東福門院とするのが適切であると考えられる。
しかし本章では，記述が煩瑣になることを避けるため，生涯を通して
「和子」を用いることとする。

　次に，研究史について概観しておきたい。和子については，久保貴子氏の優れた研究を挙げなくてはならない。また，夫・後水尾天皇，父・徳川秀忠，母・江については，同じく久保貴子氏，熊倉功夫氏，福田千鶴氏，山本博文氏らの優れた研究がある。これらは章末に参考文献として挙げたので，ぜひ参照していただきたい。さらに近世初期の政治史，朝幕関係史には厖大な研究蓄積があり，それらを詳しく挙げることはできないが，本章ではそれらの研究成果にも多くを学んでいることを記しておきたい。

　表9−1は，和子の略年譜である。あわせて和子と夫・後水尾天皇の肖像画を図9−1・9−2として掲げた。表9−1では，和子自身と家族関係の出来事を中心に記載し，政治的な事件などについては省略した。和子という人物は，政治とは切り離せない存在であるが，本章では政治については必要最小限の記述に限り，主として家族関係を中心に見ていくこととする。

　ここでは和子の生涯の概略を見ておこう。和子は，慶長12（1607）年10月4日，江戸城大奥で生まれた。父は江戸幕府2代将軍徳川秀忠，母は正室の江である。大御所の祖父・家康は，和子が生まれた直後から政仁親王（後の後水尾天皇）に入内させることを考えており，後年それが実現する。元和6（1620）年6月，和子は14歳で後水尾天皇の女御として入内するのである。そして元和9（1623）年11月には，17歳で第1子・女一宮（後の明正天皇）を出産する。寛永元（1624）年11月には，18歳で中宮に冊立される。寛永6（1629）年11月，後水尾天皇が譲位し，娘の明正天皇が践祚する。これに伴い，和子は23歳で東福門院の院号宣下を受ける。以後，女院として長い期間を過ごし，延宝6（1678）年6月15日に72歳で亡くなっている。

表 9-1　徳川和子略年譜

年	月	日	西暦	年齢	事　項
慶長 12	10	4	1607	1	誕生
16	3	27	1611	5	後陽成天皇譲位，後水尾天皇践祚
19	3	8	1614	8	祖父・家康，入内の内旨を受諾
元和 2	4	17	1616	10	家康死去。享年 75
3	8	26	1617	11	後陽成上皇死去。享年 47
6	2	27	1620	14	入内が 6 月に決定
	6	2			従三位に叙せられる
	6	18			入内
9	7	27	1623	17	兄・家光，伏見城で将軍宣下
	11	19			第 1 子・女一宮（明正天皇）誕生
寛永元	11	28	1624	18	中宮に冊立される
2	9	13	1625	19	第 2 子・女二宮誕生
3	9	6	1626	20	後水尾天皇，二条城行幸。ともに行啓
	9	15			母・江死去。享年 54
	11	13			第 3 子・高仁誕生
5	6	11	1628	22	高仁死去
	9	27			第 4 子・皇子誕生。8 日後に夭折
6	8	27	1629	23	第 5 子・女三宮誕生
	10	29			女一宮，内親王宣下（興子）
	11	8			後水尾天皇譲位，明正天皇践祚
	11	9			東福門院の院号宣下
7	7	3	1630	24	夫の母・中和門院死去。享年 56
9	1	24	1632	26	父・秀忠死去。享年 54
	6	5			第 6 子・女五宮誕生
10	3	12	1633	27	素鷲宮（後光明天皇）誕生。生母は園光子
	9	1			第 7 子・菊宮誕生
11	7	15	1634	28	菊宮夭折
13	11	23	1636	30	女二宮，近衛尚嗣と婚姻
14	11	16	1637	31	秀宮（後西天皇）誕生。生母は櫛笥隆子
	12	8			女三宮，内親王宣下（昭子）
20	10	3	1643	37	明正天皇譲位，後光明天皇践祚
正保元	10	2	1644	38	女五宮，内親王宣下（賀子）
2	1	28	1645	39	女五宮，二条光平と婚姻
慶安 4	4	20	1651	45	将軍家光死去。享年 48
	5	6			後水尾上皇，落飾し法皇となる
	5	15			女二宮死去。享年 27
	8	18			甥・家綱，将軍宣下
承応 3	5	25	1654	48	高貴宮（霊元天皇）誕生。生母は園国子
	9	20			後光明天皇死去
	11	28			後西天皇践祚
寛文 3	1	26	1663	57	後西天皇譲位，霊元天皇践祚
延宝 3	閏 4	26	1675	69	女三宮（昭子内親王）死去。享年 47
4	6		1676	70	病を発症する
5	2	9	1677	71	将軍家綱の見舞いの使者上洛
6	5		1678	72	病状が深刻となる
	6	15			死去

図9−1　東福門院肖像画
　　　　（光雲寺所蔵）

図9−2　「後水尾天皇御画像」
　　　　（宮内庁書陵部所蔵）

（2）徳川家の家系

　和子の徳川家における家系について，見ておきたい。図9−3は，徳川家・天皇家関係略系図である。この略系図では，右側に徳川家を記載した。これを用いながら，やや煩瑣ではあるが，和子の徳川家の家系を見ていくこととする。

　図9−3では，徳川家は初代将軍家康から始めて，6代将軍家宣に至る歴代将軍を記載しており，代数を黒丸数字で示した。家康は，正室と側室との間に多数の子を儲けたが，成人した男子9人のみを記載した。2代将軍秀忠は，3男である。天正7（1579）年に浜松城で生まれ，慶長10（1605）年4月に27歳で2代将軍となっている。元和9（1623）年7月に将軍職を嫡男・家光に譲り，以後は寛永9（1632）年1月に54歳で死去するまで，大御所として引き続き幕政にあたった。

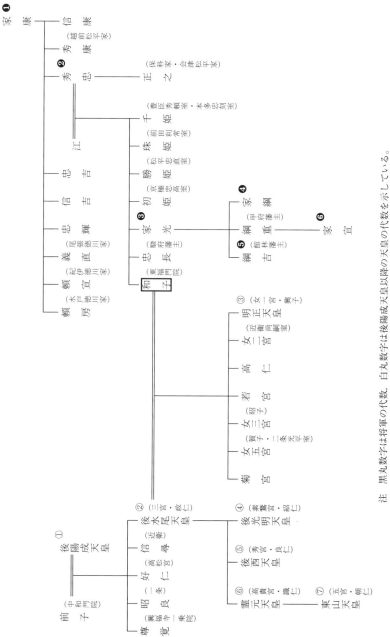

図9-3　徳川家・天皇家関係略系図

注　黒丸数字は将軍の代数、白丸数字は後陽成天皇以降の天皇の代数を示している。

　秀忠の正室は，江である。江の父は戦国大名の浅井長政，母は織田信長の妹・市で，3人姉妹の3女である。長姉の茶々（淀殿）は豊臣秀吉の側室となり秀頼を生んでいる。次姉の初は小浜藩主・京極高次の正室となっている。そして江は，徳川家康の嫡子である秀忠と，文禄4（1595）年9月に伏見で婚姻した。秀忠17歳，江23歳であった。

　秀忠と江の間には，2男5女の7人の子が生まれている。第1子で長女の千姫は，慶長2（1597）年に生まれ，同8（1603）年に7歳で豊臣秀頼の正室として婚姻している。秀頼は江の長姉・茶々（淀殿）と秀吉の子であるので，千姫の従兄にあたる。千姫は慶長20（1615）年5月の大坂夏の陣で夫・秀頼を失うが，自身は落城する大坂城から救出されている。

　第5子で長男が，家光である。慶長9（1604）年に生まれ，元和9（1623）年7月に3代将軍となっている。そして慶安4（1651）年4月20日に48歳で死去するまで，将軍であった。家光には複数の側室との間に，成人した男子が3人いた。長男の家綱，三男の綱重，四男の綱吉であるが，それぞれ母親は異なる。家光の死後，嫡男の家綱が4代将軍となる。しかし，家綱には子がなかったため，死去の直前に異母弟の綱吉を養子とし，綱吉が5代将軍となった。将軍の実子相続は，4代で途絶えたことになる。そして綱吉もまた男子が生まれなかったため，異母兄の子で甥にあたる家宣を養子とし，家宣が6代将軍となった。

　そして第7子で末子が，和子である。将軍の女子は何姫と呼ばれるのが通例であり，和子の姉たちの名前もそのようになっている。和子については史料上確認できないが，松姫または和姫と呼ばれていたと推定される。

　また秀忠には，妾との間にも，成人した男子が1人いる。和子よりも4歳下の正之である。高遠藩主・保科正光の養子となっていたが，聡明

で異母兄である家光の信頼が厚く，寛永 20 (1643) 年に会津藩主となり会津松平家の祖となる。また家光の遺言により，甥にあたる 4 代将軍家綱の後見を務めた。

　以上，和子の徳川家における家系を見てきた。和子は，初代将軍で東照大権現という神して祀られる神君・徳川家康の直系の孫であり，その嫡男で 2 代将軍である秀忠と正室・江の子である。さらに 3 代将軍家光は，同父母で 3 歳年上の兄である。そして 4 代将軍家綱と 5 代将軍綱吉は，ともに家光の子で甥にあたる。ただし綱吉が将軍になるのは，和子が亡くなってから 2 年後のことである。このように和子は，徳川将軍家の家系のまさに中心に位置する人物であることが確認できるだろう。

（3）入内

　元和 6 (1620) 年 6 月 18 日，和子は後水尾天皇の女御として入内する。これにより徳川将軍家と天皇家は，初めて婚姻関係で結ばれることになったのである。徳川家にとって，その支配体制を盤石のものとするために，和子の入内は極めて重要なことであった。慶長 12 (1607) 年 10 月に和子が誕生した直後から，祖父で大御所の家康は，入内を構想していたと考えられている。慶長 16 (1611) 年 3 月に後水尾天皇が 16 歳で即位すると，翌年頃から和子の入内は具体化し，幕府と朝廷の間で協議が始められている。そして慶長 19 (1614) 年 3 月 8 日，家康のもとに朝廷の使者によって和子入内の内旨が届けられ，家康はこれを受諾する。和子はまだ 8 歳であった。

　この時点で和子入内は決定したが，実際の入内は 6 年後になる。以後の数年間は，日本の歴史が大きく動く時期となったからである。まず入内が決定した慶長 19 年 10 月には大坂冬の陣が始まり，翌慶長 20 年 5 月に豊臣家が滅亡する。さらに元和 2 (1616) 年 4 月 17 日には大御所

の家康が死去，翌元和3（1617）年8月26日には後陽成上皇が死去するのである。こうした状況が落ち着いた元和4（1618）年6月，入内は翌年とすることが決まり，女御御殿の造営が始まっている。しかし，明確な理由は示されないまま将軍秀忠が入内を延期し，後水尾天皇は譲位の意向を表明するなど，両者の間で激しい対立が起きるのである。

　元和6年2月にようやく入内が具体的に進み始め，入内は6月に決定する。和子は5月8日に生まれ育った江戸城を出発し，28日に京都の徳川家の居館である二条城に到着した。6月2日には入内に備えて，従三位に叙せられている。そして6月18日に，入内が行われたのである。和子の乗る牛車は二条城を出て，内裏に向かった。ここに祖父・家康の悲願であった和子の入内が，ようやく実現したことになる。和子は14歳，後水尾天皇は25歳であった。なお，入内の具体的な様子については，第3節で改めて検討する。

（4）7人の皇子・皇女

　後水尾天皇と和子の間には，2男5女の7人の子が生まれている。第1子は，元和9（1623）年11月19日生まれの女一宮で，諱は興子，後の明正天皇である。和子は数え年17歳（満16歳1ヵ月）での初産であった。ただし，後水尾天皇は側室との間にすでに皇子1人，皇女1人を儲けていたため，父の全ての子の中では，第3子で第2皇女ということになる。寛永6（1629）年10月29日に内親王宣下が行われ，11月8日には父・後水尾天皇から譲位されて，わずか7歳で践祚する。奈良時代の称徳天皇（在位764-770年）以来の女帝の誕生である。これは全く異例の譲位であり，中継ぎであったが，その詳細については省略する。寛永20（1643）年10月，在位14年で異母弟の後光明天皇に譲位している。まだ21歳であった。以後，上皇として53年間を過ごし，元禄9

（1696）年 11 月 10 日に 74 歳で死去している。生涯独身であったため，夫と子はいない。

　第 2 子は，寛永 2（1625）年 9 月生まれの 女 二宮である。諱は未詳。寛永 13（1636）年に 12 歳で近衛尚嗣と婚姻している。尚嗣の父は，後水尾天皇の長弟で近衛家に養子に入った信尋である。そして慶安 4（1651）年 5 月に，27 歳の若さで亡くなっている。

　第 3 子は，寛永 3（1625）年 11 月生まれの高仁である。待望の皇子であり，出生時から皇位の継承が確実視されていた。後水尾天皇と和子の喜びはもちろんであったが，誰よりも和子の父で大御所の秀忠の喜びは大きかった。この皇子が皇位を継承すると，徳川家の血統の天皇が誕生することになるからである。しかし，寛永 5（1628）年 6 月，高仁はわずか 3 歳（満 1 年 7 ヵ月）で夭折してしまう。その死は，以後の朝幕関係，そして皇位継承に大きな影響を与えることになるのである。

　第 4 子は，寛永 5 年 9 月生まれの皇子である。しかし，生まれてからわずか 8 日後に夭折しており，命名もされなかったようである。兄の高仁が亡くなって，3 ヵ月後のことであった。

　第 5 子は，寛永 6（1629）年 8 月生まれの 女 三宮である。諱は昭子。寛永 14（1637）年に内親王宣下が行われた。生涯独身であったため，夫と子はいない。そして延宝 3（1675）年閏 4 月に，父母よりも先に 47 歳で亡くなっている。

　第 6 子は，寛永 9（1632）年 6 月生まれの 女 五宮である。諱は賀子。寛永 21（正保元）（1644）年に内親王宣下が行われた。正保 2（1645）年に 14 歳で二条光平と婚姻している。光平は摂家である二条家の当主で，後に関白・摂政となる。賀子は元禄 9（1696）年 8 月 2 日に 65 歳で亡くなるが，同年 11 月 10 日には長姉の明正上皇も 74 歳で亡くなる。7 人の子のうち，父母よりも後に亡くなったのは，この 2 人だけである。

　第7子は，寛永10（1633）年9月生まれの皇女・菊宮である。菊宮
は寛永11（1634）年7月，わずか10ヵ月後に夭折する。

　そこで次に，これら7人の子の出生について，和子の女性としての立
場から考えてみたい。第1子は元和9（1623）年11月生まれ，末子で
ある第7子は寛永10（1633）年9月生まれである。和子の出産時の年
齢は，第1子は満年齢で16歳1ヵ月，第7子は25歳11ヵ月である。さ
らにこれら7人以外にも，史料としては残されていない流産や死産の可
能性も考える必要がある。和子は満年齢で70歳8ヵ月の生涯であった
が，10代半ばから20代半ばまでのほぼ10年間は，常に妊娠・出産を
繰り返していたことになる。当時としては最高の社会的地位にあったと
はいえ，現代とは比較にならない劣悪な医療・衛生・栄養環境の下で，
母体への影響が過酷なものであったことは，容易に想像がつく。この時
代の女性にとって，妊娠・出産はまさに自らの命と健康を懸けたもので
あったことを，改めて確認しておきたい。

　また出産した2男5女の7人のうち，成人したのは4女のみである。
乳幼児の死亡率の高さが際立っていることがわかる。最高の権力者層で
あってもこの状態なので，一般民衆の乳幼児死亡率がより高いもので
あったことは，容易に想像がつくだろう。さらに成人した4女の没年齢
は，数え年で74歳，27歳，47歳，65歳である。このうち27歳と47
歳の2人は，和子よりも先に亡くなっている。和子は7人の子のうち，
5人の死を見届けたことになる。多産多死の社会であったとはいえ，母
親としての心情は，どのようなものであっただろうか。

2. 後水尾天皇と17世紀の皇位継承

（1）後水尾天皇

　夫の後水尾天皇は，文禄5（慶長元）（1596）年6月4日，父・後陽

成天皇と正室（女御）の母・前子との間に生まれた。諱は政仁である。前子は父が元関白・近衛前久で，天正 14（1586）年に最高権力者の太政大臣・豊臣秀吉の養女として入内した。そして後陽成天皇と前子との間には，5 男 7 女の 12 人の子が生まれている。前掲の図 9−3 には，このうち男子 5 人のみを記載した。政仁親王（後水尾天皇）は長男であるが，12 子の中の第 5 子である。4 人の弟は，五摂家筆頭の近衛家養子・信尋，高松宮家の始祖・好仁，五摂家の一条家養子・昭良，奈良興福寺の一乗院門跡・尊覚である。女子は記載を省略したが，皇室・公家社会の最上層を形成していることがわかる。

　こうした家系からは，政仁親王は何の問題もなく父・後陽成天皇から皇位を継承したかに見える。しかし，実際はそうではなかった。後陽成天皇は，後宮に少なくとも 8 人の側室を置いており，正室・前子の子と合わせて，13 男 12 女の 25 人の子を儲けている。政仁親王は正室の長男ではあるが，側室にすでに 2 人の皇子が生まれており，第 3 皇子であったからである。後陽成天皇の譲位は，天皇の希望と豊臣秀吉および徳川家康の思惑が絡み，非常に複雑かつ重大な政治問題となる。結果として，慶長 16（1611）年 3 月に後陽成天皇は譲位し，後水尾天皇が 16 歳で即位するのである。後陽成上皇はこの譲位が意に沿わぬものであったことから，後水尾天皇とは終生不和のままであった。そして後陽成上皇は，6 年後の元和 3（1617）年 8 月に 47 歳で死去する。なお，母・前子には，元和 6（1620 年）6 月の和子入内に際して，中和門院の院号宣下が行われている。

　和子の入内は，後水尾天皇の立場からすると，婚姻して正室を迎えたことになる。先に見たように，和子との間には 2 男 5 女の 7 人の子が生まれている。寛永 6（1629）年 11 月，34 歳の後水尾天皇は，わずか 7 歳の第 1 子・女一宮への譲位を強行する。この皇位継承が異例のもので

あることは，先に述べたとおりである。その背景には，紫衣事件など幕
府の朝廷への干渉と，それに対する後水尾天皇の強い反発があった。和
子は，夫・後水尾天皇と父・将軍秀忠が激しく対立する間で，苦悩する
ことになる。譲位後，後水尾上皇は禅宗に深く帰依し，慶安4（1651）
年5月に56歳で落飾して法皇となっている。そして延宝6（1678）年
6月に和子が亡くなった2年後，延宝8（1680）年8月19日に85歳で
死去している。51年間にもわたる長い上皇・法皇の時代には，院政を
行い，後に見るように明正天皇から霊元天皇までの4代にわたる皇位の
継承に関わった。また和歌などの学問を好み，寛永の宮廷文化の中心的
な役割を果たした。

（2）3人の皇子

　後水尾天皇は，後宮に少なくとも6人の側室を置いており，正室・和
子の子と合わせて，19男17女の36人もの子を儲けている。ここで注
目すべきは，この中から続けて4人の天皇が皇位を継承していることで
ある。これはその時々のさまざまな条件が重なった結果であり，極めて
異例のことである。その詳細についてはここでは省略し，簡単に事実の
説明のみを行うこととする。図9-3には，多数の側室の子のうち，天
皇となった3人の皇子のみを記載した。丸数字は，後陽成天皇以後の天
皇の即位順を示している。あわせて後掲の表9-2「17世紀の歴代天皇
年表」も参照していただきたい。

　後光明天皇は，寛永10（1633）年3月生まれの第4皇子である。幼
名は素鵞宮，諱は紹仁で，母は園光子である。中継ぎと考えられていた
明正天皇から譲位され，寛永20（1643）年10月に11歳で即位する。
しかし，11年後の承応3（1654）年9月に，22歳の若さで急死してし
まう。後光明天皇には皇子がいなかったため，異母弟の秀宮（後西天

表9-2　17世紀の歴代天皇年表

年	邦暦	和子		後陽成天皇		後水尾天皇		明正天皇		後光明天皇		後西天皇		霊元天皇	
1571	元亀2			誕生	1										
1586	天正14			践祚	16										
1596	慶長元				26	誕生	1								
1607	12	誕生	1		37		12								
1611	16		5	譲位	41	践祚	16								
1614	19	入内宣下	8		44		19								
1617	元和3		11	死去	47		22								
1620	6	入内	14				25								
1623	9		17				28	誕生	1						
1624	寛永元	中宮	18				29		2						
1629	6	東福門院	23			譲位	34	践祚	7						
1633	10		27				38		11	誕生	1				
1638	15		32				43		16		6	誕生	1		
1643	20		37				48	譲位	21	践祚	11		6		
1644	正保元		38				49		22		12		7		
1651	慶安4		45			法皇	56		29		19		14		
1654	承応3		48				59		32	死去	22	践祚	17	誕生	1
1663	寛文3		57				68		41			譲位	26	践祚	10
1677	延宝5		71				82		55				40		24
1678	6	死去	72				83		56				41		25
1680	8					死去	85		58				43		27
1685	貞享2								63			死去	48		32
1686	3								64						33
1687	4								65					譲位	34
1696	元禄9							死去	74						43
1732	享保17													死去	79

注1 　▨▨▨ は天皇，　▨▨▨ は上皇の在位期間を示している。
　2　各人の右側の数字は，その年の年齢（数え年）を示している。

皇）が皇位を継承することになる。

　後西天皇は，寛永14（1638）年11月生まれの第8皇子である。幼名は秀宮，諱は良仁で，母は櫛笥隆子である。17歳で即位するが，後水尾法皇（上皇）は当初から異母弟の高貴宮（霊元天皇）が成人するまで

の中継ぎとする意向を示していた。そして寛文3（1663）年に，10歳になった霊元天皇に譲位するのである。

　霊元天皇は，承応3（1654）年5月生まれの第19皇子である。幼名は高貴宮，諱は識仁で，母は園国子である。国子は，後光明天皇の母・光子の姪にあたる。霊元天皇は，貞享4（1687）年3月に34歳で第4皇子の東山天皇に譲位した後，上皇として45年間在位し，享保17（1732）年に79歳で亡くなっている。以後，皇位は霊元天皇の系統に継承されていくことになる。

　こうした皇位継承は，正室である和子の立場からすると，どのように捉えられるだろうか。先に述べたように，後水尾天皇は正室の和子の他に多くの側室を置き，合わせて36人もの子を儲けている。このような実態を理解するためには，天皇家・将軍家・大名家など，近世の支配階層の頂点に位置する家で制度化されていた一夫多妻制についての理解が不可欠である。これは男子による血統を絶やさないための制度であり，現代の価値観や倫理観とは相容れないものであることは言を俟たない。和子は一夫多妻制の下，後宮で生まれ，育ち，婚姻し，子を産み，一生を送った女性である。和子にとっては，この制度は自分が生きる世界では所与のものであり，おそらく制度自体を疑問に思うことはなかったと考えられる。とはいえ，夫が自分以外の女性を寵愛し，次々と子を儲けることに，果たして心穏やかでいられただろうか。一夫多妻制の社会に生きているとはいえ，嫉妬の感情は持って当然であろう。和子は日記や手紙などの史料を残していないため，残念ながら彼女の心中を知ることはできない。史料に基づく文献史学では，こうした人間の感情や心情をどのように考えれば良いのか，大きな課題であるといえよう。

（3）17世紀の皇位継承

　和子は，慶長12（1607）年10月に生まれて延宝6（1678）年6月に72歳で亡くなっているので，ほぼ17世紀を通して生きたことになる。この間に在位した天皇は，後陽成天皇，後水尾天皇，明正天皇，後光明天皇，後西天皇，霊元天皇の6人である。表9-2は，これら6人の天皇について，生没年，在位期間，上皇在位期間を年表にしたものである。和子から見たこれら6人の天皇との関係は，後陽成天皇は義父，後水尾天皇は夫，明正天皇は実子，後光明天皇・後西天皇・霊元天皇は猶子ということになる。義父の後陽成天皇は，和子が入内のため上洛する3年前の元和3（1617）年8月に亡くなっているので，実際に対面したことはない。ただし，慶長19（1614）年4月20日に入内宣下が行われており，上皇として和子が入内することは了解していたことになる。

　表9-2から，近世前期にあたる17世紀の皇位継承がどのように行われたのかを概観してみよう。まず最初に指摘すべきは，天皇は在位10〜20年程度で譲位し，以後は上皇として終身在位していることである。在位中に病没した後光明天皇は例外である。践祚の年齢は，7〜17歳と非常に若い。また譲位の年齢は，21〜41歳の青壮年期である。このため上皇の在位期間は長くなり，明正上皇は53年，後水尾上皇（法皇）は51年，霊元上皇は45年にも及んでいる。天皇の譲位には，上皇が居住する仙洞御所の造営が必要であり，幕府の承認と財政的支援が不可欠であった。このため天皇の一存で譲位が実現するわけではなく，幕府との間でその都度大きな政治的課題となった。17世紀は近世の国家体制の確立期であり，朝廷と幕府との関係も，さまざまな政治的要因の中で形成されていったのである。また天皇の個性や健康状態，皇族との相性など，予測不能かつ偶然的な要素もあることに留意する必要がある。表9-2は，あくまでも17世紀の皇位がこのように継承されたとい

う結果を示すものとして理解していただきたい。

　これら6人の天皇の中で，圧倒的な存在感を持つのが，後水尾天皇である。在位期間は17世紀前期の18年間であり，他の天皇に比して特段に長いわけではない。注目されるのは，寛永6（1629）年11月の譲位後，延宝8（1680）年8月に亡くなるまでの51年間もの長きにわたり上皇・法皇として在位したことである。そして特筆すべきは，続く4代の天皇がいずれも自分の子であるという点である。幼い女子である明正天皇への譲位，後光明天皇の早世という予期せぬ事態が重なった結果であるが，極めて異例の皇位継承であった。後水尾上皇は，寛永11（1634）年に幕府から院政を行うことが認められたが，幕府と対立する局面も幾度となくあった。このように後水尾天皇（上皇）は，その強い個性と相俟って，17世紀の天皇家および朝廷において大きな存在であったのである。

3. 入内の記録と洛中洛外図屏風

（1）入内の記録

　本節では視点を変えて，元和6（1620年）6月18日に行われた和子の入内について，その光景を記した史料を取り上げる。まず文字史料，次に絵画史料を見てみることにする。

　入内の様子については，入内の儀式に参加した公家をはじめ，その様子を見物したさまざまな人間が史料を残している。そうした史料の中から，ここでは秋田藩の家老である梅津政景の日記を取り上げることにする。この時政景は，藩主佐竹義宣に代わって和子の入内の祝賀使として，秋田から上洛していた。老中土井利勝など幕閣への音信という目的を果たした後，入内当日は，秋田藩の御用商人である鶴屋宗円が饗応で用意した桟敷席で，入内の様子を見物している。見物場所は明記されていな

いが，堀川通りに設けられた桟敷席であろう。なお当日の天気は，あいにく雨であった。

【史料 9 - 1】
　　一，御入内見物申候，二条ノ御城より　内裏迄，辻堅有，（中略）
　　其次　御車壱ちやう，女御様御めし被成候か，其御後ニ馬上六騎
　　　　(挺)　　　　　　　(徳川和子)
　　二形也，左ノ頭水野日向殿，右ノ頭猪ノ掃部殿，酒井雅楽殿三騎
　　　(行)　　　　　　　(勝成)　　　　　(井伊直孝)　　　　　　　(忠世)
　　め也，其次ニ，御車六ちやう，地なしち，高蒔絵，女御様御車ハ，
　　牛綱しんくれない，其外ハ白ク赤クうちませ也，其御後ニ嶋田
　　　　(深紅)　　　　　　　　　　(打混)
　　清左衛門殿・久貝忠三郎殿・渡邊半七殿・蒔野清兵へ殿かたきぬ
　　　(直時)　　　　　　(正俊)　　　　　　　　　　　　　　　(肩衣)
　　袴にて御供也，（中略）一，朝より雨降，一，宗円見物所振舞迄有，
　　　　　　　　　　　　　　　　（『梅津政景日記』元和 6 年 6 月 18 日条）

　この史料では，入内の行列の様子が非常に詳しく記されている。中略部分を含めてまとめると，(1) 道具類が二条城から内裏へ，(2) 公家衆のお迎えが内裏から二条城へ，(3) 入内の行列が二条城から内裏へ，となる。そして (3) の基本的な並びは，①公家，②武家，③和子，④武家，⑤公家，であることがわかる。おそらく政景は，秋田に帰国後，藩主の義宣に入内の様子を詳しく報告するために，このように書き記したのだと推定されるのである。

（2）洛中洛外図屏風に描かれた入内
　和子の入内は，絵画にも描かれている。図 9 - 4「洛中洛外図屏風」（アーティゾン美術館所蔵）は，そうした作品の一つである（以下，アーティゾン美術館所本と略記する）。
　まずアーティゾン美術館本の全体の構図について，見ておこう。近世

174

図9-4　洛中洛外図屏風（アーティゾン美術館所蔵）

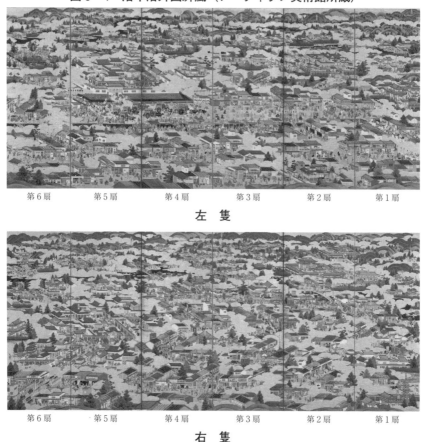

第6扇　　　第5扇　　　第4扇　　　第3扇　　　第2扇　　　第1扇

左　隻

第6扇　　　第5扇　　　第4扇　　　第3扇　　　第2扇　　　第1扇

右　隻

京都の町並みは南北に細長いので，中央付近を南北の軸で分けて，西側を左隻，東側を右隻に収めている。左隻の構図は，南北の軸の側から見ているので，視点は東から西の方向を見ていることになる。手前の近景は洛中の西半分で，遠景は西山が描かれている。一方，右隻の構図は，

同じく南北の軸の側から見ているので，左隻とは逆に視点は西から東の方向を見ていることになる。手前の近景は洛中の東半分で，遠景は東山が描かれている。

　左隻には，第4扇・第5扇の上部に二条城が描かれている。ここで注目されるのは，その手前の通りに長大な行列が描かれていることである。行列は第5扇の二条城の大手門を出て，右側（北）に向かって第1扇まで続いている。第1扇をよく見ると，行列は右斜め下側（東）に方向を変えて，続いていることがわかる。

　右隻には，第5扇・第6扇の中部に内裏が描かれている。ここで注目されるのは，第6扇下部から第5扇中部の内裏に向けて，行列が描かれていることである。方向としては，西から東に向かっていることになる。すなわち，左隻第1扇下部の行列は，右隻第6扇下部の行列につながっているのである。アーティゾン美術館本の行列は，二条城を出て内裏に向かう和子の入内の行列を描いていることがわかる。

　左隻第5扇から第1扇までの通りは，南北の堀川通りである。そして第1扇で右斜め下側に続いている通りは，東西の中立売通りであり，これは右隻第6扇下部につながっている。実際の入内の行列が通ったルートも同じで，二条城を出て堀川通りを北へ進み，中立売通りとの交差点である一条戻橋で東へ向きを変え，中立売通りを東に進んで，内裏に至っている。距離は約2.2キロメートル，徒歩30分程度のルートである。

　徳川和子は，江戸城大奥で生まれ，入内してからは内裏や院御所で一生を送った人物である。外出する機会もほとんどなく，多様な社会階層の人々と接することもなかった。しかし，入内の行列は多くの人々が見物し，その記憶は洛中洛外図屏風の描写という形で，後世に伝えられたのである。

参考文献

狩野博幸『大江戸カルチャーブックス　新発見・洛中洛外図屏風』（青幻社，2007年）

熊倉功夫『後水尾院』（朝日新聞社，1982年）

黒田日出男「洛中洛外図屏風の主題表現と注文主そして伝来—新出洛中洛外図屏風と林原美術館本洛中洛外図屏風—」（『立正大学文学部研究紀要』25号，2009年）

久保貴子『徳川和子』（吉川弘文館，2008年）

久保貴子『後水尾天皇—千年の坂も踏みわけて—』（ミネルヴァ書房，2008年）

福田千鶴『江の生涯—徳川将軍家御台所の役割—』（中公新書，2010年）

福田千鶴『徳川秀忠—江が支えた二代目将軍—』（新人物往来社，2011年）

山本博文『徳川秀忠』（吉川弘文館，2020年）

課題

1　徳川家と天皇家の婚姻は，和子の入内の他に，仁孝天皇の皇女・和宮（1846-77）が14代将軍家茂（1846-66）に降嫁した事例がある。和宮とはどのような人物であったのか，また降嫁の理由と経緯について調べなさい。

2　江戸時代には，明正天皇（1624-96，在位1629-43）と後桜町天皇（1740-1813，在位1762-70）の二人の女性天皇が存在した。後桜町天皇とはどのような人物であったのか，またなぜ女性が天皇に即位したのかについて調べなさい。

10 | 益田孝 ─幕臣から実業家そして茶人へ

杉森哲也

《学習のポイント》 益田 孝（1848-1938）は，三井財閥を形成・発展させた傑出した実業家であり，また近代で最高の茶人・鈍翁としても知られている。その90年に及ぶ人生は，幕臣として過ごした青年期，実業家として過ごした壮年期，茶人として過ごした老年期に，おおよそ分けることができる。本章では，このうち主に青年期と壮年期に着目し，幕末維新期から明治という激動の時代を過ごした一人の人間という視点から，益田孝という人物とその人生について考える。

《キーワード》 『自叙益田孝翁伝』，幕臣，文久3年遣欧使節，騎兵頭，井上馨，渋沢栄一，三井物産，鈍翁

1. 益田孝の人生と史料

（1）年譜と家族

　益田孝は，嘉永元（1848）年に生まれ，昭和13（1938）年に90歳で亡くなっている。幕末維新期・明治・大正・昭和戦前期という，まさに激動の時代を生きた人物であるといえよう。表10−1は，益田孝の年譜である。なお本章では，年齢は全て満年齢で表記する。

　その90年に及ぶ長い人生は，おおよそ次の三つの時期に分けることができる。①幕臣としての青年期，②実業家としての壮年期，③茶人としての老年期，である。このうち②については，三井財閥を形成・発展させた傑出した実業家，③については，近代で最高の茶人・鈍翁として，

表 10−1　益田孝年譜

	年	月	日	年齢	事　項
嘉永元	1848	10	17	0	佐渡国相川で生まれる
5	1852	1	5	4	長弟・克徳（号・非黙），生まれる
安政元	1854			6	父が箱館奉行支配調役下役となり，遅れて翌年に箱館に移る
6	1859			11	父が江戸詰となり，江戸に移る。父は翌年，外国方支配目付役となる。
文久元	1861	5	7	13	妹・繁子，生まれる
					この年，元服。外国方通弁御用に出仕し，麻布・善福寺のアメリカ公使館で宿寺詰として勤務する
3	1863	12	29	15	幕府遣欧使節に随行し，フランスを訪問する
元治元	1864	7	22	16	フランスから帰国。横浜の居留地駐屯のイギリス軍の調練に参加し，英語の勉強をする
慶応元	1865	3	3	17	次弟・英作（号・紅艶），生まれる
2	1866	12		18	横浜の陸軍伝習所に入り，騎兵となる
3	1867			19	富永栄子と結婚
4	1868	1		20	江戸城中で将軍・徳川慶喜から，騎兵頭の辞令を受ける
		5		24	駿府藩 70 万石が立藩されるが，駿府には同行せず帰商。横浜で中屋徳兵衛の屋号で売込商を始める
明治元		9	8		明治改元
3	1870			22	横浜の外国商館ウォルシュ・ホール商会で勤務
4	1871	11	12	23	妹・繁子，女子留学生として渡米
					この年，大阪の古金銀分析所を手伝う
5	1872	3	28	24	大蔵省に造幣権頭として出仕。大阪で勤務
6	1873	8	8	25	造幣権頭を辞職。東京に戻る
					長弟・克徳，岩倉使節団に司法理事官随行員として合流
7	1874	3		26	先収会社設立。東京本店頭取となる
8	1875	9	25	27	長男・太郎，生まれる
9	1876	7	1	28	三井物産会社設立。総轄（社長）となる
		12	2		『中外物価新報』創刊
10	1877			29	品川・御殿山に土地を購入
11	1878			30	次弟・英作，フランスに留学。この頃から，日本の美術品の収集を始める
14	1881	10	30	33	妹・繁子，アメリカ留学から帰国
18	1885	8	5	37	次男・信世，生まれる
20	1887	3	5	39	三井高保とともに欧米視察に出発
		4			東京肥人造会社設立
22	1889	1	4	41	三池炭鉱社設立。この頃，茶を始める
24	1891	4	1	43	長男・太郎，イギリス・ケンブリッジの中学に留学
25	1892	4	26	44	三井物産会社社長を退任し，取締役となる
26	1893	11	1	45	三井家同族会発足
27	1894	11	15	46	母・らく死去
28	1895			47	弘法大師筆「崔子玉座右銘」を入手
29	1896	3	21	48	第 1 回大師会を御殿山の自邸・碧雲台で開催
31	1898			50	長男・太郎，ヨーロッパ留学から帰国
33	1900	12			台湾製糖設立。発起人の一人となる
35	1902	4	10	54	三井家同族会事務局管理部専務理事となる
36	1903	4	8	55	長弟・克徳，死去。享年 51
37	1904	5		56	父・孝義，死去。この年，長男・太郎，益田太郎冠者の筆名で戯曲を書き始める
39	1906			58	小田原に別邸・掃雲台の造営を開始
40	1907	6	14	59	三井三郎助（高景）とともに欧米視察
					茶碗「鈍太郎」を入手。以後，鈍翁と号す
42	1909	10	11	61	三井合名会社設立。顧問となる
大正 2	1913	12	31	65	三井合名会社相談役となり，現役から退く
3	1914			66	この年，小田原・掃雲台に移る
7	1918	11	26	70	男爵を授爵
8	1919	12	20	71	分割した「佐竹本三十六歌仙絵巻」の抽籤会を応挙館で行う。「斎宮女御」を入手
10	1921			73	次弟・英作，死去。享年 56
昭和元	1926	3	5	78	妻・栄子，死去。享年 75
3	1928	11	3	80	妹・瓜生繁子，死去。享年 67
8	1933	5		85	家督を長男・太郎に譲る。太郎，男爵を襲爵。御殿山邸の応挙館を帝室博物館（現・東京国立博物館）に寄贈
13	1938	12	28	90	小田原の別邸で死去

図 10-1　益田家略系図

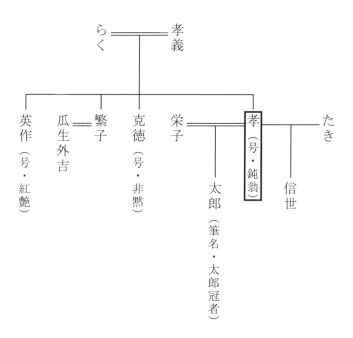

広く知られている。本章では，これまであまり詳しく検討されていない
①に着目し，幕末維新という激動の時代を過ごした一人の人物という視
点から，益田孝という人間について，考えてみることとしたい。
　まず最初に，益田孝の家族について，簡単に見ておこう。図10-1は
益田家の略系図である。父・孝義（鷹之助）は，佐渡奉行所の地役人か
ら幕臣に抜擢された有能な人物である。孝には子供の頃から英語教育を
受けさせており，文久3（1863）年の遣欧使節には孝と父子で参加して
いる。ただし，維新後の職業や活動については，孝はほとんど語ってお
らず，未詳である。

　孝は，3男1女のきょうだいの長男である。また子供は，2人の男子がいた。この家族で特筆すべきは，孝自身を含むきょうだい4人，子供2人，孫（長男・太郎の子供）7人の全員が，若くして海外渡航または海外留学を経験していることである。これは非常に希有な事例であり，父・孝義と孝の強い意向が反映されていると考えられる。

（2）『自叙益田孝翁伝』

　益田孝は日記や著書を残していないため，最も重要な史料となるのは，長井 実『自叙益田 孝 翁伝』という著書である。長井実（1883-1966）は，出版社を経営した後，三井合名会社嘱託となり，孝の晩年に秘書を務めた人物である。本書は，孝が亡くなった翌年の昭和14（1939）年6月に，長井が私家版として刊行したものである。

　本書の「はしがき」によれば，長井は自ら刊行する月刊誌『衛生』に，益田孝の談話を「掃雲台より」と題して，大正12（1923）年1月から昭和2（1927）年12月まで連載した。本書はこれを再録するとともに，連載以後亡くなるまでの間に孝が長井に語った内容が新たに加えられている。前者は孝が70代後半，後者は80代の時期にあたり，その時点での回顧ということになる。本書には全104項目が収録され，ほぼ年代順に並べられている。本章では，この『自叙益田孝翁伝』を基本史料として用いることにより，益田孝という人物とその人生について考えたい。

2. 幕臣としての幕末維新

（1）誕生から幕府出仕まで

　益田孝は，嘉永元（1848）年10月17日，佐渡国相川（現・新潟県佐渡市）で生まれた。父は佐渡奉行所の地役人であったが，安政元（1854）年に幕臣に抜擢されて箱館奉行所支配調役下役となり，翌年一家で箱館

に渡った。さらに同 6（1859）年に父が江戸詰となり，一家は江戸に移っている。孝は 11 歳であった。父は翌年，外国方支配目付役となっている。

　孝はすでに箱館時代から英語を学んでおり，江戸でも同様であった。これは外国関係の部署で働く父の教育方針であったのだろう。そして早くから英語を学んでいたことが，孝の人生を大きく決めることになる。文久元（1861）年に 13 歳で元服し，外国方通弁御用（がいこくかたつうべんごよう）に出仕する。そして麻布（あざぶ）の善福寺（ぜんぷくじ）に置かれていたアメリカ公使館で，宿寺詰（しゅくじづめ）として勤務することになる。この宿寺詰では，アメリカ初代駐日弁理公使タウンゼント・ハリスをはじめ欧米人と親しく接しており，英語の習得だけでなく，欧米の習慣や文化，さらに世界情勢などに関する知識や理解が格段に深まったものと考えられる。

（2）文久 3 年遣欧使節への参加

　安政 5（1858）年に締結された日米修好通商条約による開港後，幕府は米欧各国に対し，6 回にわたり使節団を派遣した。その第 1 回は，万延元（1860）年に日米修好通商条約の批准書交換のために派遣された遣米使節である。勝海舟（かつかいしゅう）が艦長を務める咸臨丸（かんりんまる）が随行したことでも知られている。続いて，文久 2（1862）年にイギリスなどヨーロッパ 6 ヵ国，文久 3（1863）年にフランス，慶応元（1865）年にイギリスとフランス，慶応 2（1866）年にフランス，慶応 3（1867）年にアメリカと，毎年のように使節が派遣されたのである。各回の使節の目的は異なるものの，使節団に参加した多くの幕臣が欧米諸国の実状を視察した意義は極めて大きく，幕末の政局に影響を与えるとともに，後に明治新政府で活躍する人材が輩出した。

　孝は，このうち第 3 回の文久 3 年の遣欧使節に，父・孝義とともに参

加している。この使節は，外国奉行の池田筑後守長発を正使とするもの
で，一行は35名からなっていた。父は外国奉行支配定役元締，孝は通
弁御用当分御雇という役職での参加であった。孝は当時15歳であった
が，英会話ができたことから，通弁すなわち通訳として，参加が認めら
れたのである。使節は文久3年12月29日（1864年2月6日）に出発し，
翌年の元治元年7月22日（1864年8月23日）に帰国している。主た
る目的は開港場である横浜の鎖港交渉であったが，最初の訪問国フラン
スで拒否されたため，他国との交渉は諦めて，そのまま帰国することに
なった。なお，一行はパリに1864年4月21日（元治元年3月16日）
に到着し，約2ヵ月滞在している。『自叙益田孝翁伝』では「文久三年
の洋行」という項目で，次のように述べている。

【史料10−1】

　　文久三年，幕府は横浜鎖港の談判の使節として池田筑後守をヨー
　ロッパへ派遣した。私は父がその会計役として随行することになっ
　たので，好機逸すべからずと考え，早速病気というて宿寺詰を辞し，
　父の家来という名義で付いて行った。その頃は，親子ともに外国へ
　行くことはならぬ制度故，別名益田進というて父の家来になった。

　　　　　　　　　（中略）

　　こういう風で一行は大いに優遇を受けたが，鎖港の談判は無論拒
　絶された。池田筑後守は君命を辱しめたというので，パリのグラン
　ド・ホテルで切腹をするという騒ぎである。しかしこれは無論そば
　の者が止めた。

　　使節一行はまずフランスへ行って，それから他の諸国へ行く予定
　であったが，フランスが全く取合わなかったので，フランスだけに
　して帰った。

図 10−2　益田孝（15 歳）
　　　　　（東京大学史料編纂
　　　　　所所蔵）

図 10−3　益田孝義（37 歳）
　　　　　（同所蔵）

　筑後守は，帰朝したら余程重いお咎めがあろうと心配しておった
のだが，大したことはなかった。しかし神奈川から内へ入ることは
許されなかった。この鎖港談判は京都へ対していろいろ申訳の使節
であったらしい。

　ナポレオン（筆者注−ナポレオン 3 世）は鎖港の談判は撥ねつけた
が，幕府には余程好意を示して，将軍にアラビヤ馬を二十六頭贈っ
た。また幕府の陸軍を新たに編制するというので，教官を貸してく
れ，シャノワン（筆者注−シャルル・シャノワーヌ大尉）という参謀の
佐官が，歩騎砲工の大尉や少尉を連れて来た。

　この欧行の時にパリで撮った写真が，先頃（大正十三年五，六月
頃語る）池田筑後守の本藩である岡山の池田家から出て来た。

　　　　　　　　　　　　　　　　　　　（「文久三年の洋行」50-56 頁）

　図10-2・3は，この史料の最後の部分で触れられている，パリで撮影された孝（15歳）と父・孝義（37歳）の写真である。現在，使節団全員の一人ずつの写真が残されており，古写真として大変貴重な史料となっている。

　孝にとって，このフランス訪問は，想像を絶する体験の連続であったことだろう。幕末の時点で，このような体験をした日本人青年はごく限られており，孝のその後の人生に多大な影響を与えたことは想像に難くない。これは遣欧使節に参加した本人の証言であり，大変貴重な史料であると評価することができる。

（3）幕府陸軍の騎兵頭

　幕府は文久2（1862）年に軍制改革を行い，西洋式の陸軍を創設した。陸軍奉行の下，歩兵奉行と騎兵奉行を置き，歩兵・騎兵・砲兵の三兵に編制された。慶応2（1866）年7月の14代将軍・家茂（いえもち）の死去と第二次長州戦争での敗退を機に，15代将軍・慶喜（よしのぶ）によって軍制改革が進められた。そして12月には，シャルル・シャノワーヌ大尉を団長とするフランス軍事顧問団が到着し，歩兵・騎兵・砲兵・工兵の訓練を開始する。幕府陸軍は，フランス式の軍隊として編成されたのである。

　孝はフランスから帰国後，横浜の通詞や旗本の家に書生として寄宿し，居留地に駐屯していたイギリス軍（通称・赤隊）の調練に参加して，英語の勉強をしていた。こうした行動から，孝が英語を学びたいという強い意欲を持ち続けていたことがわかる。そして慶応2年12月にフランス軍事顧問団が来日すると，横浜の陸軍伝習所の騎兵に志願する。文久3年の遣欧使節一行は，フランス滞在中にナポレオン3世に招待されて陸軍の軍事演習に騎馬で参列しており，こうした経験が影響したのかもしれない。

　孝は，騎兵奉行の下，騎兵差図役さらに騎兵頭と出世する。そして幕府陸軍の将校として，戊辰戦争と江戸開城を経験することになるのである。『自叙益田孝翁伝』では「幕府の騎兵を統率す」という項目で，次のように述べている。

【史料 10－2】

　　幕府が陸軍を新たに編制するというので，フランス政府は教官を貸してくれた。シャノワンという参謀の教官を首長として，歩騎砲工各科の教官が十数名来て，一時横浜の太田陣屋へ落着いた。

　　私は騎兵を志願した。（中略）そのうちに私は騎兵差図役というものを仰せ付けられた。当時成島柳北が騎兵奉行をやっておったが，よく馬から落してやった。

　　差図役というのは尉官であるが，その後騎兵頭を拝命した。その辞令はお城（筆者注－江戸城）の中でもらった。これは慶応四年のことで，幕府の兵が京都の戦（筆者注－鳥羽・伏見の戦い）に破れて慶喜公が江戸へ帰られ，上野へ蟄居せられる前であった。

　　辞令は将軍自ら渡された。その頃将軍を君公というたが，君公は一段高い所におられ，そして辞令を自分でお読みになる。

　　この城中で辞令を渡される時，老中が熨斗目麻裃で下座におられた。もうその頃我々は平生軍服を着ておった。紺のズボンで赤い太い筋が入っていて，細いのが二本入っておった。我々も，この日の召出しは熨斗目麻裃を着用すべしというのであったが，軍服でよかろうということであったから，軍服を着て行った。城中で君公から，軍服を着て辞令をもらったのは私が始めてである。老中は坐っておられたが，私は立ったまま受取った。これで御目見以上になり，爾来裏金の陣笠をかぶった。

（「幕府の騎兵を統率す」59-61 頁）

　この史料で注目すべきは，孝は騎兵に入った後，騎兵差図役から騎兵頭へと出世し，騎兵頭の辞令を慶応4（1868）年に江戸城中で将軍・徳川慶喜から直々に手渡されたと述べていることである。慶喜は，14代将軍・家茂の後見職として朝幕間の折衝のため，文久3（1863）年10月以降はずっと京都・大坂に滞在しており，慶応2（1866）年12月5日の将軍就任，翌慶応3（1867）年10月14日の大政奉還，同12月9日の将軍辞任は，全て京都で行っている。すなわち慶喜は，将軍在任中はずっと江戸を不在にしていたのである。

　慶応4年正月3日に鳥羽・伏見の戦いが始まり幕府軍が敗れたため，慶喜は大坂から海路で江戸に退却し，正月13日に江戸城に入った。そして新政府への恭順の意向を示し，2月12日に江戸城を退去して，上野・寛永寺大慈院で謹慎するのである。慶喜が江戸城にいたのは，正月13日から2月12日までのわずか1ヵ月間だけであった。孝が江戸城中で慶喜から辞令を受けたのは，このように政治情勢が極めて緊迫した中でのことであり，大変貴重な証言であるといえよう。なお，孝が御目見以上になり裏金の陣笠を被ったと述べているのは，将軍直参の旗本になったことを意味している。

3. 実業家としての近代

（1）幕臣から商人へ

　新政府は，慶応4年閏4月29日に田安亀之助（後の徳川家達）による徳川宗家の相続を認めた後，5月24日に駿府（明治2年6月20日に静岡と改名）に移封し駿府藩70万石を立藩することを認めた。寛永寺で謹慎していた慶喜は，江戸開城に伴って4月に水戸に移り，さらに7月に駿府に移って謹慎を続けた。

　これに伴い，それまでの幕臣は，駿府藩士として駿府に移るか，武士

を辞めるかの選択を迫られることになった。しかし，70 万石の駿府藩
は，旗本・御家人など厖大な数の幕臣を抱えることはできず，多くの幕
臣は武士を辞めざるを得なかった。そして孝は，駿府へは行かず，商人
となる道を選択するのである。彼の人生の大きな転機であったといえる
だろう。

　孝は駿府には行かず，商人になるべく横浜に向かった。横浜は，フラ
ンスからの帰国後，書生として寄宿しながら英語の勉強をしていた土地
である。ただしこの時点では，明確な商売の計画を持っていたわけでは
なく，英語を生かせる仕事，外国との貿易を行う仕事に就きたいという
程度の漠然とした希望だったようである。横浜では，当初は英語ができ
る貴重な人材として外国貿易商人（輸出をする売込商，輸入をする引
取商）に通訳として重宝され，その過程で次第に商売を覚えていった。
そして明治元（1868）年頃からは，中屋徳兵衛という屋号で売込商を始
め，茶と海産物を扱っている。明治 3（1870）年，外国商館のウォル
シュ・ホール商会に誘われて，欧米人と同待遇のクラークとして勤務す
る。これは孝の英語の能力の高さを示しているといえよう。ウォル
シュ・ホール商会での勤務は，欧米との貿易実務を学ぶ絶好の機会とな
り，後年の先収会社，そして三井物産会社の設立に繋がっていくこと
になる。

（2）実業家としての活躍

　明治 4（1871）年，孝は新政府出入りの商人である岡田平蔵から，大
阪に設立した古金銀分析所を手伝うよう誘われる。これは古金銀を買い
集め，地金として大蔵省造幣寮に納入することを業務とするもので，
外国貿易とは関係のない仕事であった。しかし，孝は父が金銀山を管轄
する佐渡奉行所の地役人であったことから，元々鉱山や金属に関心があ

り，この誘いを受けたのだと考えられる。

　そして明治5（1872）年，孝は岡田を通して大蔵大輔の井上 馨 と知り合い，大阪の造幣寮に出仕するよう求められる。当時の造幣寮のトップである首長は，お雇い外国人でイギリス人のトーマス・ウィリアム・キンダーであったが，その下の日本人とは言葉の問題もありうまくいっていなかった。そこで井上は，英語が堪能で外国人との付き合いにも慣れている孝に目をつけ， 造幣 権 頭 に抜擢したのである。孝にとっては，全く思いもよらぬ新政府への出仕であった。

　明治6（1873）年5月，井上は新政府内での対立によって大蔵大輔を辞職する。これに伴って孝もまた造幣権頭を辞職し，東京に戻ることになる。以後，孝は新政府に出仕することはなかったが，新政府の有力者である井上との関係は，その後も長く続くことになるのである。また大蔵省では， 渋沢栄一 とも出会っている。この点については，後述する。

　造幣権頭を辞職し民間に戻って以降，孝の実業家としての本格的な活動が始まる。その原点となるのが，明治7（1874）年3月の先収会社の設立である。これは井上が総裁，孝が東京本店頭取を務める商社で，米穀の輸出入， 武器・羅紗 などの輸入と陸軍への納入などの業務を行った。先収会社は多くの利益を挙げていたが，明治8（1875）年12月に井上が 元老院議官 として政府に復帰することになったため，会社を精算することになった。ちょうどその頃，近世最大の商人・高利貸資本であった三井は，事業と組織の近代化を進めており，銀行と貿易商社を立ち上げたいと考えていた。そして井上の了解を得た上で，三井が先収会社を引き継ぐことになり，明治9（1876）年7月に三井物産会社が設立され，孝は総轄（社長）となった。孝はまだ27歳の青年であった。ここで初めて，孝と三井が繋がったのである。

　孝は明治25（1892）年7月まで，三井物産の社長を続ける。孝の実

業家としての業績は，三井物産
を発展させただけでなく，三井
財閥の形成に極めて重要な役割
を果たしたことにある。その一
つとして，明治 22（1889）年
に官営三池炭鉱の払い下げの落
札に成功し，三池炭鉱社を設立
したことが挙げられる。三池炭
鉱社は，明治 26（1893）年に
三井が所有する他の鉱山と合わ
せて，三井鉱山合名会社とな
る。三井銀行・三井物産・三井
鉱山の三社は，三井財閥の中核
企業として，日本の近代化とと
もに発展を続けることになるの

図 10−4　益田孝（三井物産時代）
（公益財団法人三井文庫所蔵）

である。図 10−4 は，撮影時期は未詳であるが，三井物産時代の孝の写
真である。

　大正 2（1913）年 12 月，孝は三井財閥の持株会社である三井合名会
社の相談役に退き，実業家としての活動に終止符を打つことになる。65
歳であった。なお，孝がこの他に関わった事業として，明治 9 年の『中
外物価新報』（日本経済新聞の前身）創刊，明治 20（1887）年の東京肥
料人造会社設立，明治 33（1900）年の台湾製糖設立などが挙げられる。
孝が実業家として活動したのはほぼ明治時代であり，ちょうど日本の近
代化と経済発展の時期と重なっていることが指摘できよう。

（3）茶人・鈍翁

　益田孝は，三井財閥の形成と発展に多大な功績を残した実業家であるとともに，茶人・鈍翁としても知られる。茶道具として優れた美術品を大量に収集し，膨大なコレクションを形成した。茶人・鈍翁あるいは収集家としての益田孝については，近代の茶道および日本美術の分野で多くの研究がある。よって本章では，孝の茶道と美術品収集について，略歴を見るにとどめる。

　孝は，茶道を始めたのは明治22（1889）年に，品川・御殿山の自邸に茶室を設けた時であると述べている。当時すでに茶道を始めていた長弟・克徳に勧められてのことであった。その後は多忙のため中断し，本当に茶道を始めたのは明治40（1907）年頃からであると述べている。明治40年は，名物の茶碗「鈍太郎」を入手した年であり，以後自らを「鈍翁」と号するとともに，翌年には自邸に「太郎庵」という茶室を設けている。孝はこの年59歳でまだ現役であったが，前年には小田原に別邸・掃雲台の造営を開始しており，引退を考え始めた時期だったのだろう。そして大正2（1913）年に三井合名会社の相談役に退き小田原の掃雲台に移って以降，昭和13（1938）年に当地で亡くなるまで，茶道を中心にした余生を送るのである。

　孝の茶道で注目すべきは，日本の美術品の収集である。明治11（1878）年に開催されたパリ万国博覧会で日本政府の出品を三井物産が担当した際に，蒔絵の硯箱を購入したことをきっかけとして，病み付きになったと述べている。茶道を始めるよりもかなり前の若い頃から，美術品の収集を始めていたことがわかる。孝は生涯を通して膨大かつ優れた日本美術コレクションを形成するが，それは単に財力に飽かしたものではなく，長年培われた審美眼に裏打ちされたものであった。

4．人間関係と人物評

（1）各界人物との交流

　『自叙益田孝翁伝』には，家族をはじめ，その人生で出会った各界の数多くの人々に関する記述が見られる。その全てを把握することは容易ではないが，孝が親しく交流した人物を知る一つの目安として，本書に項目として挙げられている人物に着目したい。先に述べたように，本書は104項目で構成されているが，このうち24項目が「大隈侯」「渋沢子爵」のように人物名を掲げたものになっている。そこでこれら24項目から千利休（せんのりきゅう）など歴史上の人物4名を除く20名について，分野別に分けて見てみることにしたい。なお，各分野の人物名は，本書の記載順に並べた。

　まず政治家では，大隈重信（おおくましげのぶ），野田卯太郎（のだうたろう），井上馨，山縣有朋（やまがたありとも），松方正義（まつかたまさよし），原敬（はらたかし）夫妻，桂太郎（かつらたろう）の7名である。次に実業家では，渋沢栄一，朝吹英二（あさぶきえいじ），団琢磨（だんたくま），大倉喜八郎（おおくらきはちろう），ロバート・アーウィン，馬越恭平（まごしきょうへい），室田義文（むろたよしあや）（元外交官），原富太郎（はらとみたろう），岩原謙三（いわはらけんぞう），服部金太郎（はっとりきんたろう）の10名である。その他では，アメリカ初代駐日弁理公使のタウンゼント・ハリス，化学者の高峰譲吉（たかみねじょうきち）夫妻，陸軍軍人の大山巌（おおやまいわお）の3名である。これら20名の中で，ハリスのみが幕臣時代に出会った人物であり，他は全て維新後に出会った人物である。いずれも明治以降の政界・実業界で活躍したそうそうたる人々であり，孝の交遊の広さがわかる。なお，その他として挙げた高峰譲吉夫妻は明治20（1887）年に設立した東京肥料人造会社での関係，大山巌は妹・繁子と一緒にアメリカに留学した仲間であり友人である山川捨松（やまかわすてまつ）の夫という関係である。

（2）渋沢栄一との出会いと交流

　これら 20 名の中で，孝にとって最も重要な人物の一人は，渋沢栄一
であろう。渋沢が実業家の立場から日本の近代化に果たした役割は極め
て大きく，孝にも多大な影響を与えた。渋沢は天保 11（1840）年に生
まれ，昭和 6（1931）年に 91 歳で亡くなっている。孝よりも 8 歳年長
であるが，幕末から明治・大正・昭和初年とほぼ同じ時代を生きた。ま
た渋沢は，武蔵国榛沢郡血 洗 島村（現・埼玉県深谷市）の農家に生ま
れたが，江戸に出て 一 橋慶喜（後の 15 代将軍）の家臣から幕臣となり，
慶応 3（1867）年の遣欧使節団に会計係として参加している。維新後は
新政府に出仕するが，明治 6（1873）年に大蔵省を辞職した後は，実業
家として活躍することになる。渋沢のこうした経歴は孝と共通している
こともあり，孝が実業界で活動するにあたり，大いに尊敬し信頼してい
たと考えられる。本書の「渋沢子爵」という項目では，次のように述べ
ている。

【史料 10-3】

　　私が渋沢さんに初めてお目に掛かったのは明治五年である。前に
　も述べた通り，当時渋沢さんは大蔵省で井上さん（筆者注 – 馨）の片
　腕となって，財政その他明治政府草創のいろいろの困難な施設に努
　力しておられた。私は井上さんの勧めによって，明治五年の三月，
　大蔵省四等出仕になり，その時初めて渋沢さんにお目に掛かった。
　間もなく私は造幣権頭に任ぜられて大阪へ行ったが，翌六年五月井
　上さんが政府と衝突して，渋沢さんと一緒に辞職された。私は井上
　さんの勧めによって官についたのであるから，井上さんが辞職され
　た以上は，私もご免を蒙ることにして辞職した。
　　渋沢さんはこの時以来一切政治には関係しないということを心に

誓い，もっぱら実業のために尽力することに決心されたのであるが，私も維新当時の決心に従い，外国貿易に従事することにした。

　　　（中略）

　何か事業を起そうと考えた時には，まず渋沢さんに相談した。私は明治二十年と四十年とに洋行したが，そのお土産話はいつもまず第一に渋沢さんの所へ持って行った。こういう事業を日本にも起すとよいと思いますと言うて意見を述べたが，一つとして賛成を得なかったことはない。よしやろうじゃないかと言うて賛成せられ，いよいよ実行という段になると主動者の地位に立ち，起案者たる私は後から付いて行くのであるが，あの熱心と努力とをもって進んで行かれるのであるから，後から付いて行く私は，いつもへとへとになった。

　　　　　　　　　　　　　　　　　　（「渋沢子爵」133-135頁）

　孝が渋沢と出会ったのは，井上馨の勧めで明治5（1872）年に大蔵省に出仕した際であることがわかる。そして井上が新政府内の対立から大蔵大輔を辞職したことに伴い，渋沢と孝も大蔵省を辞職している。以後二人ともに，政治には関与せず実業に専念することを決心したと述べていることが注目される。史料には記されていないが，二人の決心の背景には，単に世話になった井上と行動を共にしたというだけでなく，薩摩・長州の藩閥が支配する新政府の中では，旧幕臣が活躍できる見込みがないという判断もあったと考えられる。こうして渋沢も孝も，実業界に自らの進むべき道を見出し，そこで大きな業績を残すことになるのである。

参考文献

高野正雄『喜劇の殿様─益田太郎冠者伝─』（角川書店，2002年）

長井実『自叙益田孝翁伝』（長井実，1939年，中公文庫版，1989年）

松田延夫『益田鈍翁をめぐる9人の数寄者たち』（里文出版，2002年）

三井文庫編『三井事業史』本篇第2巻，本篇第3巻上（三井文庫，1980年）

森田貴子『三野村利左衛門と益田孝─三井財閥の礎を築いた人びと─』（山川出版
　　社，2011年）

課題

1　幕府は米欧各国に対して，幕末に使節を6回派遣している。本講義
　で取り上げた文久3年遣欧使節以外の使節について，目的・訪問地・
　主な参加者などを調べなさい。

2　『自叙益田孝翁伝』で項目として挙げられている20名の中から，任
　意の1名を選び，その人物の業績と益田孝との関係について調べなさ
　い。

11 | 高宗

須川英徳

《**学習のポイント**》 朝鮮王朝第26代国王高宗（位1863〜1907年）は，40年を超える長い在位期間の君主である。彼の生きた時代は，日本さらに欧米との条約締結による開港，そして朝鮮王朝が国家として生き残るための試練の連続だった。結果としては，1905年には日本による保護国化，さらに1910年の韓国併合という帰結を招いたという意味で，亡国の君主となった。この章では，朝鮮をめぐって激動した国際情勢と，それを乗り越えられなかった限界について，考えてみよう。失敗には，成功例よりも学ぶものが多いからだ。

《**キーワード**》 大院君，衛正斥邪，勢道政治，王妃閔氏（閔妃），日朝修好条規，壬午軍乱，甲申政変，金玉均，李鴻章，袁世凱，日清戦争，甲午改革，大韓帝国，独立協会，大韓国国制，日露戦争，伊藤博文，第二次日韓協約，韓国併合

1. 大院君の統治

（1）高宗の即位

　高宗（コジョン）は興宣君李昰応の次男として，哲宗三年（1852）に生まれた。幼名は命福，即位にともない㷩と改名した。興宣君李昰応の父南延君李球（イグ）（高宗の祖父）は王族ではなかった。純祖十五年（1815），子孫のいない叔父恩信君の祭祀を継承させるために，仁祖（インジョ）（位1623〜1649年）の六代孫の次男を南延君に立て，養子とした。南延君は市井の人として暮らしていたため，振舞は平民に異ならず，その三男が興宣君李昰応だった。

　19世紀に入ってからの朝鮮の内政は，勢道（世道）政治と称される。王妃，前王妃である大妃，あるいは前々王妃である王大妃の一族すなわち外戚が高位高官に抜擢されて，権力を握るという政治慣行になっていた。その中心人物を勢道と呼んだ。このような慣行は，純祖（位1800〜1834年）の時代にはじまり，純祖妃の安東金氏一族が官界に進出した。純祖の王世子は王位に就く前に他界したが，その子が憲宗（位1834〜1849年）として即位した。王世子で他界した父に翼宗の廟号が追贈されると世子嬪であった生母趙氏もまた大妃の尊号を得て，豊壌趙氏が台頭するきっかけとなる。憲宗の妃は南陽洪氏の女が選ばれたが男子が無かった。そこで正祖（位1776〜1800年）の弟の孫にあたる哲宗（位1849〜1863年）が，系譜上は純祖の子という位置づけで即位した。哲宗は，祖父恩彦君が天主教に入信して天主教弾圧により江華島に流されたため，彼もまた江華島で平民同然の暮らしをしていた。

　哲宗の妃には安東金氏が選ばれ，無能な国王を奉じて権勢を振るった。しかし，哲宗には男子が得られなかった。王位に就き得る王族男子が少ないなかで，興宣君李昰応は王大妃趙氏に接近し，次の国王候補者には幼い次男命福を選ぶように働きかけていた。

　幼君を擁立する場合，前王の重臣たちを院相に任じて彼らの合議によって国政を動かすか，あるいは大妃か王大妃すなわち王の母か祖母が垂簾聴政（直接に対面することがはばかれるため，簾越しに政事を見ること）することが先例となっていた。大王大妃趙氏は，数え年12歳の命福を系譜上で憲宗の弟とし，その母后の立場で垂簾聴政することを選んだ。しかし実際には自ら垂簾聴政するのではなく，命福の父に大院君の尊号を贈って朝議に出席させ，事実上の摂政とした。大院君の地位は臣下のなかの第一人者で，大君（王妃の生んだ王子）の上とされた。かくして，高宗の即位とともに，興宣大院君は大王大妃趙氏と手を組むこ

とで国王の父として権力を握った。また，新王の妃には自分の妻の一族
である驪興閔氏の女を選んだ（1866 年）。驪興閔氏は名門ではあるが，
外戚として自身に対抗するほどの政治勢力たりえないと考えたからであ
る。

（2）大院君の統治

　高宗が即位した 1860 年代の朝鮮は，内憂外患の時代だった。国内で
は天主教徒（カトリック）が増加し，宣教師が密入国していた。すでに
1840 年代から英・仏・露の艦船（異様船）が近海に出没して海域を測
量，ときには上陸して食糧や水を要求することもあった。朝鮮は食糧は
提供したが通商や開港要求は拒否していた。

　しかし，宗主国清国では，南部で太平天国の乱（1852～63 年）が継
続しており，加えてアロー号戦争（1856～60 年）では北京の円明園を
英仏軍が破壊し，ロシアは沿海州を自国領とした。朝鮮内では還穀の不
正に端を発して南部の広範囲で壬戌民乱（1862 年）が発生し地方官衙
が襲撃された。還穀だけでなく田税や軍布徴収の紊乱が指摘されて久し
かった。また，天主教（西学）に対抗して 1860 年には民間伝承や習俗
などをもとに，呪符の服用，降神を教える東学が創始され，慶尚道を
起点として急速に信徒を増やしていた。

　内外の困難に処するに当たり，大院君は邪学の撲滅（衛正斥邪）を重
視した。まず，1864 年には東学教主を処刑し，66 年には国内の天主教
徒数千名とフランス人宣教師たちを捕縛し処刑した。このフランス人処
刑はフランスの強硬措置を招く。

　この 1866 年には米船ジェネラル＝シャーマン号が大同江を遡航し，
焼き討ちされる事件が発生し，洋夷の侵犯を武力で打ち払う方針（斥邪
綸音）が宣布されている。そして，フランス人処刑に抗議してフランス

艦隊が来航し，江華島をひと月ほど占領するが，陸戦で死傷者を出し撤退した（丙寅洋擾^{へいいんようじょう}）。1871年にはアメリカ艦隊が来航して江華島の広城堡砲台と交戦した（辛未洋擾^{しんびようじょう}）。大院君は斥和碑^{せきわひ}を各地に立てさせ，衛正斥邪の方針を徹底させた。他方，日本では明治新政府の発足とともに対馬藩が担当していた対朝鮮外交を外務省が担当することとなり，1869年に新政権の発足を通知する書契がもたらされた。ところが，従来のものと形式が異なり，中華皇帝だけが用いる文字（勅，皇）を日本君主に用いているなどの理由で受取りを拒否した。

　大院君は施政のはじめに，焼失したままとなっていた景福宮^{キョンボックン}の再建に着手した。景福宮は朝鮮開創以来の正式な宮殿だったからである。再建にあたり願納銭の寄付を募ったが，実際は強制割当てだった。また，当百銭という大型銅銭を発行して，鋳造差益を収入に充てたほか，対銀比価の下がっていた清国銭を大量に輸入して市中で用いさせた。また，漢城の城門を出入りする者に城門税を課した。米・塩・海産物などの商品を運送する船舶に対しても，商品価格の1％を収税（百一税）した。さらに，両班士族が免じられていた役布を，彼らにも課すこととし，これらの増収は江華島砲台などの整備と兵糧に宛てられた。くわえて，地方での儒学振興を理由に付属田土が免税となっていた書院（地方の先賢を祀り儒学を教授する施設で在地の両班たちが建立）や祠堂にたいし，47カ所を除いてすべて撤去させた。衛正斥邪とそのための軍備強化を追求する大院君の施策は，無理な財源調達を強行したために，負担を負わされた一般良民だけでなく，身分的特権と社会的威信を無視された地方の両班士族たちの憤激の的となった。

　1873年，二十歳を超えた国王の成人を理由に，大院君は廟堂からの引退を余儀なくされた。高宗による親政がはじまる。

（3）高宗の親政

　親政の手始めとして高宗は，大院君が実施した不人気な施策を廃止する。まず，商業関連の雑多な税を廃止し，清銭の流通を停止した。また願い出に応じて一部の書院復設を許した。その結果，大院君が腐心した沿海防備は財源不足のまま放置された。他方，宮中を警備する警護部隊を新設して武衛所とし，信頼できる趙寧夏を都統使に任じた。王妃閔氏が一族を高官に登用したくとも，まだ数が少なかった。

　このようなとき，閔氏一族で重きをなしていた兵曹判書閔升鎬が，自宅に送られた箱の爆発により義母ともども死亡した。閔升鎬は養子として王妃閔氏の家系を継いでいたため，彼女の義兄であり，母は王妃の生母であった。王妃は義兄と生母を同時に殺害された。国王夫妻は大院君の指図と考えた。自身を政権から排除したのは王妃閔氏であると大院君は見ていた。

2.　朝鮮の開港と相次ぐ政変

（1）条約外交体制への移行

　1875 年，日本は三隻の軍艦を釜山に派遣し，その一隻である雲揚号が江華島の草芝鎮砲台と交戦した。日本側は先に発砲したのは朝鮮側であるとして会談を求め，翌年，江華島で日朝修好条規が締結された。続いて貿易章程も結ばれた。朝鮮側ではそれまでの対馬との外交，貿易の延長に過ぎないと説明した。しかし，国内では衛正斥邪の実行を求め，条約に反対する儒生の上疏が相次いだ。修信使金綺秀が帰国すると，高宗は，電信・蒸気船・農具などについて質問し，日本は富強に努めているとの返答を受けた。若い君主の好奇心は旺盛だった。

　1879 年には元山の開港が決定したが，仁川開港要求には京城に近いとの理由で反対が強かった。しかし，北洋大臣李鴻章からの書簡を

得て，高宗は対欧米開港を決意する。それには，日本による琉球王国の廃絶と台湾・朝鮮にたいする野心，欧米諸国に進んで開港する利点，欧米諸国による日本牽制などが説かれていた。

　採るべき外交方針を明示されて高宗は欧米との条約締結にむけて動き出した。80年には第二次修信使として金弘集（キムホンジブ）を派遣した。彼は東京で清国公使館を訪れ，国際情勢を説き朝鮮の採るべき外交方策を記した『朝鮮策略』を持ち帰った。新技術導入と対欧米外交を担当する統理機務衙門を新設し，領議政李最応（イチェウン）（大院君の兄，高宗の伯父）を総理に任じた。また，仁川の開港を決定した。

　とはいえ，この頃の国家財政は，漢城の倉に入るべき税米すら中間で横領されて規定量が納入されず，官吏への禄俸や兵卒への給与米すら滞るありさまだった。また，1850年代から米の生産減退に起因して米価は上昇しつつあったが，この頃からいっそう急激に上昇しはじめた。各地の儒生たちは，これらの社会的混乱は倭人や洋夷との交際が原因であるとし，開港反対の上疏を繰り広げ，治安悪化に乗じた武装強盗団などが各地に横行する有り様となった。さらに，地方社会を維持してきた班常の別による秩序もまた崩れていた。

　81年には，日本に紳士遊覧団を密かに派遣し，新制度や文物の視察と調査を命じた。日本軍人を招聘し，洋式訓練を行う別技軍を新設した。天津派遣留学生引率の名目で金允植を領選使に任命したが，派遣目的は李鴻章に朝米の条約交渉斡旋を依頼することにあった朝米間の条約案を他国にも準用することで，82年に朝米，朝英，朝独の条約が相次いで締結された。アヘン禁止の明文化や関税率などは清国・日本の条約よりも有利な内容であった。

　新文物の導入や制度改編にともなう財政支出は増加する一方だったが，それを補う策として銅銭の大量鋳造が進められた。この頃に鋳造さ

れた銅銭「常平通宝」は急速に品質が悪化し，通貨供給量の増加は物価上昇をいっそう激しくした。世情の不安を背景に，大院君の庶子李載先〔イ ジェソン〕（高宗の腹違いの弟）を推戴しようとする謀議が摘発され，李載先は流配先で処刑された。高宗は自身の地位を危うくする者は，兄弟であっても許されなかった。

（2）壬午軍乱

　1882 年六月（漢字での月表記は陰暦），漢城の警備にあたる武衛営の兵士が叛乱を起こした。給与遅配のあげく支給された米には石や籾殻などが大量に加えられていたのである。給与支払いを担当した胥吏を暴行した兵卒が捕盗庁に捕えられた。武衛営大将が宣恵庁堂上閔謙鎬〔ミンギョム ホ〕に釈明を求める書を兵士らに与えため，兵士たちは閔謙鎬の自宅に向かったが留守であり，兵士たちは謙鎬の自宅を破壊した。大院君はこの暴動を奇貨とし，兵士たちを扇動して，捕盗庁・義禁府・閔台鎬宅〔ミンデ ホ〕・日本公使館・李最応宅などを襲撃させた。さらに国王夫妻の居所である昌徳宮〔チャンドックン〕に兵士たちと乗り込み，宮中にいた閔謙鎬ら国王側近を殺害し，王妃閔氏も殺害させた（実際は宮女に変装して脱出し，地方に逃れた）。高宗は大院君に権力を委任せざるをえなかった。

　西大門外〔ソ デムン〕にあった日本公使館から脱出した花房義質〔はなぶさよしもと〕公使一行は，仁川にいた英船に救助され，長崎に戻った。花房公使は日本軍艦とともに仁川に引き返し，護衛兵とともに漢城に入って高宗に責任者処罰や賠償などを要求する書簡を示した。ついで大院君に同じ内容を提示するが，大院君は要求を拒絶した。この事件は清国にも伝わっており，天津にいた金允植〔キムユンシク〕らは清国に派兵を依頼し，清国もまた陸兵を搭乗させた軍艦を派遣した。清国兵は漢城の門外に駐留し，花房公使は仁川に引き上げた。事態の打開に動いたのは清国側で，南大門外〔ナン デムン〕に大院君を呼び出して拘

束，そのまま天津に護送した。また，反乱兵士に対しては清国兵が討伐にあたった。これにより，朝鮮は清国の属邦であり，属邦で発生した国際的事件は宗主国清国の責任で処理するという清国側の意思が日本に印象づけられた。これを壬午軍乱（壬午事変）という。

軍乱後の高宗は，大院君派の官僚を追放する。それまでの軍は解散し，新たに清国軍事教官を招聘して訓練する部隊を新設する。小銃などの武器もまた清国から輸入された。さらに，大院君を拘束して叛軍を鎮圧し，自身の地位を保全してくれた清国の存在は，儀礼的な事大の域を超えて信頼できるものとなった。漢城に自国の警備兵よりも多数の清国兵が駐留することが，身の安全を保障するものに見えた。

（3）甲申政変

清国との通商に関して，朝清商民水陸貿易章程が締結され，漢城での開市と内国交易を認め，輸出入関税は5％に引き下げられた。これは属邦を優待する義によるもので他国に均霑されない，と明記されていたが，諸外国は，同様の権利を認めるように要求し，実現させた。

それでも，自強策を推進し，外交を円滑に行うために，統理機務衙門を改編して外交通商を担当する統理交渉通商事務衙門（外衙門）と，国内政策を担当する統理軍国機務衙門（内衙門）を新設した。

1883年には，清国から勧められた青竜旗ではなく（清国は黄龍旗を用いていた），独自に太極旗を国旗に定めた。財政の窮迫を解決するために，当五銭の鋳造を開始した。一文銭の二倍程度の重量で五倍の価値を付与したが市場では一文銭同等の価値しか認められず，当五銭流通地域では物価と徴税額は五倍に跳ね上がった。民の怨みをかっただけでなく，地域間の物流も阻害された。海関の総税務司には李鴻章の推薦でドイツ人メレンドルフ（穆麟徳）が就任した。彼は高宗に信頼されて貨幣

鋳造にあたる典圜局総弁，外衙門協弁も兼任し，事実上の財政外交顧問
となった。福沢諭吉の支援で博文局が新設されて官報である「漢城旬報」
を発刊し，海外事情や新知識を啓蒙する役割を担った。1884 年には，
開港場と漢城の郵便事務を扱う郵征総局の設置が決まり，洪英植が総弁
の任についた。日本の戸山学校（陸軍士官・下士官養成校）に留学した
徐載弼らが帰国した。

　壬午軍乱後の朝鮮では，「衛正斥邪」を唱える守旧的な儒者勢力は，
大院君の退場とともに影響力を失っていた。それに代わって朝鮮への新
文物や新制度の導入を主張する若手の官僚たちが新施策を意欲的に実施
しはじめていた。しかし，今後の基本方針について，清国との交渉や滞
在経験のある中堅官僚の趙寧夏，金允植，金弘集，魚允中らは，清国
が実施している方式，すなわち，諸外国との交際・通商を担当する官衙
を別に立て，洋式軍備や銃砲製造，蒸気船などの実用的な新制度だけを
導入するという進め方を構想していた。その間に弱小な朝鮮が日本をは
じめとする諸外国の侮りをうけないためには，事大の関係を維持し，清
国の保護と支援が必要であると見ていた。それにたいし，金玉均，朴
泳孝，洪英植のように日本に渡航，滞在した経験のある少壮官僚は，
財政制度も含めたより大規模な改革を構想していた。モデルは日本であ
り，日本からの支援を期待していた。

　高宗はどちらを支持するのか，曖昧なままだった。城外には清国軍が
駐留し，新たに編制された朝鮮軍は清国軍事教官が教練していた。壬午
軍乱を経験した彼にとって，信用できる臣下は閔氏一族や信頼できる一
握りの側近に限られた。親軍営を宮殿警護に用いるにあたり，前後左右
の 4 営それぞれの営使（指揮官）のうち，右営使閔泳翊は王妃の甥，
後営使尹泰駿は壬午軍乱で王妃閔氏を自宅に匿い，外衙門・内衙門の
職も兼ね，左営使李祖淵もまた清国への派遣経験があり内衙門や典圜局

の職も兼任していた。武官出身者は前営使韓圭稷だけだった。高宗は王妃や清国と繋がりのある側近を重視していたことは明らかであろう。

　これに対し，日本の支援を期待した金玉均は安東金氏，朴泳孝は哲宗の女婿，洪英植は憲宗妃洪氏の親族かつ前領議政洪淳穆の子息で，いずれも名門中の名門出身だった。しかし，金玉均が提案した日本からの借款300万円の交渉は失敗し，その原因を閔氏一派とメレンドルフの画策によるものと思い込んだ。さらに駐留清国兵の半数（約1,500名）が天津警備のために撤収した（ベトナムをめぐる清仏戦争が勃発）。そこで，一気に政権を握り自強の策を実現する決意を固め，1884年陰暦10月17日，郵征総局落成祝宴にかこつけて決起し，高宗の居所に集まった閔台鎬，閔泳穆，趙寧夏，李祖淵，尹泰駿らの閔氏中枢と清国派を殺害した（閔泳翊は重傷）。この計画は日本公使竹添進一郎の協力を事前に取り付けており，国王の依頼を受けるかたちで公使館警備兵（約150名）が王宮の警備にあたった。19日，清国代表として駐在していた袁世凱は右議政沈舜澤の要請をうけ清国兵を動かして昌徳宮を包囲攻撃，国王の身柄を確保した。金玉均・朴泳孝らは退去する日本公使とともに日本に亡命した。この事件を甲申政変（甲申事変）という。高宗は金玉均らを大逆不道の逆賊とし，すべての責任を負わせた。

（4）清国との葛藤

　甲申政変後，日本と清国は天津条約を結び，相互の撤兵，派兵時の事前通告などを取り決めた。清仏戦争が拡大するさなかに朝鮮半島で日本と軍事衝突することを避けたかったからであろう。王宮警護の朝鮮軍教練にはアメリカから教官を招くものとした。

　他方，朝鮮の自主自強はすなわち自身の自主自強であると解していた高宗は，その後も続く清国の干渉から抜け出そうと画策する。その手段

は，清国のもっとも嫌がる相手への接近だった。1885 年に高宗は東京に派遣するメレンドルフに密命を与え，ロシアとの軍事協定を申し入れさせた。朝鮮のロシア接近に感づいたイギリスは，先手を打って朝鮮海峡に位置する巨文島を占拠し，軍艦を停泊させた（巨文島占領事件，1887 年に撤収）。高宗のロシア接近にたいし日本と清国はともに強く抗議し，外衙門督弁の金允植も反対した。高宗はメレンドルフが勝手にやったこととして彼を罷免した（第一次朝露密約問題）。

　1886 年にも変乱勃発時にロシアの軍事支援を求める協定を締結しようとした。その内容を閔泳翊が袁世凱に伝えたため，李鴻章は仁川に軍艦を派遣して圧力をかけた。高宗は一部の者がやったことと弁明した（第二次朝露密約問題）。他方で，李鴻章はロシアによる永興湾占拠計画を聞きつけ，英露と交渉し，イギリスの巨文島占拠を終わらせている（1887 年）。李鴻章は，朝鮮が清国に対抗しうるほどの外国の影響下に置かれることを阻止したかったのであり，高宗はロシアを引きこむことで，清国の介入を拒絶したかったのである。しかし，その次がどうなるかまでは，考えていなかった。

　1887 年には条約締結国に駐在する外交官の派遣に清国が介入した。派遣される公使は清国公使に従って駐在国の官署を訪れねばならないなどの条件を付した。これは，朝鮮が清国の属邦であることを諸外国に明示させるためであり，秘密外交を防ぐ狙いもあった。公使に任命された朴定陽は米船で渡米し，到着後は清国からの指示に従わなかった。

　この頃の朝鮮はいっそうの財政難に喘いでおり，売位売官が当然のように行われ，科挙合格も買うことができた。これらの非正規な収入は王室や閔氏一派の高官に流れた。他方で正規の税米は中間での横領や地方官の不法な課税などで，国家の倉にはほとんど入ってこない有様となった。地方官の職を買った者は，支払った金額以上に徴税しようとするた

め，地方民の抵抗が強く，郡県の官衙や郷吏が襲撃されることもしばしば発生した。王朝の地方統治能力は著しく衰えていた。

3. 日清戦争と大韓帝国成立

（1）日清戦争

　かつて教祖崔済愚を処刑された東学は，第二代教祖崔時 亨 の指導下で組織化が進められ，中南部で信徒を拡大していた。1892 年末からは教祖名誉回復を求めて各地で集会を開き，地方官の弾劾と「斥倭洋」を旗印に掲げた。外国との通商や交際が現今の生活苦と不正腐敗の根源であると見たのである。1994 年 2 月に 全 羅道古阜で東学の接主（地方幹部） 全 琫 準 が指揮する民乱が起きた。郡衙を襲撃し不当に徴収された税米を奪い返した。しかし，その調査にきた官吏は農民側に一方的に責任を負わせようとした。そのため，全琫準は隣接する茂 長 で近隣の接主を集めて蜂起し，古阜を占拠，さらに北上し，全 州を包囲した。

　地方の旧式警備兵では数に優る農民軍を鎮圧できず，朝鮮政府は中央軍派遣に加え，清国に派兵を依頼した。清国軍は 忠 清 道牙山に上陸し，農民軍北上を防ぐ位置を押さえた。これに対し日本は居留民保護を名目に派兵を決定し，仁川から漢城に入った。両国の派兵を知った農民軍は全州で和約を結んで撤収した（第一次蜂起）。夏の農繁期に差し掛かっていたからである。その間，全羅道各地に農民軍の自治組織である都所を，さらに治安維持組織である執綱所を設置した。全琫準の意図は朝鮮王朝の転覆などではなく，官民による弊政改革にあり，蜂起もまた輔国安民のための義挙だった。

　農民軍が表面上は解散したため，朝鮮政府は日清両国に対し撤兵を求めた。しかし，日本政府は，朝鮮に対する清国宗主権を廃絶し，日本に従属させる好機ととらえていた。まず，変乱原因を断つための日清両国

共同による朝鮮の内政改革を申し入れた。清国が拒絶すると，清国軍の駐留は朝鮮の「自主独立」に反すると朝鮮政府に強く申し入れた。25日には牙山への増援軍を運ぶ清国艦隊と日本艦隊が交戦，両国は開戦した（日清戦争）。朝鮮政府は清国軍駆逐を日本に依頼し，地方官には日本軍への協力を指示した。

　7月27日，金弘集を首班とし，内政改革を実施する軍国機務処が設置された。従来の官衙を廃止し，総理大臣の下に内務・外務・度支などの8衙門を置き，宮内府を設け，宮中と政府を分離した。科挙の廃止と専門知識による人材登用，財政の度支衙門への一元化と租税銭納化，身分制度の廃止など，改革は広範囲に及んだ（甲午改革，甲午更張）。さらに，大院君と王妃の政治参与を禁止し，予算制度導入，徴税と地方行政の分離，裁判所の新設などが行われた。

　清国軍が朝鮮から駆逐され，日本の指導による改革が進められるなかで，大院君は政治の主導権を握るため農民軍に日本軍駆逐のために再蜂起するよう密命を送った。観望していた全琫準も10月に再決起して北上した（第二次蜂起）。これに対し，朝鮮官軍約2,800と日本軍（4個中隊，約600）が南下し，公州（コンジュ）付近で北上する農民軍と激しく戦った。大敗した農民軍は全羅道に撤退するが，朝鮮官軍や在地両班・郷吏らの組織した民兵に掃討され，95年に入るころには多くの犠牲者とともに壊滅した。

　日清戦争は日本軍の優位に展開した。遼東を占領し，北洋艦隊も壊滅させた。1895年4月，伊藤博文，李鴻章両全権により下関条約が調印され，多額の賠償金のほか，朝鮮との宗属関係廃止を認めさせた。しかし，露・独・仏による遼東半島返還勧告（三国干渉）により，日本は返還に同意せざるをえなかった。日本を凌ぐロシアの実力は朝鮮政府に印象付けられた。

甲申政変の罪を許された朴泳孝と徐 光 範が94年12月には内務大臣
と法部大臣に登用され，金弘集総理らと対立を深めていた。また，政治
的決定権を政府に奪われた高宗と王妃が，不満を募らせていた。95年7
月，高宗は朴泳孝の逮捕命令を下し，朴泳孝は再び日本に亡命した。高
宗は内閣の頭越しに命令を下すことで，君主としての権力をほぼ回復し
た。朝鮮政界では親露・親米派官僚がしだいに頭角を現すようになり，
高宗もまた，君主専制であるロシアへの期待を強めていた。

（2）露館播遷から皇帝即位

1995年9月，井上馨に代って三浦梧楼が公使に着任した。三浦公使
は親露派の中心とみられる王妃閔氏の排除を企てた。それを朝鮮内部の
権力争いに見せかけるため，朝鮮軍の一部と公使館警備兵・日本人壮士
に景福宮を襲撃させ，王妃を殺害し遺体を焼いた（閔妃殺害事件）。こ
の暴挙は多数の外国人の目撃するところとなった。事件関係者は日本に
送還され裁判に附された。高宗は宮中においても身の安全は確保でき
ず，警備の兵士さえ頼むにたりないことを再三にわたって思い知らされ
た。

11月には親露派・親米派が米国人顧問らと旧式軍の元兵士を動かし
て親日派大臣らを排除しようと景福宮を襲撃した。しかし守備兵に撃退
され，李範晋は逃亡，李完用らは米国公使館に逃げ込んだ（建春門事
件）。その年末，内部大臣兪吉濬は断髪令を出した。さらに，翌1896
年からは西洋の暦を用いることとし，建陽の元号を定めた。これらの急
進的な措置は，儒教道徳を破壊するものと受け止められた。各地では断
髪反対や国母復仇の民乱が発生し，王宮警護の親衛隊もまた地方に出動
した。

1996年2月，高宗とその家族はロシア水兵の警護のもと，ロシア公

使館に居を移す。甲午改革の当初から首班であった金弘集らは警務庁に拘引されて殺害された。高宗は約一年間をロシア公使館で過ごした（露館播遷、俄館播遷）。親日派と目された官僚はすべて排除され、政府が握っていた決定権は高宗の手に復した。他方、王妃死去後に閔氏一族の中心となった閔泳駿もまた百姓を陵虐した罪に問われ追放された。高宗のロシア公使館滞在が長期化するにともない、ロシアは列国の批判に曝されるようになる。ロシアは、軍事教官と財政顧問の派遣程度のことしかできなかった。

　結局、ロシア公使館と道一筋隔てただけの離宮である慶運宮（徳寿宮）を改修して王宮に相応しい殿閣を新築し、還御する運びとなった。このときには、高宗の行動を掣肘できるほどの政治勢力（大院君派と親日派）は除去され、親露・親米派は独自の勢力基盤がほとんどなかったため、結果的に高宗だけが突出して権力を握る存在へと浮上していた。

　1897年2月、高宗は改装された慶運宮に移御した。元号は光武に改められた。9月には皇帝への即位を求める上疏が相継いだ。10月、慶運宮の真正面に円丘壇（皇帝だけが行える祭天の祭祀設備）が新築され、高宗は皇帝に即位した。それとともに、国号は大韓と改められた。

　その間に徐載弼は純国文（ハングル）で印刷された「独立新聞」を刊行した。さらに、徐載弼、尹致昊らは独立協会を結成し、言論による啓蒙を企図した。撤去された迎恩門の側に独立門を建設する運動を始め、慕華館を独立館と改めて講演や討論会の場とした。

　他方で高宗は炭鉱・金鉱採掘権や鉄道敷設権などの権益を米・仏などの外国人に認めた。日本は京仁線を開通させ、京釜鉄道敷設権も得た。漢城での電気事業と市電敷設は米国人に与えられた。木浦・鎮南浦も開港された。外国語学校も開校し、明洞にはカトリック大聖堂が完成した。外国の資本と技術によって、さまざまな近代施設が漢城に出現した。国

家財政は依然として余裕がなく，地税確保のため量田衙門が新設されて量田が実施されたが，遅々として進まなかった。銀本位制が採用されていたが，本位貨はほとんど発行されず，補助貨である白銅貨（2銭5分，4個で1両，5両＝1元＝1円）が大量発行されて帝室費に充当された。

　しかし，日清戦争後における列強の関心は，もはや朝鮮半島ではなく，中国に移っていた。ドイツは膠州湾，ロシアは遼東半島の旅順・大連を租借し，対抗してイギリスは威海衛を租借し，それぞれが勢力圏を建設しはじめた。ロシアのさらなる関心は，ウラジオストック港と旅順港の中間に貯炭庫を確保することにあり，釜山の絶影島（影島）を候補地とした。しかし，絶影島貯炭庫設置を親露派の外部大臣閔種黙は許可したが，日本・イギリスが反対し，「独立新聞」もまた非難した。

（3）参政運動の挫折と無限の君権

　独立協会は国政への参政運動を始めた。1898年3月，独立協会はソウルの鍾路で万民共同会を開催し，ロシア人軍事教官と財政顧問の解雇，絶影島租借の撤回を要求し，実現させた。また，開業したばかりの露韓銀行もまた閉店した。その裏面では，4月に日本とロシアは西・ローゼン協定（韓国に関する日露議定書）を結び，韓国の主権と独立の尊重，内政不介入，顧問派遣についての事前了解を定めていた。

　9月には皇帝の好むコーヒーに毒が入れられ，皇太子が重態に陥るという事件が起きた（毒茶事件。皇帝は回復したが，皇太子には重い障がいが残った）。この主犯は前ロシア語通訳で皇帝の侍従だった金鴻陸だった。露館播遷以来の収賄・横領が発覚し，罷免されたことへの怨恨による犯行だった。ロシアが韓国から撤退した副作用でもあった。

　この金鴻陸に対し廃止された一族連座制を適用しようとしたことも，独立協会から攻撃された。独立協会に対抗するために褓負商（行商人）

らを集めた皇国協会が結成された。この時期の韓国政治について，日本の日置代理公使は 1898 年 11 月 8 日付で次のように外務省に報告している。「独立協会会員中には国政日に否運に傾き，内にては宮廷の秩序紊乱し，外にては政府大臣等尸位素餐（高い地位にありながら，職責を果たさず，高給を得ていること），ただ皇帝に阿諛盲従するの外，更に国政刷新に意なきを憤慨するものあり。これが根底的改革を企てたるに全会員之に一致し」（片仮名を平仮名に，句読点を補うなど読みやすくした。以下同じ），建白書や屋外集会を実施して，糾弾した大臣を辞任に追い込んだが，「到底姑息なる一二大臣の更迭を以て国政改良のこと望むべからざるものとし，今一歩を進めて参政権を得んことを力むに至れり」。そして，中枢院を改編して参政機関とし，議官の半数を独立協会から選任することを要求した。

　10 月 27・28 日の官民共同会では，六条目を定め，翌日上奏し，皇帝の裁可を得た。その内容は，外国人への依存を止めること。鉱山・鉄道・石炭・森林・借款・借兵や外国人との約条には，各部大臣・中枢院議長の署名捺印を必要とすること。全国の財政は度支部の管轄とし，他の府郡・私会社の干渉を排除し，予算・決算を公開すること。重大犯罪は公開で裁判を行うこと，勅任官任命は政府の同意を得ること，などである。これらは，いずれも高宗の恣意的かつ無定見な施政への批判であった。高宗はロシアへの依存を強めただけでなく，側近を通じて外国人に鉱山・鉄道などの利権を与え，皇室財政の拡充を目的に国税とは別に雑多な税を新設して徴収し，金鴻陸事件では拷問で自白させただちに処刑し遺体を晒しものにしたのである。

　高宗は勢いに圧されて裁可したが，11 月 4 日には，独立協会の主要な会員を勅命違反の容疑で逮捕した。これに抗議する万民公同会が開かれるが，高宗は政府系の皇国協会に襲撃させた。ソウルは騒乱に陥った。

11月26日，高宗は列国公使も臨席するなかで慶運宮の大門に臨御し，独立協会の復設と中枢院の参政機関化を認めた。しかし，朴泳孝の大臣任命をめぐって高宗が反撃し，軍隊を出動させて万民公同会と独立協会を解散させ，政府批判や大臣の糾弾を禁止した。独立協会員だった少壮官僚は罷免され，参政運動そのものが消滅した。君主の恣意を制限する機関の必要性や立憲君主制のような考えは，日本やアメリカなどで学んだ一握りの在京知識人に理解されていたにすぎなかった。君主への諫言を職責とする言官の制が廃された以上，君主に絶対服従するのが臣下の道理なのだ。

　翌1899年8月，大韓国国制が頒布された。全9条からなる国制では，皇帝専制体制と君権が無限であることを定めた。

　　第二条，大韓帝国の政治は五百年前から伝来し，今後も万世不変の専制政治である。
　　第三条，大韓国大皇帝におかれては無限の君権を享有なされ，公法に言う自立政体である。
　　第四条，大韓国臣民が大皇帝の享有なされる君権を侵損する行為が有れば，其の既遂未遂を問わず臣民の道理を失した者と認定する。

　さらに，陸海軍の編制と指揮，法律の制定，官制の制定，文武官の任免，外国との条約・協約についても，すべて皇帝の一存で決することになった。議会開設はおろか，議会類似の組織による法律案審議，条約・協約に対する同意などを求めることもまた，君権を侵損する行為に相当することになった。高宗皇帝の恣意を掣肘できるものは，国内的にはもはや消え去った。高宗は大満足だっただろうが，近代国家の基本原理はまったく理解されていなかったと言わざるをえない。

　このような皇帝専制の国制を頒布したところで，当時の韓国が弱体な国家であることに変わりは無かった。「無限の君権」さえもが，実のところは，日本とロシアが韓国の頭越しに東京で取り決めた内政不介入によって生じた一時の幻に過ぎなかった。

4. 大韓帝国の黄昏

（ 1 ） 国際環境の変化と日露戦争

　清国では，義和団の勢力拡大に乗じて，列強に宣戦布告した（北清事変，1900 年）。ロシアは満洲に駐兵し，講和成立後も撤兵しようとせず，鉄道や要地での都市建設を進めた。日本はこのようなロシアの軍事的経済的進出に神経をとがらせた。1902 年には日英同盟が締結され，日本はロシアと撤兵交渉するが，撤兵期限になっても駐兵が続き，鴨緑江岸の買収や森林伐採権獲得など，韓国への進出意図を隠さなかった。日本政府は，韓国にロシアが本格的に影響力を及ぼすことを危惧した。韓国もまた，日露の対立に起因して，日露による分割論や内政への介入を懼れた。そこで，列強の共同保障による中立化案を模索するが，恃みとするアメリカは難色を示した。

　1904 年に入り，一縷の望みであった局外中立策は列強の支持を得られず，京城だけの中立案を仏・露公使，さらに独・伊公使に提案したが断られた。さらにフランス公使館への移御も企図したが厳妃が引きとめたという。もはや，国家の存亡や臣民の安危などは心中になく，我が身の安全だけが関心事だった。

　1904 年 2 月 9 日，仁川沖でロシア軍艦と日本軍艦が交戦し，仁川に上陸した日本軍は漢城に進駐した。23 日には日韓議定書が締結され，日本軍への協力が約束されたほか，議定書の趣旨に違背する協約を第三国と結ぶことを禁じた。さらに 8 月には第一次日韓協約が結ばれ，財務

顧問目賀田種太郎と外交顧問（アメリカ人スティーブンス）が送りこまれた。1905年に入ると，旅順要塞陥落，奉天会戦でのロシア軍後退，5月には極東に回航されたロシア艦隊も壊滅し，戦況は日本の優勢が明らかになった。また，ロシアの国内情勢も戦争継続を難しくし，アメリカの講和勧告にロシアも応じざるを得なくなった。そして，韓国の頭越しに，日本は韓国に対する優越的な保護監督の権利をアメリカ（桂・タフト協定），イギリス（第二次日英同盟協約），ロシア（ポーツマス条約）から承認される。保護国化に先立って，1905年に入ってからは，日本貨幣の流通，第一銀行による国庫金取り扱い，郵便・電信・電話事業の日本委託など，金融・財政と通信の要所を掌握するとともに，韓国軍を半減させて万一に備えていた。

　他方，高宗は，列強の介入を求めて工作した。しかし，米・英・露が了承した日本による保護国化方針を覆すことはできなかった。

（2）保護国，そして併合

　日英同盟協約において，日本の韓国に対する保護監督を承認した内容が，林権助公使から韓国政府に通知された。その内容が流出されると各地で反日義兵が決起した。高宗と韓国政府は，いかに対処すべきか，方針がまとまらなかった。

　1905年11月15日，伊藤博文特派大使は高宗との謁見の場で新協約の文案を示した。このとき高宗は，政府臣僚に諮詢し一般人民の意向も察する必要があると抵抗したが，伊藤は，貴国は君主専制国ではないか，と退けた。翌日，伊藤は韓国の大臣たちを宿舎に集め，速やかな妥結を求めた。17日，日本公使館で林権助公使と各大臣が協議するが意見がまとまらず，慶運宮に参内し皇帝の意思を確認したうえで，決定することとなった。各大臣と伊藤大使・林公使が参内するが，高宗は喉の痛み

を理由に日本側とは接見せず，宮内大臣を通じて「商議し妥協を遂げよ」と指示した。伊藤は各大臣に賛否の意見を尋ね，賛成多数であるとして協約への同意とみなした。その結果をもって宮内大臣を通じて皇帝の裁可を得た（第二次日韓協約）。これにより，韓国の外交は日本の外務省が行うこととなり，漢城には統監府が設置された。

　しかし，高宗は諦めていなかった。強く出る相手には，いったん要求を呑む姿勢を見せるが，その敵対勢力の力を借りることで，状況をひっくり返せると考えていたのである。それが，彼の政治手法だった。

　1907 年 6 月にオランダのハーグで開かれる第二回万国平和会議に日本の暴虐を訴えるための二組の密使を送っていた。日・英に対抗しうる露・仏に働きかけようと計画したのである。密使の一方が米国人ハルバートであり，韓国からの委員参加をロシアに認めさせようとした。もう一つは高宗の信任状を携えた三人の韓国人だった。三人は会議への参加を求めたが，ロシアは面会も拒絶し，主催国のオランダ外相にも面会拒否された。声明文が配布されたが，黙殺された（ハーグ密使事件）。

　伊藤統監に協約違反を問われた高宗は，密使派遣を否定したが，事態はそれで収まらなかった。李完用内閣は高宗に譲位を迫り，皇太子の代理親政（事実上の譲位）となった。新元号は隆熙（ユンヒ）と定められた。新たな皇太子には厳妃所生の英親王垠（ウン）が冊立されたが，英親王は日本への留学が決まった。第三次日韓協約が結ばれ，内政においても統監の同意が必要とされ，政府部内にも日本人官吏が大挙増加された。そして，韓国軍の解散が新皇帝純宗（スンジョン）の勅命により断行された。解散に抵抗した韓国兵は市街戦を経て脱出，義兵に身を投ずる者も多かった。さらに，退位した高宗はそのまま慶運宮に，新皇帝純宗は昌徳宮を改装して居所に定めた。太皇帝となった高宗の居所は徳寿宮と名前を変えた。

　1910 年 8 月，韓国併合が断行された。韓国は朝鮮と改められた。高

宗は徳寿宮李太王，純宗は昌徳宮李王の称号を与えられ，日本皇族との席次では皇太子の下と位置付けられた。徳寿宮に建設していた西洋建築の石造殿は，ようやく完成に近づいていた。

　1919年1月，高宗は他界した。厳妃は1911年に先立っていたが，翌年，宮女とのあいだに，徳恵公主を得ている。享年67歳だった。集会と言論が厳しく規制されるなか，彼の葬儀は多くの人が集まる機会となった。33人の民族代表の名によって三一独立宣言が発表され，朝鮮の全土で「大韓独立万歳」が叫ばれるのは，また別の物語である。

（3）むすび

　高宗は勢道政治の最中に生まれ，幼くして即位したが権力は父興宣大院君に握られていた。成人後には王妃の計略によって父親を失脚させた。対日開港後は，清国の政略を採用して対欧米開港を実施し，「衛正斥邪」派を斥けた。壬午軍乱における反乱兵士と大院君は，清国の力を借りて除去した。しかし，増大した清国の影響力に対し日本党と目された金玉均らが決起したが，失敗した。強まる清国の干渉には，ロシアへの接近を図り，遣外使節に自主の実を示すよう密命を与えた。自身の権力を掣肘しようとする有力な勢力に対しては，正面から抵抗するのではなく，いったんは引き下がり，第三者を引きこむことで相手の力を減殺ないし排除しようとするのが，彼の政治手法だった。弱者の処世術なのだ。

　日清戦争勃発とともに親日内閣が政権を掌握し，高宗を政治の実権から遠ざけたとき，露館播遷により親日派官僚を壊滅させた。対外関係と内政の区別がなく，外国の力に依存して自身の権力を抑え込む勢力を排除したのである。独立協会の参政要求に対してもいったんは受け入れるが，相手側の失策を捉えて参政運動そのものを潰し，「無限の君権」を

享有する皇帝にまで昇りつめた。

　これらを通じて一貫しているのは，自身の絶対的な君主権を掣肘する者を排除することであった。そして，臣民も国土もそのための道具でしかなかった。高宗にとって国家主権とは自らが振るうことのできる権力と同義だった。富国とは帝室費の増加であり，自主とは自身の権力であり，強兵とは自身の身の安全だった。大韓帝国における近代文物の導入は権益を獲得した外国会社と外国人技術者によるものが主であり，官服や飲食，居所などが西洋風になることが，高宗にとっての開化だった。学校や道路整備などへの支出よりも，帝室の宴会と先祖祭祀の費用がはるかに多額だった事実がそれを証明している。

　かつて三国干渉を経験した日本は，英・米・露の了解のもと，保護国化を強要した。高宗は国際情勢を理解していなかった。列強が「文明」の旗印を掲げて世界をそれぞれの勢力圏に分割しつつあるとき，分割される側の訴えだけは帝国主義の暴風を止めることはできなかった。

参考文献

李成市・宮嶋博史・糟谷憲一編『朝鮮史 2 ─ 近現代』山川出版社，2017 年
木村幹『高宗・閔妃』ミネルヴァ書房，2007 年

課題

大韓帝国の君主専制と，日本の明治憲法の下での立憲君主制の異同について調べてみよう。

12 | マルク・ブロック
—「生きられた歴史」の体現者

河原　温

《**学習のポイント**》　マルク・ブロック（1886-1944）は，20世紀前半のフランスにおける最も傑出した歴史家の一人である。彼は，アナール（年報）学派として知られる新しい歴史学の潮流の始祖の一人となる一方，ユダヤ系フランス人としてのアイデンティティを終生持ち続け，二度の世界大戦に身を投じて，最後はナチス・ドイツの凶弾に倒れた。ブロックの人生と著作を通して，時代と正面から向き合った歴史家と社会の関係について考える。
《**キーワード**》　同化ユダヤ人，フランス人，第1次世界大戦，第2次世界大戦，レジスタンス運動，アナール派，社会史，封建社会，比較史，歴史人類学

1. マルク・ブロックの生涯

（1）生い立ち

　マルク・ブロックは，1886年リヨンで生まれた。ブロック家は，18世紀以来アルザスに定着したユダヤ人の家系であった。一家は，彼が2歳になる前にパリへ移ったため，ブロックは，少年期と青年期を通じてパリで育ち，教育を受けた。しかし，フランスに同化したアルザス系ユダヤ人という出自は，彼の生涯に後々大いなる影を落とすことになった。

　ブロックは，18歳でパリの高等師範学校に入学，歴史・地理の教授資格（アグレガシオン）を得て卒業した。その後ドイツに1年間留学し，

図12－1　軍服姿のブロック

図12－2　第1次大戦の塹壕戦

ベルリンとライプチヒの大学で学んでいる。帰国後，南フランスのモンプリエのリセ（高校）の教員として赴任し，ヨーロッパ中世史の研究に取り組んだ。

　1914年8月，ドイツがベルギーに侵攻し，第1次世界大戦が勃発すると，アミアンのリセに在職していたブロックも招集され，軍務についた。彼は，大戦が終了する1918年まで，ドイツ軍と直接対峙する北フランス，ベルギー国境およびフランス東部戦線で従軍した。第1次世界大戦は，史上初めて毒ガスが使用された戦争といわれ，ブロックもまた塹壕戦と砲弾・毒ガスによる攻撃を経験し，最前線で常に死と向かい合ったのである。

（2）戦間期の活動

　4年にわたる軍務で歩兵軍曹から大尉（情報将校）まで昇進したブロックは，大戦後，研究生活に復帰し，学位論文『国王と農奴』をパリ大学（ソルボンヌ）に提出して中世史の研究者としてスタートを切った。1919年には，父祖の地であるアルザスの中心都市ストラスブールの大

学に赴任し，学術活動に邁進していった。以後 20 年の間，ブロックは，彼の主要な著作となった『奇蹟を行う王』（1924 年），『フランス農村史の基本性格』（1931），そして『封建社会』（1939-40）を刊行し，学問的には実りある時期を過ごした。

　ブロックが赴任したストラスブールは，彼の父祖の地であるアルザスの中心都市であり，ストラスブール大学は，第 1 次世界大戦の結果，ドイツからフランスへ帰属したアルザス地方の知的活動のシンボルとなっていた。当時のストラスブール大学には，中世史を担当したブロック以外にも，近代史のリュシアン・フェーヴル（1878-1956）をはじめ，歴史学のみならず心理学，社会学，宗教学，地理学など各分野の俊秀たちが集められており，専門分野の壁を取り払った共同研究や学術交流がこの地で推進されたのである。

　世界恐慌が勃発した 1929 年，ブロックは，ストラスブールで，盟友のリュシアン・フェーヴルと共に，歴史学の新しい雑誌『アナール（年報）』（創刊時の名称は『社会経済史年報』）を創刊する。雑誌『アナール』は，すでに世紀転換期からはじまっていたフランスの新たな学問的潮流の流れを受け継ぎながら，従来の伝統的なアカデミズム歴史学を超えて，諸科学の交流の上に立つあらたな学際的歴史学をめざしていた。ブロックは，フェーヴルと共に，歴史研究の場に根差し，かつ現代の問題関心に鋭敏に応えうる新たな「歴史雑誌」を生み出そうとしたのである。『アナール』誌は，創刊から 1938 年までの 10 年間に，今日的問題を過去に結びつけるというブロックとフェーヴルの基本方針の下で，人文・社会科学の垣根を越えて広範なテーマの論文を掲載し，国際的共同研究に結実させていった。

　フランスで，社会主義者レオン・ブルムを首班とする人民戦線内閣が成立した 1936 年に，ブロックは，50 歳にしてパリ大学の教授となり，

ストラスブールからパリへ移った。この年，隣国ドイツでナチス・ドイツが台頭し，スペインでは市民戦争が勃発するなど，ヨーロッパには再び戦争の危機が近づいていた。フランスでは，人民戦線政権の下で左派と右派が激しく対立し，反ユダヤ主義が燃え上がっていた。しかし，パリは，依然として学問と文化の中心地であり続けており，ブロックはつかの間，私生活（子供6人と妻と母の家庭）においても，学問的生活においても充実した時期を過ごした。パリ大学（ソルボンヌ）では，ブロックは，人気があり尊敬された教授であった。天性の教師として，彼の授業は学生たちにとって記憶に残る体験であり，彼の機知と才能のきらめきはぬぐいがたい印象を教え子たちに残したという。

（3）第2次世界大戦とレジスタンス運動，そして死

　1939年9月，ナチス・ドイツのポーランド侵攻とともに，第2次世界大戦が勃発した。53歳のブロックは再び大尉として応召し，同年秋から北部戦線で従軍することになった。1940年5月にブロックの連隊を含む英仏連合軍は，不十分な装備と戦略の結果として，ダンケルクにおいてドイツ軍に敗北した（「ダンケルクの悲劇」）。ブロックは，彼の連隊と共にイギリスへ逃れ，その後フランスに戻った。しかし，同年6月には，パリもドイツ軍により占領され，ブロックはユダヤ人としてソルボンヌの教授職を追われることになった。大戦初期にフランス軍が被った敗北についてのブロックの省察『奇妙な敗北』はこの時

図12−3　ドイツ軍によるパリ占領

期に執筆されている。その後，ナチス・ドイツ当局により出されたユダヤ人の公職からの排除令に対しては免除措置が認められ，ブロックは，クレルモン＝フェランに移っていたストラスブール大学に復帰するものの，そこの教授職も長くは続けられなかった。アメリカへの家族での亡命という道も探られたが，家族全員のヴィザの取得の困難により実現することはなかった。親独のヴィシー政権の下で，ユダヤ人の排除と隔離の政策がすすめられる中，ブロックは，フランスにとどまって，フランス人としての義務を果たそうと決意する。彼は，政治参加を信条とする知識人ではなかったが，第 1 次世界大戦期と同様，戦時にあって，フランス国家に対する責務の念を強く自覚していたのである。

　1943 年春，ブロックは，レジスタンスの地下組織に加わった。かつて彼が生まれた町であるリヨンを拠点とする対独レジスタンス組織のフラン・ティルール（自由射手）の一員として受け入れられたのである。リヨンは，当時，地下活動の中心地であり，主要なレジスタンスの新聞の発行所がおかれていた。ブロックは，1943 年 7 月にローヌ＝アルプス地域のフラン＝ティルールの代表となり，ナルボンヌという暗号名でレジスタンスの統一運動の指導者として活動し，全国のレジスタンス指導者と連絡を取りながら地下新聞や雑誌を編集した。しかし，ドイツの敗色が強まる中，1944 年 3 月 7 日，リヨンでゲシュタポ（ナチス・ドイツ秘

図 12－4　ブロック最後の姿（1944）

密警察）により，レジスタンスのメンバーの大規模な逮捕が始まると，
3月8日にブロックも逮捕された。

　3か月後，連合軍によるノルマンディ上陸作戦が実行された直後の6
月16日，モンリュク刑務所に収容されていたブロックたちレジスタン
スメンバーはリヨンの北のサン＝ディディエ＝ド＝フォルマン村近郊の
草地に連行され，ブロックを含め27名がドイツ兵により射殺された。
パリが解放され，ドイツが降伏したのは，そのわずか2か月後のことで
あった。58歳に僅かひと月満たない生涯であった。

2. 歴史家ブロックの仕事（メチエ）

　「マルク・ブロックは，歴史学の行くべき道を指し示した20世紀を代
表する歴史家である」と，フランス近世史家の二宮宏之氏は述べている
が，それはどのような道であったのか[1]。ブロックの代表的著作のうち
3冊をとりあげて，彼の歴史の捉え方を考えてみたい。

（1）『奇蹟を行う王』（『王の奇跡』）

　1924年に刊行された『奇蹟を行う王（邦訳『王の奇跡』）の主題は，
中世から18，19世紀までフランスとイギリスにおいて，国王が瘰癧（結
核性リンパ炎）に苦しむ病人を自身の手で触ることで癒すとされた「王
の奇跡（的治癒）」に対する信仰の歴史的分析である。ブロックは，本
書において，聖性を帯びた国王による「御手さわり」によって瘰癧の病
人が治癒されるというこの「超自然的行為」の制度化が，紀元千年以降
の封建王政確立期において，英仏両国の王位の正当性と相続権を保証
し，国王の権威を正当化する手段として機能したことを示した。そして，
正統な君主に対する民衆の畏敬の念と聖別された統治者というキリスト
教的観念がいかにして「奇跡を行う王」という伝説に合体してヨーロッ

1　二宮宏之『マルク・ブロックを読む』岩波書店，2005年。

表 12-1　マルク・ブロック関連年表

年代	月日	年齢	出来事
1886	7月6日	0	フランスのリヨンで生まれる。
1888		2	父ギュスターヴ・ブロックが高等師範学校教授となり，一家でパリに移る。
1896-1904		10〜18	リセ・ルイ・ル・グラン校で学ぶ。
1904		18	高等師範学校に入学。
1905-06		19〜20	兵役（歩兵連隊）に従事。伍長になる。
1908		22	アグレガシオン（高校・大学教授資格）取得。
1908-09		23	ドイツに留学。ベルリン大学，ライプチッヒ大学で学ぶ。
1912-13		26〜27	モンプリエのリセの教授となる。
1913-14		27〜28	北フランスのアミアンのリセに転任。
1913		27	最初の著作『イル=ド=フランス』刊行。
1914-18		28〜32	第1次世界大戦に応召。陸軍大尉（情報将校）へ昇進。
1919		33	ストラスブール大学文学部中世史講師となる。シモーヌ・ヴィダルと結婚。
1920		34	学位論文『国王と農奴』刊行。
1921		35	ストラスブール大学教授となる。
1924		38	『奇蹟を行う王』刊行。
1928		42	第6回国際歴史学会議（オスロ）で，比較史について講演。
1929	1月	43	ストラスブールで，リュシアン・フェーヴルと雑誌『アナール』（『社会経済史年報』）を創刊，共同編集者となる（〜1941）。
1931		45	『フランス農村史の基本性格』刊行。
1935		49	コレージュ・ド・フランスの教授職に立候補し，落選。
1936		50	パリ大学（ソルボンヌ）文学部教授に選出され，パリに移る。
1939-40			『封建社会』（2巻）刊行。
1939			第2次世界大戦始まる（〜1945）。
1939	8月23日	53	独ソ不可侵条約締結。ブロック，軍隊へ動員される。
	9月3日		フランス，対独宣戦布告。
1940	5月	54	北部戦線（ダンケルク）で戦闘に参加，敗北後，パリへ戻る。
	6月		パリ陥落後，フランス，ドイツに降伏。
	7月		親独のヴィシー政権成立。
	7-9月		『奇妙な敗北』執筆。
	10月		ヴィシー政府「ユダヤ人公職追放令」発布。
1941		55	公職追放免除の許可を得て，ドイツ占領下のクレルモン=フェランの大学で講義を行う。
1941-42		56	モンプリエ大学へ移る。対独レジスタンス組織（コンバ）と接触，活動。
1941-43			「歴史のための弁明―歴史家の仕事」執筆。
1943	2月		モンプリエ大学解任。
1943-44			リヨンにおいて，レジスタンス組織（フラン・ティルール「自由射手」）に参加。
1944	3月8日	57	ナチス・ドイツのゲシュタポに逮捕され，モンリュク監獄に収監される。
1944	6月6日		ノルマンディ上陸作戦。ドイツ軍，南フランスから撤退へ。
	6月16日		リヨンの北，サン=ディディエ=ド=フォルマンでゲシュタポにより銃殺される。
	8月25日		パリ解放。
	9月3日		リヨン解放。
1946			雑誌『社会史年報』が『年報―経済・社会・文明』へ改称。
1956			リュシアン・フェーヴル没。
1983			『奇蹟を行う王』（ジャック・ル・ゴフの序文と共に）再刊される。
1986			ブロック生誕100年記念の研究集会がパリで開催される。
1994			雑誌『年報―経済・社会・文明』が『年報―歴史・社会科学』へ改称。

二宮宏之『マルク・ブロックを読む』所収のブロック『略年譜』（10〜12頁）をもとに作成。

パ社会に浸透していったかを明らかにした。その観念は，中世盛期から
絶対王政の時代を経て，19世紀初頭に至るまで，歴史の長期的持続の
中で存続していったのである。

　本書では，瘰癧治療の奇跡的治癒に関する詳細な事例が記述されてい
くが，ブロックが問題としたのは，治療の奇跡という現象それ自体では
なく，奇跡を行う王に対する信仰を通じて，権力（王権）がいかに獲得
され，行使され，そして失われていったのか，ということであった。言
い換えれば，中世以来のフランスとイギリスの国王だけに病気治癒の聖
なる能力が認められるようになったのはなぜか，奇跡を行う王への信仰
はいかなる歴史的文脈の中で生まれ，いかなる歴史的役割をヨーロッパ
の歴史において果たしてきたのかを問うことであったのである。した
がってブロック自身が述べているように，「『奇蹟を行う王』は，「言葉
の広い意味におけるヨーロッパ政治史への寄与」を目指すものであっ
た。

　ブロックは，王の行う瘰癧治癒の奇跡の諸事例を素材としながら，魔
術や迷信，さまざまな伝承の背後に何が隠されているのかを探求した。
彼によれば，中近世ヨーロッパの社会的エリートであった聖職者や神学
者，法学者，医学者たちの理論・行動と民衆の信仰・心性の間の歴史的
相互関係の中に王の奇跡の核心が見いだされる。その解明のためにブ
ロックは，一流の教会人や知識人の著作以上に，一般民衆によりアピー
ルした二流の著作者たちの文献を分析することを通じて，民衆の奇跡に
対する意識すなわち「彼らはいかにして王の奇跡を信じることができた
のか」という問いに答えようとする。このような民衆の「集合的意識」
を明らかにする試みが20世紀前半の伝統的なヨーロッパの歴史研究，
政治史研究からいかにかけ離れたアプローチであったかは想像に難くな
い。その意味で，この書物は，アナール派第三世代の代表的歴史家であ

るジャック・ル・ゴフ（1924-2014）がフランスにおける本書の再刊（1983年）に寄せた序文で語っているように，まさしく政治史を含みこんだ「歴史人類学」研究のパイオニア的仕事となったのである。

　本書は，イギリスとフランスの王権の比較史となっていることにも方法論的な新しさを認めることができる。英仏両国の王権は，類似した政治的発展を遂げながらも，本質的に異なる側面を有していた。王の奇跡の終焉についても，両国では時期的にも，状況的にも異なっていたことをブロックは明らかにする。比較の方法がブロックの歴史認識にとって早くから重要な柱をなしていた点に注目しておきたい[2]。

　ブロックは，研究対象をきわめて長期的な時間枠で捉えていた。王の奇跡を扱う本書では，中世におけるその起源から始まって，制度的確立の過程を追跡し，さらに絶対王政，啓蒙思想期における変容と衰微，そしてフランス革命後の残照まで見通している。アナール派の歴史学は，のちのフェルナン・ブローデル（1902-1985）の仕事に見られるように，長期的時間枠に立った歴史へのアプローチを推進していくが，ブロックは，1929年の雑誌『アナール』の発刊以前に，すでに「長期的持続」の相において歴史を捉えていくアプローチを本書において示していたのだった。

　ブロックは，王の奇跡をめぐる探求において，多様な史料を用いているが，英仏の王室の長期にわたる財政記録や同時代人の証言などの数量的，記述的史料のみならず，王の奇跡を視覚的に表現した図像資料も見逃さず，王の儀礼が内包する身振りの象徴的意味にも注意を払っている。それは，近年の欧米学界で注目されている「表象の歴史」ないし「身体の歴史」に繋がる先駆的視点であったといえるだろう。

　本書は，1924年に刊行されたが，実際にはブロック自身が従軍した第1次世界大戦以前から構想されていたことに注意したい。後で述べる

2　マルク・ブロック（高橋清徳訳）『比較史の方法』創文社，1978年。

ように，二つの世界大戦への出征は，ブロックの生涯を左右したきわめて重い体験であった。本書との関係でいえば，第1次世界大戦中に，彼が北フランスの戦場で捕虜となったドイツ兵の出自に関する「虚報」(デマ)の拡散が生み出した人々の非合理的反応，すなわち受け手の心の底にある様々な感情，集合的意識から生成された虚偽の噂が「真実」だと信じられていくというプロセスに対するブロックの鋭い関心が，本書のモチーフと重なりあっていたと思われる[3]。それは「生きられた現実」の中に，常に歴史を探求する鍵を見出していくブロックの独特のセンスに他ならない。

(2)『封建社会』

　ブロックは，1930年代末，第2次世界大戦勃発の時期に『封建社会』(2巻，1939-40)を刊行した。彼は，この著書において，中世ヨーロッパ世界を「封建制度」という旧来の法制史的枠組みに限定して捉えるのではなく，ひとつの社会として捉え，その全体的仕組みを見極めていこうとする。第1巻は「従属の紐帯と形成」という表題を持っており，まず封建制を生んだ中世という時代の環境を論じている。そこでは，人々の生活条件や心的条件が取り上げられ，社会の混乱や支配権力の分散など劣悪な社会環境の中で，個人と個人が相互に保護と従属の私的，人格的関係を取り結んでいく社会プロセスが取り上げられる。そうした人と人の絆の関係は，血の絆を経て，家臣制と知行制に基づく主従関係によって支えられる社会体制(封建制度)を生み出していく。第2巻「階級と統治」では，この社会体制を構成した貴族から農民にいたる諸社会層の身分的形成と機能しなくなった人的な紐帯に代わり領域を基盤とす

3　1917年9月にブロックの部隊が取り調べたブレーメン(仏語ではブレーム)出身のドイツ人捕虜の出自が，戦闘の場の近郊のブレーヌ村と取り違えられ，この捕虜が戦争前からブレーヌ村に行商人として入り込んでいたスパイだったという虚報(デマ)となって前線の兵士たちに広まったという出来事である。ブロックは，この誤り(取り違え)が偶発的に生じたのではなく，戦闘で疲弊し，正常な判断能力を奪われる中で，ドイツ人に対する怖れと疑念を抱いていたフランス人兵士の集合的意識(心性)を反映して生み出されたと考えていた。

る政治（国王・領主）権力の拡大のプロセスが論じられている。

　本書の魅力は，第一に一国ナショナリズム的な狭い枠組みが取り払われ，イギリス，フランス，ドイツ，そして遠く日本の封建制が比較の視点のもとに広い視野から対比され，分析されていることである。第二に，ヨーロッパ中世の「封建社会」にみいだされる身振りや口頭儀礼（臣従令など）の重要性に着目し，贈与関係に基づく互酬原理（主君の気前の良さなど）の浸透といった無文字社会や未開社会との共通性に基づく社会システムとして封建社会を位置づけていることである。

　ブロックは，法や社会制度の背後にある人間生活や，人間関係の在り方に深く分け入ることを通じて，ヨーロッパ中世社会を歴史人類学的に記述することができた。本書は彼の決して長いとは言えない生涯における集大成としての作品となったのである。

（3）『歴史のための弁明』

　　　「パパ，だから歴史学は何の役に立つのか説明してよ」このように，私に近しいある少年が数年前，歴史家である父親に尋ねたことがある（序文）。

　この有名な書き出しで始まるブロックの遺著は，1941年から43年にかけて書かれたと推測されている。先に述べたように，ブロックは第2次世界大戦に従軍し，1940年のダンケルクでのフランス軍の敗北により，パリに戻った。しかし，ナチス・ドイツの占領下におかれたパリでは，ユダヤ系フランス人が公職から追放され，ブロックもパリ大学（ソルボンヌ）に復帰できず，クレルモン＝フェランをはじめ生活の場を絶えず変えざるを得ない状況におかれた。教師，学者として厳しい生活環境の中で書き残されたのが，未完のままに終わった『歴史のための弁明―

歴史家の仕事』である。

　そもそも歴史を研究するとはどのような意味をもつのか。歴史を叙述するとはいかなる営みなのか，ブロックはこのような問に対する想いを語っている。残念ながら，本書は第5章の途中までで中断され，執筆段階で予定されていた最終章まで書かれることなく終わった。彼は1943年以降，レジスタンスの運動に身を投じ，そのまま死を迎えることになったからである。この遺著においてブロックは何を語ろうとしたのか。本書からいくつか引用しよう。

　　歴史学の対象は，本質的に人間である。いやむしろ人間たちである。…風景の眼に見える特徴や道具や機械の背後に，…制度の背後に，歴史学がとらえようとするのは人間たちなのである。…よい歴史家とは，伝説の食人鬼に似ている。人の肉を嗅ぎつけるところに獲物があると知っているのである（第1章「歴史，人間，時間」）。

　　現在について何も知らないなら，過去を理解しようと努力してもおそらく同じように無駄であろう。…（かつて）私はストックホルムにアンリ・ピレンヌ（ベルギーの歴史家）と共に行った。到着するとすぐに，彼は私に言った。「まず何を見ましょうか。真新しい市庁舎があるそうですよ。それから始めましょう。」次いで，まるで私の驚きを前もって遮るかのように付け加えた。「もし私が好古家なら，古いものにしか目を向けないでしょう。しかし私は歴史家なのです。ですから生を好むのです。」実際，この生きたものへの理解能力こそ，歴史家の主要な特質である（第1章）。

　　初めに史料がある。歴史家はそれを集め，読み，その真正さと誠

実さを吟味するよう努力する。…その後で彼は史料を利用する…。これにはひとつの不幸しかない。…なぜなら文献や考古学的史料は、それが一見極めて明快で好意的に見えても、人がそれらに問いかける術を知らなければ何も語らないからである。…あらゆる歴史研究はその第一歩から、調査にすでに方向性があることを前提としている。初めに精神がある。…（いかなる学問であれ）受動的な観察は何ら豊かなものを生み出さない（第2章「歴史的観察」）。

　本書の第1章でブロックは、様々な過去の痕跡の中に人間たちの生きた姿を読み取っていく。歴史学とは、そのような営みを通じて人間の生き方についての洞察をもたらすことができる学問だと語っている。彼の主著『封建社会』では、封建制という制度そのものが問題なのではなく、その制度の背後に生きていた人間たちの姿をとらえ、制度と人間の関わりを問うことを探求したのであった。

　第2章で、ブロックは、過去の人間たちを捉えるためにどのような手がかり、視点が必要なのかを論じ、その手がかりとなる痕跡（史料）をただ読んで、理解すれば済むのではなく、歴史家の側から問題意識をもって史料に問いかけをしなければ何も得ることはできないと述べている。ブロックの畏友フェーヴルの言い方を借りれば、「問題なくして、歴史なし」なのである。それは、ランケ以来主張されてきた「客観的な事実」を探求する近代歴史学への厳しい批判を含むものであり、20世紀の新たな歴史学の方向性を示すものであった。

　『歴史のための弁明』は、未完のまま残された。しかし、ブロックにとって、歴史家の仕事（メチエ）とは、「多様な現象の背後に相互の連関を読み取り、そこに一つの理解可能な社会的図柄を描き出す知的試み」なのであり、人間の生き方をトータルに捉えようとする知的営為で

232

あったのである。

3. ブロックの遺産—生きられた歴史

　ブロックの生涯は，二度の世界大戦とナチス・ドイツによるフランス占領を挟んで，世紀末フランスのドレフュス事件からホロコーストにいたる20世紀前半の激動の世紀に真摯に向き合った人物の歴史である。アルザスのユダヤ人家系に生まれたブロックは，ストラスブールとパリにおいて，先に紹介した『奇蹟を行う王』『封建社会』など画期的な歴史書を著すとともに，リュシアン・フェーヴルと語らって「アナール」誌を創刊し，現代歴史学の革新のために重要な貢献をなした。そして，彼は二つの戦争に参加して，最後には祖国のためにナチス・ドイツの銃弾に倒れた。

　ブロックは，フランスの第三共和政を生きた同化ユダヤ人であり，二度の大戦とファシズムを通じて反ユダヤ主義を直接経験せざるを得なかった。彼の祖国愛は，ユダヤ人としての自身のアイデンティティと矛盾してはいなかった。彼は，自身がフランスに同化したユダヤ人であることを認めつつ，それ以上に良き「フランス人」であり，第三共和政のフランスを愛する愛国者であると自認していたのである。彼は，フランス革命とそれ以後の共和政体が創出してきた「民主主義」と啓蒙主義によって培われた伝統的な理性への信頼によって支えられていた。

　彼の愛国主義（パトリオティスム）は，ユダヤ人やフランス人といった民族や血の紐帯の有無によって人々を区別するのではなく，「共和政のフランス」という国家理念を共有する「フランス市民」というアイデンティティに基づくものであった。ブロックによれば，共同体や国家は，個々の人間に先立って存在し，個々人を外から拘束するものではなく，個々人が自らの決断により相互に結びあうことによって形作られるもの

である。国家とは政治的結合体であり，中世以来のフランスの歴史的経験から，フランスにとって真の政治的結合体とは，共和政以外にはあり得ないとブロックは確信していた。彼にとって，祖国愛すなわち国を愛するということは，一人のフランス市民としてフランス共和主義の普遍的価値を守りぬくことを意味していたのである。

　彼の死の3年前の1941年3月にクレルモン＝フェランで書かれた遺書の末尾には次のように記されている。

　　いかなる宗派の形式性にも，人種的とみなされるいかなる連帯にも無縁な私は，全生涯を通して，自分自身を，何よりもまず，ごく単純にフランス人だと感じてきました。…私は祖国をこよなく愛し，全力を尽くして祖国に奉仕してきました。私のユダヤ人としての資格が，これらの感情に，どんな小さなものであれ，障害になるとは，決して感じたことはありません。…まったく誠実に私は，こう証言することができます。私は，これまで生きてきたのと同じように，良きフランス人として死ぬのだ，と。

　ブロックにとって，フランスに同化したユダヤ人家系に生まれたことと，フランス共和国の良き市民であることは決して矛盾することではなかったのである。

　しかし，彼の個人としてのアイデンティティすなわちユダヤ人であるとともに良きフランス人であることが，彼がそのために命をかけたフランスという祖国を解放するためのレジスタンスの闘いへと彼を導いたと言えるだろう。祖国のために命を賭すということがどのような意味をもつのか，マルク・ブロックの生涯は，それを雄弁に語ってくれている。

参考文献

マルク・ブロックの主要著作

『封建社会』（堀米庸三監訳），岩波書店，1995 年

『王の奇跡』（渡辺昌美・井上泰男訳），刀水書房，1998 年

『フランス農村史の基本性格』（河野健二他訳），創文社，1959 年

『奇妙な敗北』（平野千香子訳），岩波書店，2008 年

『新版 歴史のための弁明—歴史家の仕事』（松村剛訳），岩波書店，2004 年

『比較史の方法』（高橋清徳訳），創文社，1978 年（講談社学術文庫，2017 年）

Marc Bloch, *Réflexions d'un historien sur les fausses nouvelles de la guerre* (*1921*), Paris, 2019.

評伝その他

キャロル・フィンク『マルク・ブロック――歴史の中の生涯』（河原温訳）平凡社，1994 年

二宮宏之「ブロック（マルク）」『20 世紀の歴史家たち（4）』（世界編下）所収，刀水書房，2001 年，117-130 頁。

二宮宏之『マルク・ブロックを読む』岩波書店，2005 年（岩波現代文庫，2016 年）

河原 温「ブロック　アナール派始祖の戦争体験」『興亡の世界史 月報』第 18 号，2009 年

渡辺和行『ナチ占領下のフランス―沈黙・抵抗・協力』講談社，1994 年

ロバート・パクストン『ヴィシー時代のフランス――対独協力と国民革命 1940-44』（渡辺和行・剣持久木訳）柏書房，2004 年

リュシアン・フェーヴル『歴史のための闘い』（長谷川輝夫訳）平凡社ライブラリー，1995 年

ピーター・バーク『フランス歴史学革命――アナール派 1929-1989』（大津真作訳）岩波書店，1992 年

S. R. Epstein, Marc Bloch: the identity of a historian, *Journal of Medieval History*, vol.19, 1993, 273-283.

Susan Friedman, *Marc Bloch, sociology and geography. Encountering changing disciplines*, Cambridge, 1996.

Urlich Raulff, *Ein Historiker im 20. Jahrhundert: Marc Bloch*, Frankfurt am Main,

1995.

Etienne Bloch, *Marc Bloch, 1886-1944. Une biographie impossible*, Limoge, 1997.

Olivier Dumoulin, *Marc Bloch*, Paris, 2000.

課題

1　マルク・ブロックは，20世紀の歴史学をいかに革新したのか，参考
　文献に挙げたブロックの評伝を読んで考えてみよう。
2　マルク・ブロックにとって，〈ユダヤ人〉であること，〈フランス人〉
　であることは，それぞれどのような意味をもっていただろうか，考え
　てみよう。
3　第2次世界大戦中，ドイツに占領されていたフランスは，どのよう
　な状態だったのか，調べてみよう。

13 | チャールズ・チャップリン ―大衆のフィギュア

宮本陽一郎

《**学習のポイント**》 20世紀の大衆文化の始祖である「喜劇王チャップリン」と，彼が生み出し世界中で愛された「放浪紳士チャーリー」―この二つの人物像は，どのような歴史のなかで生み出され，またどのように交錯したのか。本章では，大衆をめぐる政治に突き動かされた時代が，どのように人物像を作りそしてそれを解体させていったかを解明する。

《**キーワード**》 大衆，映画，フィギュア，インプロヴィゼーション，ファシズム

1. フィギュアの誕生

（1）はじめに

　歴史のなかの人間―本書のタイトルとなっているこの設題は，さまざまな解釈を許容するとともに，たくさんのしかも本質的な問いかけにつながるものといってよいだろう。歴史が人間を作り出すのか，人間が歴史を作り出すのか。歴史を作り出した人間とはどのような人間か。例えば明治維新という歴史的な事件を生み出したのは，坂本龍馬，西郷隆盛，福沢諭吉，岩倉具視といった人物たちなのか，それとも「ええじゃないか」に踊り狂っていた名もなき民衆なのか。いま名を挙げた幕末の志士たちは，実体として存在した血も肉もある「人間」なのか，それとも歴史書や文芸作品やドラマを通じて文化的に作り上げられた虚像にすぎな

いのか…。こうした問いに関して必要なのは，いわゆるファイナル・アンサーではなく，私たちがあつかうそれぞれの事象について新たに疑問を展開すること，つまり開かれた問いとすることだろう。

　本章であつかうのは，20世紀の最も重要な映画人チャールズ・チャップリンと彼の生み出した「放浪紳士チャーリー」というキャラクターである。これを論じるにあたり，「歴史のなかの人間」というタイトルのなかにある「人間」という言葉を，さしあたり「フィギュア（figure）」という一語に置き換えてみようと思う。たとえば「歴史的人物」という日本語を英語に置き換えるとすれば "historical figure" という表現が最も一般的である。「フィギュア（figure）」という英語は，かたち・容姿・人物像といった意味をもつと同時に，「喩え」「修辞」といった意味も持つ。たとえば "figure of speech" というと，修辞的表現や文彩を意味する。「フィギュア」としての人間という視点からチャップリンを論じることは，チャールズ・チャップリンという映画人と，そして彼が1914年から1940年までスクリーンのうえで演じた「放浪紳士チャーリー」というキャラクターとのあいだの錯綜した関係を解き明かしていくうえで有用であろう。

（2）大衆とは誰か？

　舞台の幕が上がり，そこに一人の人間の　姿　が浮かび上がる。

　ああ，いかにも日本人だ，いかにも母親だ，いかにも農民だ，いかにもアフリカ系アメリカ人だ，いかにも上流階級だ，いかにも労働者階級だ—そうしたさまざまなアイデンティティーを観客に想起させる舞台表現は容易だろう。しかし，見た瞬間に「ああ，大衆だ」という認識を作り出すことは，考えてみればたいへんな難題である。「大衆」というアイデンティティーは，上流階級ならざる人々，エリートならざる人々，

個人としての資格や判断力を失ってしまった人々を指すものと言えるだろう。「…である人々」をひとりの姿で代表させることは可能だが、「…ならざる人々」の集合をひとりの姿に修練して舞台上に表現することは、そもそも不可能であるのかもしれない。

そして、「大衆」は複数形である。「大衆」にあたる英語が"the masses"と複数形になるのは故なきことではない。「大衆」という概念は、集団労働・大量生産・大量消費・マスメディアなど、人間が個としてではなく集団・多数者として生きることを条件づけられた20世紀においてこそ意味を持つようになった概念であり、ひとりであることと大衆であることとは、本来両立しない。舞台上のひとりの人間の姿によって代表すること、表象することは、論理的な矛盾であるとさえ言ってもよいだろう。

だから舞台の幕が上がりそこに一人の人間の姿が浮かび上がり、観客たちが瞬時に「ああ、大衆が舞台のうえに立っている」と感じ、同時にそれゆえに「あれこそが私たちの姿だ」と感じるというのは、不可能に限りなく近いことと言ってよいだろう。

その不可能を、スクリーンのうえで成し遂げてしまったのがチャールズ・チャップリンである。

（3）大衆のフィギュア

集団としての生活を運命づけられた大衆を、ひとりの人間の姿として表現するためには、修辞（フィギュア）が必要だった。

チャールズ・チャップリンがスクリーンのうえで身につけた山高帽にちょび髭にきつい上着にだぶだぶのズボンにドタ靴にステッキというコスチュームは、明らかに大衆の似姿ではない。むしろこのような姿をした人はどこにもいないと思えるほどワン・アンド・オンリーの奇抜な姿

である（図13-1）。なぜこのような奇抜
な姿が「大衆」という概念と結びつきえた
のか。

　放浪紳士チャーリーが，われわれの知る
ような外見でスクリーンに登場するのは，
1914年2月7日公開の出演第2作『ヴェ
ニスの子供自動車競争（Kid Auto Races
at Venice）』でのことである。ただし
チャップリン自身は彼の自伝のなかで，第
1作『成功争ひ（Making a Living)』の次
に作った映画は『メーベルの奇妙な苦境
(Mabel's Strange Predicament)』で，こ

図13-1　放浪紳士チャリー

の作品で初めて放浪紳士チャーリーの扮装を身につけたと述べている。
この記述は一般にはチャップリンの記憶の誤りと理解されている。しか
しデイヴィッド・ロビンソンは，チャップリンの証言通りに『メーベル
の奇妙な苦境』が先に撮影され，それにも関わらず編集作業を余り要さ
なかった『ヴェニスの子供自動車競争』が公開日のうえでは，2月9日

公開の『メーベルの奇妙な苦
境』に二日先んじた可能性を示
唆している[1]。

　しかしチャップリンが伝説的
な衣装を最初に身につけたの
が，この二つの作品のどちらで
あったにせよ，それに先だって
彼は『成功争ひ』という作品に
出演している（図13-2）。1914

図13-2　『成功争ひ』（1914年）よりペ
テン師チャーリー

1　David Robinson, *Chaplin: His Life and Art* (New York: Harper, 1994), 113-14.

年 2 月 2 日公開のこの映画では，チャップリンはどじょう髭にシルク
ハットのイギリス人ペテン師に扮している。チャップリンの演じるイギ
リス人ペテン師と，この作品の監督でもあるヘンリー・レアマンの演じ
るアメリカ人新聞記者とが，金と婚約者とそして特ダネをめぐって競争
しドタバタを繰り返すというのが，この映画のストーリーである。

　もちろん『成功争ひ』における，ドジョウ髭のイギリス人ペテン師を，
「放浪紳士チャーリー」をめぐる一連の作品群から除外して考えること
は可能である。しかし当時の観客にとってドジョウ髭のチャーリーは，
必ずしもそれ以降のチャーリーから切り離されていなかったようであ
る。チャップリンがより洗練された作風をすでに確立していた 1917 年
4 月に『モーション・ピクチャー・マガジン』誌に掲載された「日曜の
朝のバイブル・クラス」と題された漫画にも，まだドジョウ髭の下品な
チャーリーの姿が見られる（図 13-3）。ブルジョワ社会の偽善性を逆
手に取り，そして資本主義社会を支える競争の原理を濫用し，手段を選
ばず成功を手に入れようとするアウトサイダーは，チャップリンの第 1
回出演作品に偶然表れた無関係な
キャラクターというよりは，むし
ろこのあとのわれわれにとってよ
り馴染みのある，愛すべき放浪紳
士チャーリーというキャラクター
が上書きされていく，その下地と
みなすべきである。

　放浪紳士チャーリーが，初めて
スクリーンに登場する『ヴェニス
の子供自動車競争』は，当時の
キーストン社の短編の平均的な長

図 13-3　「日曜の朝のバイブル・ク
　　　　　ラス」

さ（約16分）からしても短いわ
ずか6分の断片的な作品である。
カリフォルニア州ヴェニスで実際
に行われた子供自動車レースの現
場に，チャップリン，レアマン，
そしてカメラマンのフランク・
D・ウィリアムズと四人の子役ら
を送り込んで，映画を一本完成さ
せてしまうという，この時期の
キーストンならではの，即興と呼

図13-4　『ヴェニスの子供自動車競
争』（1914年）より

ぶことすらはばかられるほどに場当たり的でゲリラ的な作品である。ス
トーリーと呼ぶべきものはほとんどなく，子供自動車レースのドキュメ
ンタリーを撮影している監督とカメラマンの前に，目立ちたがり屋の放
浪者が現れ，何度追い払ってもいつのまにかカメラの前にしゃしゃり出
てポーズを取るという設定で，即興的なドタバタが繰り広げられる（図
13-4）。チャップリンの演じる放浪者は，市民社会のなかに仲間入りす
ること，そしてカメラの前で自己を表象することに憧れてやまない，面
倒なしかし愛すべきアウトサイダーとして形作られていくのである。

　これは『成功争ひ』における手段を選ばない下品なペテン師という性
格づけと全面的に矛盾するものではなく，むしろそれに接ぎ木されたも
のであると言えるだろう。『成功争ひ』のペテン師がブルジョワ社会の
約束事を逆手に取り，そのコンテクストを盗み取って物質的な利益を追
求しようとしたように，『ヴェニスの子供自動車競争』のチャーリーも
子供自動車レースというコンテクスト，あるいはドキュメンタリー映画
の撮影というコンテクストを盗み取って，それを自己表象の場にすり替
えてしまうのである。

（4）夢想家＝ペテン師

　ここでチャールズ・チャップリンが後に自伝（1964年）のなかで，初めてこの伝説的なコスチュームを身につけたときのことを回想した文章に目を向けてみる価値があるだろう。これはチャップリンがキーストン社のスタジオで，初めて放浪紳士の服装とメイクアップをしたとき，彼のまわりに人だかりができて，その人たちに向かってチャップリンが即興でキャラクターを説明したときの言葉ということになっている。このエピソードは，ややでき過ぎで，あるいはチャップリンの記憶のなかだけに存在する場面かもしれない。しかし，ここでのチャップリンの言葉自体は，チャーリーの性格に内在する矛盾を解明するうえでは，たいへん興味深いものといえる。

　　　さてこの男はいろんな顔を持っています。放浪者で，紳士で，詩人で，夢想家で，いつもロマンスと冒険を夢見る孤独な男です。科学者や，音楽家や，伯爵や，ポロ選手にも成りすませてしまいます。しかし平気でタバコの吸殻を拾ったり，赤ん坊から飴を奪ったりもします。それに機会さえあれば御婦人の尻を蹴飛ばしたりもします―ただし本気で怒ってしまったときだけですが。[2]

　つまり一方においてチャーリーは夢想家でありそれゆえに芸術家であるが，同時に彼は科学者や公爵になりすますペテン師であり，かつ女性でも蹴飛ばしてしまうほどの俗物でもある。常識のうえでは，夢想家・芸術家であることと俗物・ペテン師であることはただちに結びつくものではない。むしろ文化的な基準から逸脱した存在である俗物は，文化の担い手である芸術家の対局にある存在とさえ言える。にもかかわらずこの二人の人物が同一人物であると強弁する修辞が，「放浪紳士チャー

2　Charles Chaplin, *My Autobiography* (New York: Simon and Schuster, 1964), 146.

リー」というキャラクターを形作るうえで，中心的な役割を果たしているといってよいだろう。

　放浪紳士チャーリーは，大衆の姿である以上に，矛盾する二つの姿（フィギュア）を共存させる修辞（フィギュア）なのである。最初の２つの作品で別々に誕生した２人のチャーリーは，これから４半世紀にわたって矛盾しつつひとつのイメージを形成し，『独裁者』で再び分裂する。そして『成功争ひ』のペテン師は『殺人狂時代』のヴェルドゥー氏として，『ヴェニスの子供自動車競争』の夢想家＝芸術家は『ライムライト』の孤高の道化師カルヴェロとして再来し，ふたつの別個の作品を生むことになる。

（5）1914 年の検閲論争と「新しいチャーリー・チャップリン」

　キーストン社で 1914 年に 36 本の短編を作ったあと，チャップリンはエッサネー社に１万ドルという破格の契約金で移籍し，そこでかなりの芸術的自由を獲得し，1915 年２月から翌 16 年５月までのあいだに 14 本の短編を発表する。この時期は後のすべてのチャップリン映画の原型というべきスタイルが明確に定義される極めて重要な期間となる。キーストン・コメディーには見られなかったペーソスという要素を導入し，笑いに涙を持ち込んだ『チャップリンの失恋（The Tramp）』（1915 年）のような作品は，この時期のチャップリンの作風における革新を物語るものといえる。

　1914 年から 1915 年にかけてのわずか一年ほどのあいだに起こったこの劇的な変化は，同時期のアメリカ映画界そのものの同じくらい急激な変化と切り離して論じることができない。一面において，放浪紳士チャーリーという人物（フィギュア）は，そうした歴史的状況によって作られたとさえ言えるのである。映画の検閲という問題である。私たちは，検閲というと政府や教会による検閲を連想しがちであり，その場合検閲の対象と

なるのは，当然性的描写と政治的主題に関わるものであろうと想像しがちである。1914 年から 1915 年のアメリカで起こった検閲論争は，二つの点でそのような先入観とは大きく異なるものである。

　まず第一にこの論争のなかで中心的な役割を果たした全米検閲委員会（National Board of Censorship）は，政府機関ではなく映画会社や劇場主たちの要請によって作られた非営利団体であった。その目的は，政府や教会による検閲によって映画業界の自由な営利活動が制限されることを阻止するという点にあった。映画業界にとって商品としての映画の販路が，州政府などの検閲や教会によるボイコットによって制約されることは，最悪の事態であった。それを避けるために映画業界が自主的な検閲を行うこと，そしてそのための基準作りが，この非営利団体の目的だった。つまりいわば検閲を阻止するための自主検閲制度だったのである。

　第二に，この検閲論争のなかで，いわばターゲットとなったのは性表現や政治思想である以上に，意外なことにスラップスティック・コメディー（ドタバタ喜劇）だった。映画館が都市部から住宅地にまで急速に広がるなかで，映画館は新たな問題に直面することになった。それまでの劇場は，上流階級のためのオペラ・ハウス，労働者階級のためのヴォードヴィル劇場といったように，一定の範囲の階級層を顧客としてきた。それに対して急造された映画館では，そうした階級区分がなくなり，いわばオペラとヴォードヴィルが同じ劇場で上演され，上流階級と労働者階級が同じ劇場で同じ演目を鑑賞するというような状況を生んだ。階級間の対立感情，そして階級間の嗜好性の違いを露呈させたのがスラップスティック・コメディーだった。例えば〈パイ投げ〉というスラップスティック・コメディーの定番ギャグは，お上品な紳士淑女の顔にパイをぶつけてしまうからこそ笑いを生んだのである。「お上品な」

階級に属する観客から見れば，そのようなギャグは下品であり，映画という大衆文化の堕落と危険性の証左にほかならなかった。当時の映画業界誌には次のような記述が見られる。

> …コメディーが観客に不快感を与えるような題材の吐け口になってしまってよいのだろうか？なぜ他のどのような映画にもましてアメリカ性のユーモラスな映画が，このように誹謗されるのだろうか？…こうした映画の害悪はまだコントロールできないほど甚大なものにはなっていない。だからこそいまそれを食い止める努力をするべきだ。コメディーを徹底的にクリーンなものとするために，細心の注意を払おう。[3]

　もちろんここで「不快感」を覚える「観客」というのは中上流階級の人々であり，彼らに「不快感」を与えるようなコメディーがなぜ生み出されたかと言えば，お上品な人々を風刺し揶揄するようなコメディーを求める下層階級の「観客」たちがいたからにほかならない。映画の消費者たちがこのように二通りの「観客」に分裂しないように調整すること，そして両者が受け入れられるような「クリーンな」娯楽を策定することが，全米検閲委員会の目的だった。

（6）喜劇王誕生
　全米検閲委員会のキャンペーンのなかでスポットライトを当てられたのが，ほかならぬチャールズ・チャップリンだった。1916 年 1 月号の『モーション・ピクチャー・マガジン』誌に掲載された，J・B・ハーシュの「新しいチャーリー・チャップリン」と題された記事は，全米検閲委員会の幹部である W・W・バレットとチャップリンの会見の模様

3　W. Stephen Bush, "Just Complaints of Exhibitors," *Motion Picture World* 19 (1914): 784.

を伝えている。「新しいチャーリー・チャップリン」を賛美するこの記事と，そしてバレットの代表する全米検閲委員会が意図するところは，キーストン社の一群の通俗的で挑発的なスラップスティック・コメディアンたちとチャップリンとのあいだに一線を画すことだった。

　　これこそが新しいチャーリー・チャップリンだ！　映画界で最も広く知られたスラップスティック・コメディアンが，イギリスのミュージック・ホールの下品な殻から脱皮した。古いチャーリー・チャップリンは，彼のパーソナリティに成功をもたらした方法そのものが，前代未聞の名声を危険にさらしていることを理解した。つまり彼の笑いの新奇さに惹かれていたアメリカの一般大衆の大部分が，彼の道化のなかに秘められた攻撃的な卑俗さがあらわになるにつれて，そっぽを向いてしまうことになるのである。[4]

　ハーシュは，キーストン時代のチャップリンの作品の「攻撃的な卑俗さ」をイギリスのミュージック・ホールの演芸と結びつけて否定する一方，新しいチャップリンを「アメリカの一般大衆（the American public)」の求めるものとして称賛する。対立を繰り返す当時のアメリカの映画観客たちを，「アメリカの一般大衆」として再編することこそが，全米検閲委員会の目的であり，また映画産業が強く求めていたことであった。

　放浪紳士チャーリーという人物は，こうした状況のなかで生み出された。ハーシュの記事は，チャップリンの次のような発言を伝えている。

　　私が作品のなかで用いた，エリザベス朝的なユーモア，あるいは粗野な笑劇とスラップスティックは，すべて［イギリスのミュージッ

4　J. B. Hirsch, "The New Charlie Chaplin," *Motion Picture Magazine* 10 (1916), 115.

ク・ホールという〕私の育った環境から生み出されたものにほかなりません。そしていま私はこうしたスタイルときっぱり縁を切って、もっと上品で洗練された演技をめざしています。[5]

図13−5　チャーリーの哀しい後ろ姿。『チャップリンの失恋』より。

これがそもそもチャップリンの発言をどの程度正確に伝えたものであるか疑問であるし、また仮にチャップリンがこの通りの発言をしたとしても、それがチャップリンの真意を反映したものであるかどうか、大いに疑う余地はある。

しかし、検閲をめぐる論争の渦中にあった一年ほどの短いあいだに、実際にチャップリンはその作風を大きく変えていくのである。

チャーリーの性格に関して注目すべき変化は、彼が疎外された孤独な大衆、反逆する大衆であると同時に、なんとかして有閑階級に仲間入りしようと激しく憧れる人物になっている点である。ここに描かれた大衆は、階級的な敵意の固まりとしての大衆ではなく、むしろ有閑階級のライフスタイルを模倣し、そしてその仲間入りをするために、ひたすら富とロマンスを追求するような「大衆」である。そのような憧れ、そしてその挫折の悲哀を描くことがこの時期のチャップリンの作品の大きな特徴となる（図13−5）。

2. チャップリンのダブル・イメージ

（1）階級とロマンス

それを表出するためには、当然のことながら物語が必要とされる。ま

5　Hirsch, 117.

ず何よりも，エッサネー社時代に入って初めてチャップリンの作品が，明確なエンディングに向かって展開するストーリーをもつようになった点が注目される。そしてエッサネー社時代のチャップリン映画のスタイルの完成に大きく寄与しているのは，エドナ・パヴァイアンスという理想的な相手役の女優を発見したことである。極めて優美であると同時にあどけなく，また物悲しさを湛えた女神のようなエドナが，しばしば「お上品な」階級の側の一員として描かれ，インサイダーであるエドナとアウトサイダーであるチャーリーとのあいだのロマンスが物語の中心的な主題となる。

『チャップリンの掃除番（The Bank)』（1915 年）は，チャップリン映画の古典的なスタイルを示す作品である。チャップリンはここでは，銀行の掃除夫に扮している。まずチャーリーが，銀行の掃除夫として期待される役割に対して徹底して不適応であることが強調される。チャーリーは巨大な金庫を自分のバケツやモップを入れる物置として使ってしまうし，濡れたモップでもっともらしい物腰の顧客を薙ぎ倒してしまう。チャーリーは銀行という制度にまったく適応しない，疎外された人間である。

掃除番チャーリーの孤独と不満は，ロマンスの要素が持ち込まれることにより，いっそう強調される。チャーリーは美しい秘書のエドナに恋しているが，エドナはエリート銀行員のチャールズを愛している。チャーリーが送った花束を，エドナは始めチャールズからのものと誤解して喜ぶが，贈り主が掃除夫のチャーリーであったことを知ると，あっさりとごみ箱に捨ててしまう。愛するエドナをエリート銀行員に奪われたことは，チャーリーの疎外と上流階級に対する敵意を明確なものとする。

作品の後半は夢のなかの場面になる。夢という当時の喜劇映画として

は破格の洗練された設定は，大衆の富とロマンスへの欲望とその挫折を描くために，きわめて有効であることはいうまでもない。夢のなかでは，作品前半の場面でチャーリーに薙ぎ倒されたもっともらしい顔の顧客が強盗になって，銀行に押し入りエドナを縛り上げて金を奪おうとする。デスクの下に隠れてしまったエリート行員チャールズを尻目に，不適格者であったはずのチャーリーは奇跡的な大活躍で強盗を退治し，金を取り戻してエドナを救出する。エドナはデスクの下から出てきたチャールズから顔をそむけ，チャーリーの手を握る。この絵に描いたようなハッピーエンドは，チャーリーにとっての完璧な願望充足となる。

　ここで重要なのは，夢のなかでは，チャーリーの抑圧された富とロマンスへの願望が充足され，かつ上流階級に対する敵意が見事に復讐を果たしている点である。チャーリーの夢のなかでは，作品の前半でエリートの代表者として描かれていた顧客とチャールズが，反社会的あるいは非道徳的な人物であることが暴かれる。一方，文化的なアウトサイダーであったはずのチャーリーが，それにとってかわり，エドナという女神の祝福を得る。

（2）インプロヴィゼーションの芸術

　エッサネー社時代のチャーリーの変貌は，単に俗物＝ペテン師のチャーリーが夢想家＝芸術家のチャーリーへと教化され，主流文化にすり寄っていくプロセスとして理解されるべきではない。むしろそこに表れてくるのは，一層巧みに文化の境界を越境するペテン師の姿である。『チャップリンの掃除番』の冒頭に置かれたギャグでは，チャーリーは銀行の大げさな金庫を，ちゃっかりと自分のロッカーに転用してしまう。またそのあと，銀行の客の生真面目な態度を逆手にとって，舌を出させ切手を貼ってしまう。銀行というシステムを機能させている約束事

が，実は恣意的な作り物に過ぎないことを見抜き，それを換骨奪胎してさらに一層恣意的に転用あるいは奪用していくペテン師としての才能は，そこに歴然と刻印をとどめている。それはスティーヴン・グリーンブラットの言うところの「インプロヴィゼーション」つまりコンテクストを盗み取り，換骨堕胎する想像力に他ならない。

図 13－6　捨てられた花束を手にするチャーリー。『チャップリンの掃除者』より。

チャップリンの天才的なパントマイムによって，コンテクストが盗み取られ改竄される瞬間が，チャップリン喜劇の本質である。エッサネー社時代の 14 本およびそれにミューチュアル社時代（1916-17 年）に製作した 12 本の古典的短編のなかで，チャップリンは公園，教会，デパート，海水浴場，邸宅，療養所といったブルジョワ文化の典型的な場と，その影にあるスラム街，貧農家，安酒場，質屋といったプロレタリアートの生活の場を，等しく作品の舞台として選ぶ。そのどちらの場においても不適応者であるチャーリーが，インプロヴィゼーションによって窮状を克服して，エドナの愛を勝ち取る。『チャップリンの掃除番』の場合，その結末では成就したロマンスまでも換骨奪胎したギャグが挿入される。チャーリーはエドナの代わりにモップを抱きしめている滑稽な自分の姿を発見するのである（図 13－6）。

チャップリンのスタイルは，『チャップリンの替玉』（1916 年）から『チャップリンの冒険』（1917 年）にいたる，ミューチュアル社時代の 12 本の珠玉の短篇のなかで，古典的といってよい完成された様式に到

達する。

3. フィギュアの解体——『独裁者』（1940 年）

（1）両者のあいだの類似はまったくの…

　『チャップリンの独裁者（The Great Dictator）』（1940 年）に至り，四半世紀のあいだチャップリンが用いてきた，夢想家とペテン師を「放浪紳士チャーリー」の 姿 のなかに共存させる 修辞 はついに解体する。

　作品の冒頭には，「独裁者ヒンケルとユダヤ人の床屋とのあいだの類似はまったくの偶然である」という意味深長な前口上の字幕が置かれている。これは単にこの作品のなかでチャップリンが一人二役で演じる，ユダヤ人の床屋とトルメニアの独裁者アデノイド・ヒンケルのあいだの当然の類似を指し示すものではない。言うまでもなく，アドルフ・ヒットラーとチャールズ・チャップリンがわずか四日違いでこの世に生まれ，そしてそっくりな口ひげをつけてひとつの時代を風靡したという，偶然と言うにはあまりにも奇妙な偶然に言及している。政治的には対局に立ちながら，しかしともに名もなき多数者を代弁し「大衆」の時代をカリスマ的に代表した二人のあいだの，あってはならない類似は，この作品の核心をすでに明らかにしている。

　同時にこの前口上は，チャップリン映画そのものの抱えた難題に自ら言及するものである。すでに明らかにしたように，「大衆」の似姿としての放浪紳士チャーリー自体，夢想家とペテン師とのあいだの，芸術家と俗物とのあいだの，ありえない共存によって成り立ってきたことを忘れるわけにはいかない。この前口上は，チャップリン映画における「大衆」表象を成り立たせていた修辞そのものにも関わるものである。

　迫害する独裁者と迫害されるユダヤ人とのあいだの起こってはならな

い類似は，単に容貌だけの問題にと
どまらない。ふたりのあいだに共通
するのは，ともに自ら「大衆」を表
象し，ブルジョワ市民社会の約束事
を換骨奪胎し転用する，インプロ
ヴィゼーションの天才であるという
点である。夢想家チャーリーとペテ
ン師チャーリーとのあいだの隠れた
絆であったインプロヴィゼーション
が，ここでは，チャップリン／ユダ

図 13-7　『**チャップリンの独裁者**』
より。

ヤ人の床屋／ヒンケル／ヒットラーの四者のあいだで繰り返されること
になる。

　まずヒットラー自身が市民社会の論理の枠組みを盗み取って換骨奪胎
し，民衆から権力を簒奪するための修辞に転用する。これをそっくり模
倣した独裁者ヒンケルは，言葉のない演説のなかで，健全な家庭，壮健
な肉体，民族の連帯といったブルジョア市民社会においてとりわけ説得
力のあった理念を借用しながら，最後には民衆に独裁者への服従を説得
してしまう。このように描かれた独裁者ヒンケル＝ヒットラーは，イン
プロヴィゼーションの天才である。同時にここでは，ヒットラーの演説
のレトリックを巧みに盗んで，風刺的喜劇に転用してしまうチャップリ
ンのインプロヴィゼーションの神業が展開されるのである（図13-7）。
物語の最後では，一連のインプロヴィゼーションの末に，ヒンケルが準
備した政治集会のセッティングをユダヤ人の床屋がそっくり盗み取り，
そしてそこで独裁者とファシズムを糾弾する大演説を行なう。いわば，
ナチスが市民社会をパロディ化し，ヒットラーをチャップリンがパロ
ディ化し，独裁者ヒンケルの政治集会をユダヤ人の床屋がパロディ化す

るのである。

　そしてここで演説しているのは，もはや夢想家チャーリーではなく，その声なきアウトサイダー「チャーリー」の名義のみを借用した，声を持った作家そして知識人としてのチャールズ・チャップリン自身なのである。ヒットラー／ヒンケル／床屋／チャーリーのあいだの外見の類似をすべて利用しながら，チャップリンはスクリーンの前の観客に向かって「あなたがた民衆（You, the People）」と語りかける。スクリーンの前の姿なき「大衆」は，いつしかひとつの理想を無条件に共有する「民衆」にすり替えられる。それはアメリカの映画観客を「アメリカの一般大衆」にすり替えた全米検閲協会のレトリックや，あるいはドイツの大衆を「ドイツ国民」に変貌させたナチスのプロパガンダを想起させずにはおかない。あってはならない似姿をめぐる，インプロヴィゼーションの終わりなき連鎖が，『チャップリンの独裁者』という作品を構成する。

（2）6分間の大演説

　似てはならないもののあいだの類似を意識化し，かつその連鎖のなかに飲み込まれていくというジレンマの果てに，チャップリンが『独裁者』の結末において到達した表現は，映画史上あまり類例のないものである。それは結末に近い「6分間の演説」のなかで劇映画の禁忌を破って，真正面からカメラを見て語ることであった。チャップリンは，四半世紀のあいだ用いてきたチャーリーという仮面とそれを支えてきた修辞体系を，完全に脱ぎ捨ててしまう。そして放浪紳士チャーリーのコスチュームも修辞性もまとわず，チャールズ・チャップリン自身としてマイクの前に，カメラの前に立つのである（図13-9）。

　いわば道化の衣装を脱ぎ捨てて壇上から民主主義の大切さを諭すチャールズ・チャップリンは，もはや大衆のなかのひとりではない。

チャップリンはここでチャーリーの仮面を放棄するばかりでなく，ほとんど悲劇的な痛々しさとともに大衆から身を引き離すことになる。チャップリンはいまや失われようとする西欧社会の人間主義的な伝統を担う「少数者」として，現代の「大衆」に警告を発するのである。チャップリンはオルテガ・イ・

図13−8　『チャップリンの独裁者』より。

ガセットの『大衆の反逆』（1930年）のように，「大衆」に対する敵意を剥き出しにすることは決してない。しかしファシズムの国家を大衆社会の当然の帰結としてとらえるオルテガの大衆批判ときわめて近い立場を，チャップリンは心ならずも示しているといえるだろう。

　そしてこの作品以後，チャップリンは二度と放浪紳士チャーリーの扮装を身につけることはない。

　「放浪紳士チャーリー」という名のフィギュアは，1914年の歴史的状況のなかで誕生し，そして1940年に雲散霧消していく。そのプロセスは映画の誕生からファシズムの台頭，そして第2次世界大戦に至るひとつの時代を浮かび上がらせることになるだろう。それは名もなき多数者を表象することが狂熱を生み，そして名もなき多数者を代弁する修辞が権力を生んだ，大衆の時代にほかならない。

参考文献

江藤文夫『チャップリンの仕事』みすず書房, 1989 年。

ホセ・オルテガ・イ・ガセット『大衆の反逆』佐々木孝訳 岩波文庫, 2020 年。

宮本陽一郎『モダンの黄昏——帝国主義の改体とポストモダニズムの生成』研究社, 2002 年, 第 4 章。

課題

1 インターネットで, チャップリンの短編映画の代表作(『チャップリンの冒険』(The Adventure, 1917 年), 『チャップリンの移民』(The Immigrant, 1917 年), 『チャップリンの勇敢』(Easy Street, 1917 年), 『チャップリンの霊泉』(The Cure, 1917 年) など) を鑑賞し, そこで扱われている社会問題に注目しながらその物語構造を分析しなさい。

2 日本の大衆文化の生んだヒーローやアイドルについて, 大衆とヒーロー／アイドルのあいだに, どのような共感が成り立っているか, 本章の議論を参考にしつつ論じなさい。

14 | アーネスト・ヘミングウェイ ―俺はヤンキーじゃない

宮本陽一郎

《**学習のポイント**》 歴史はときとして同じひとりの人物について，相容れない複数の人物像を生み出す。アメリカ合衆国のノーベル賞作家アーネスト・ヘミングウェイは，その後半生をキューバで過ごした「キューバ作家」でもあった。東西冷戦のなかにあって，敵対するアメリカ合衆国とキューバでは，まったく相容れない二つのヘミングウェイ像が生み出されることになった。本章では冷戦初期に発表されたヘミングウェイの代表作『老人と海』が，アメリカとキューバでどのように異なる読まれ方をしてきたかを考察する。
《**キーワード**》 冷戦，帝国主義，解釈共同体，マジック・リアリズム

1. ふたりのヘミングウェイ

（1）俺はヤンキーじゃないんだ

　1959 年，フィデル・カストロによる社会主義革命が成功した直後に，アーネスト・ヘミングウェイは自宅のあるキューバに帰国する。ハバナの空港に降り立ったヘミングウェイは，キューバの国旗に接吻しスペイン語で「われわれは勝利する。キューバ人は勝利する」と叫び，それから英語で「俺はヤンキーじゃないんだ」とつけ加えたといわれる。

　奇妙なことに，この出来事はアメリカ合衆国で出版されたアーネスト・ヘミングウェイに関する少なからぬ数の評伝のなかで言及されることがきわめて稀である。いっぽう合衆国本土から 90 マイルしか離れていないキューバにおいては，この出来事はヘミングウェイという作家を

語るうえで，決定的に重要な意味をもつ。たとえばキューバのヘミングウェイ博物館の刊行する紀要の第1巻第1号は，簡潔なヘミングウェイ年譜を掲載しているが，そこには次のように記されている。

…ヘミングウェイの合衆国滞在中にキューバ革命が勝利を収める。ヘミングウェイは各国の記者をまえに，キューバの新体制について好意的な発言を行う。キューバの家に帰還。キューバ大統領フィデル・カストロ・ルスと会見。ソヴィエトの指導者アナスタス・ミコヤンがフィンカ・ヴィヒアを訪問。…妻がヘミングウェイをミネソタのメイヨー・クリニックに連れていく。セイヴィアーズ氏という名のもとに入院。不適切なショック療法を受ける。
ケチャムで一時退院中，1961年7月2日にショットガンで自殺。アイダホ州サンヴァレイ。[1]

このわずか2ページ半に圧縮されたヘミングウェイ伝のなかでさえ，1959年のハバナ空港でヘミングウェイが「各国の記者をまえに，キューバの新体制について好意的な発言」をしたことは言及されているのである。これはアメリカ合衆国で刊行されたカーロス・ベーカーやケネス・S・リンによる大部の評伝が，ヘミングウェイとカストロ政権の関係についてほとんど語っていないこときわめて対照的と言わざるをえない。

ある意味では当然のことながら，キューバの人々はアメリカ合衆国のノーベル賞作家が革命後のキューバにとどまったことに象徴的な意味を見出そうとする。フィデル・カストロによるキューバ革命が成功して以降，アメリカ合衆国とキューバとのあいだの関係は悪化の一路をたどり，両国のあいだの緊張関係は1962年の「キューバ・ミサイル危機」

---

1 Elisa Perez Fernandez and Lic. Maximo Gomez Noda, "Ernest Hemingway: Biographical Data," *Ernest Hemingway Museum Bulletin* 1.1 (1986): n. pag.

で核戦争の一歩手前にまで高まる。バラク・オバマ政権のもとで両国間の国交正常化がようやく始まったものの，ドナルド・トランプ政権のもとでそれすらも停滞する。わずか 90 マイルの海を隔てた両国のあいだで，アメリカ国籍でありながら後半生およそ 20 年をキューバで過ごしたノーベル賞作家の帰属が問題となるのは避けがたいことであり，合衆国とキューバでそれぞれに形作られたヘミングウェイ像に齟齬が生じるのも当然と言えるだろう。

（2）キューバ作家ヘミングウェイ

　しかし，ヘミングウェイとカストロ政権との関係をことさらに強調するキューバ側のヘミングウェイ像は，キューバ政府による我田引水的な「解釈」として片づけるわけにはいかない。ヘミングウェイがキューバに「フィンカ・ヴィヒア」と呼ばれる居を構えていたのは偶然ではなく，ヘミングウェイがキューバ革命に好意的な立場をとっていたと考える根拠は十分にあった。

　ヘミングウェイがスペイン戦争（1936-39 年）の際に知り合い，以後 20 年以上にわたり彼の主治医であり親友であったホセ・ルイス・エレラ・ソトロンゴは，カストロの抵抗運動の重要なメンバーだった。キューバのヘミングウェイ研究者であるノルベルト・フエンテスは，『ヘミングウェイ—キューバの日々』のなかで，「キューバ共産党に最も多額のカンパをした外国人がヘミングウェイであった」というロマン・ニコラウの証言，およびヘミングウェイのカンパを実際に取り次いでいたエレラ・ソトロンゴ医師の証言を伝えている[2]。キューバ革命に先立ち，ヘミングウェイとキューバの革命家たちとのあいだの密かなつながりはすでに始まっていた。1947 年，当時のキューバ政府の密かな資金援助のもとに，ドミニカ共和国のトルヒーリョ独裁政権を転覆する陰謀

2　ノルベルト・フエンテス『ヘミングウェイ——キューバの日々』宮下嶺訳（晶文社，1984 年），65。

が立てられ，カヨ・コンフィテス島で侵攻軍の軍事訓練が行われ，さまざまな革命勢力がここに集結する。当時大学生で革命運動との関わりを強めていたフィデル・カストロもこれに参加する。この複雑怪奇な陰謀に，ヘミングウェイは資金援助をしたばかりでなく，これに加わったアメリカとカナダの元空軍軍人たちの宿泊にフィンカ・ヴィヒアの家を提供していた。

アメリカ合衆国の側では，左翼作家だったヘミングウェイの親カストロ政権的な言動は，半ば意識的に過小評価されたりあるいは隠蔽されたりした。しかし，そのようななかでただひとりヘミングウェイとカストロ政権とのあいだの関係に逐一注目していた人物がいた。FBI 長官の J・エドガー・フーヴァーである。

1981 年にヘミングウェイ研究者であるジェフリー・マイヤーズの手で衝撃的なかたちで明らかにされたように，実際 FBI のフーヴァー長官は，ヘミングウェイを共産主義シンパサイザーとみなし，1942 年から 1974 年に至るまで，彼のキューバでの活動について詳細な調査ファイルを残していたのである[3]。皮肉にもヘミングウェイと共産主義および革命政府とのかかわりに関しては，FBI とカストロ政権の見解は多くの点で一致する。

ヘミングウェイとカストロ政権とのあいだのつながりについて，事実関係を明らかにすることは，ほぼ不可能といってよいし，本章の目的ではない。しかし事実関係として確かに言えることは，わずか 90 マイルの海を隔てたふたつの国でまったく相容れないふたつのヘミングウェイ像が生み出されたという事実である。

3　Jeffrey Meyers, *Hemingway: A Biography* (New York: Harper, 1985), 543.

2. 『老人と海』，あるいは老人とカリブの海

（1）転向小説としての『老人と海』

　アーネスト・ヘミングウェイにとって第二次世界大戦後の唯一の成功作と言うべき『老人と海』を論じようとするとき，キューバのヘミングウェイのもつ二面性は，必ずしも作品の外の伝記的な背景として片付けることはできなくなる。

　『老人と海』は，異例なかたちで『ライフ』誌の 1952 年 9 月 1 日号に全編が発表される。しかも『老人と海』はすでにスクリブナーズ社から出版されること，さらに「ブック・オブ・ザ・マンス・クラブ」によって選定され膨大な量が売りさばかれることも決まっていた。ほとんど違約行為に近いかたちで，『老人と海』は文芸雑誌とは到底いえない写真誌に全編一挙掲載されたのである。そしてこのある意味では奇抜な決断は見事に功を奏し，『ライフ』誌は 48 時間で完売し，読者たちからは国民作家ヘミングウェイの復活を祝福する投書が殺到することになる。

　興味深いことに作品の掲載を予告する 8 月 25 日号の社説は，ジェイムズ・ミッチェナーの次のような言葉で締めくくられている。「老いたるヘミングウェイが傑作を書き，チャンピオンシップを奪還した。彼は今でも私たちみんなのパパなのだ」。この言葉は，ヘミングウェイの最新作を国民的なイベントとして扱う決断を下した『ライフ』誌の意図を代弁したものと言えるだろう。つまり『老人と海』は何よりも，一人の作家の回復と復活を意味する作品だったのである。

　ここで 1952 年という時期は，マッカーシイズムの赤狩りが最高潮に達しようとしていた時期であることを忘れるわけにはいかない。1951 年にはローゼンバーグ夫妻に有罪判決が下され，『老人と海』の翌年つまり 1953 年に夫妻は処刑されている。アカデミックな世界でのレッ

ド・パージは 1952 年から 54 年がピークとされる。とりわけ合衆国議会の非米活動委員会の調査の矛先が向けられていたのは，人民戦線時代の知識人とソヴィエト連邦とのあいだの危うい関係であった。そうしたなかで，ソ連と最も深い関係を持った作家の一人であるヘミングウェイが，まったく政治色のない『老人と海』の作者として復活したことは，プロパガンダ的な意味を持ったと言わないまでも，大いに歓迎されるべき事態であったことは想像に難くない。

　ヘミングウェイには，赤狩りのなかで攻撃の矛先を向けられて当然と言える過去があった。ヘミングウェイは 1938 年 8 月 1 日号のソビエト共産党機関紙『プラウダ』に，「人類は許さない！」と題するフランコ政権批判を発表している[4]。こうした声明文からただちにヘミングウェイが実質的な共産党員であったと断定することはできない。ファシズムへの反対という一点のみにおいて共産党に同調していたという解釈も十分に可能である。しかしまさにそうした議論の余地のある関係こそが，マッカーシイズムのなかで問題とされ追及されたのである。

　マッカーシイズム時代のアメリカ文学に対する見直しは，『老人と海』を一挙掲載した『ライフ』誌の当時の編集方針そのものにきわめて特徴的なかたちで表れる。1936 年に創刊された『ライフ』誌は，大判の装丁に報道写真を大量に掲載し，「写真を言葉でイラストレートする」わかりやすい時事報道によって，第二次世界大戦後主流メディアとしての位置を揺るぎないものにする。言うまでもなく『ライフ』誌にとって文学は決して得意分野ではなかった。しかし『ライフ』誌が文学批評のなかで果たした役割を詳細に検討したジェイムズ・スティール・スミスが指摘するように，1948 年以降同誌はアメリカ作家の共産主義への警鐘を鳴らし，同時に「現代文学全般に見られる自然主義的な傾向に対する嫌悪と作家たちのなかに多少なりとも反自然主義的傾向を見いだしたと

4　Cary Nelson, "Hemingway, the American Left, and the Soviet Union: Some Forgotten Episodes," *The Hemingway Review* 14.1 (1994): 42.

きの悦び」を継続的に発信するようになる[5]。「ネガティヴ」な作家に対する批判と，人間の自由意志の勝利を賛美する文学への賛辞という同誌のわかりやすい批評基準は，読者層に大きな影響力を持つことになった。

　『ライフ』誌のこうしたキャンペーンにとって，ヘミングウェイほどふさわしい素材はなかった。高級文学になじみのない読者層を想定して，文学を時事的なイメージに咀嚼したうえで報道するという同誌の編集方針からすれば，フォトジェニックで行動的な作家ヘミングウェイは必要なすべてを備えていたといって差し支えない。1949 年にマルカム・カウリーによる伝記的な紹介「ミスター・パパの肖像」を掲載したのを始めとして，ヘミングウェイと彼の作品に関する記事は，『ライフ』誌の文学報道の中核となる。『老人と海』の異例な一挙掲載は，同誌の一連のキャンペーンのクライマックスと見ることができるだろう。神話的な漁師サンチャゴ老人の自然に対する不屈の闘いを描いた『老人と海』は，それに先だって『ライフ』誌が求め続けてきた文学——1930 年代の社会的リアリズムを払拭した「肯定的」な文学—のほぼ完璧な例証として読みうるものであった。

　同時に注目しなければならないことは，合衆国のヘミングウェイ研究の基盤がまさにこの時期に確立されたことである。戦後初のヘミングウェイ研究の単行本であるジョン・K・M・マッキャフリー編集の『アーネスト・ヘミングウェイ—作家と作品』が 1950 年に刊行されたのを皮切りに，『老人と海』が発表される 1952 年には今日までヘミングウェイ批評に大きな影響力を残すカーロス・ベイカーの『ヘミングウェイ—芸術家としての作家』とフィリップ・ヤングの『アーネスト・ヘミングウェイ』が刊行される。とりわけヘミングウェイ作品に登場する主人公たちを「ヘミングウェイ・ヒーロー」と呼び，その神話的原型を辿

5　James Steel Smith, "*Life* looks at Literature," *The American Scholar* 27.1 (1956-7): 36.

ることにより，作品読解を試みたヤングの批評は，『老人と海』の登場
を予期するかのようである。

（2）ヘミングウェイを読むカストロ

　政治への幻滅から神話的な世界へというシナリオが，後期ヘミング
ウェイに対する合衆国側のコンセンサス的な読み方とするなら，それと
180 度違う読み方をしたのが，他ならぬフィデル・カストロである。
フィデル・カストロが熱烈にヘミングウェイの作品を愛好し，作品論ま
で残していることも，アメリカ合衆国ではほとんど知られていない。ノ
ルベルト・フエンテスの『ヘミング
ウェイ―キューバの日々』が英訳さ
れた際にも，全体に奇妙な編集が加
えられ，原著に引用されていたカス
トロのヘミングウェイ論のほとんど
がなぜか削除されている。

　ヘミングウェイは生涯にただ一度
だけフィデル・カストロと直接会見
したことが記録に残っている。ヘミ
ングウェイは，1960 年 5 月 15 日に
開催された「ヘミングウェイ・
フィッシング・コンペティション」
の際，その優勝者となったフィデ
ル・カストロにトロフィーを手渡し
たのである（図 14-1）。カストロは
1984 年に行われたノルベルト・フ
エンテスとのインタビューのなかで

図 14-1　「パパ」とフィデルのた
だ一度の出会い。ヘミ
ングウェイ・フィッシン
グ・トーナメントにて。

興味深いヘミングウェイ解釈を行っている。まず彼にとって最も重要なヘミングウェイの作品は『誰がために鐘は鳴る』であり，この小説は彼によれば「伝統的軍隊に対するゲリラ戦」を扱った作品であり「政治的軍事的観点」から興味深い作品ということになる。さらに興味深いのはカストロにとってもう一つの重要なヘミングウェイ作品が『老人と海』であり，この作品は彼にとって反植民地主義革命のメッセージそのものなのである。

　　「逆境を勝利に変えよう」「われわれを破滅させることはできても屈服させることはできない」。[『老人と海』のなかに出てくる］こうした言葉は集会や行進におけるスローガンだったし，この二十年間のキューバの歴史を貫くものだった。ヘミングウェイのいったとおり，「人間は破壊されることはあっても屈服させられることはないのだ」。これは，われわれのためのメッセージであり，あらゆる時代においてたたかう人々の叫びであり，彼の文学的主張なのだ。[6]

　驚くべきことに，カストロにとって『老人と海』のメッセージは，反植民地主義闘争のメッセージである。そしてカストロは「確実なのは，ヘミングウェイが公然ととった行動のすべては，われわれの革命を擁護するものだったということだ」と断言する。

　この解釈は1950年代に僅か90マイルの海を隔てた北側で定式化されたヘミングウェイ解釈，および『ライフ』誌によって大衆化された作家像とは，まったく相容れないものと言えるだろう。カストロにとって，『老人と海』は人間と自然との闘いを神話的世界のなかで描いた非政治的な小説などでは到底なく，政治的な小説の究極だった。アメリカの批評家たちが，『老人と海』を中期の政治的なヘミングウェイを払拭した

6　フエンテス 300。このインタビューの全文は，キューバでは Fidel Castro, *De los recuerdos de Fidel Castro: El Bogotazo y Hemingway* (La Habana: Editora Politica, 1984) に収録されている。

「カムバック」として評価したのに対し，カストロにとって『老人と海』
は，ファシズムと闘うスペイン人民を描いた『誰がために鐘は鳴る』の
延長線上で書かれた作品であり，ヘミングウェイの政治意識の帰結にほ
かならなかったのである。

　キューバ革命とヘミングウェイのあいだのつながりを積極的に読み取
ろうとする姿勢は，フィデル・カストロだけのものではなく，革命後の
キューバ批評家たちのヘミングウェイ論のなかにかなり広い範囲におい
て認められるものである。『ヘミングウェイ―キューバの日々』に採録
されているメアリ・クルスの「ヘミングウェイと否定の否定」と題され
た1979年の論文も，キューバにおけるヘミングウェイ解釈の独自性を
強く主張する。

　　　鋭い直感によって，キューバの人民はこのアメリカ人作家の価値を
　　　つねに評価した。ヘミングウェイは，無造作な態度のかげで，深い
　　　関心と愛情をもって，キューバの事物を観察していたのだ。こうし
　　　た事情を知らぬ人々，あるいは，彼の著作を正しく解釈することを
　　　拒んだ人々にとって大いに不愉快なことには，コヒマルの漁師たち
　　　によって寄贈されたヘミングウェイの胸像がある。そしてサン・フ
　　　ランシスコ・デ・パウラの記念館がある。ここには訪問客の流れが
　　　とぎれることがないのだ。[7]

　同様にキューバの最も代表的なヘミングウェイ研究家でありまた作家
でもあるリサンドロ・オテロは『ヘミングウェイ』（1963年）のなかで，
次のように述べる。

　　　キューバ革命以前も，そしてそれ以降も，ヘミングウェイはキュー

7　フエンテス140。

バを，そしてその社会解放のプロセスを支援する声明や証言を残している。そうすることによりヘミングウェイは彼の過去に忠実であり続けたということにほかならない。[8]

　オテロが指摘するのは，まさに合衆国の批評のなかで隠蔽された，人民戦線時代のヘミングウェイとキューバのヘミングウェイとのあいだのつながりである。

　カストロのヘミングウェイ論は，カストロの強烈な反米感情と反植民地主義の思想によって色づけされたものであることは，疑いえないだろう。しかしそれは例えば『ライフ』誌のアメリカ作家ヘミングウェイに対する賛辞が同誌の反共キャンペーンという政治的意図に彩られたものだったこととの比較において指摘されるべきだろう。

　文学作品の解釈は，けっして真空状態のなかや，あるいは外界から遮断された実験室のなかで行われるわけではない。私たちはある文学作品を解釈するに先立って，文学とは何か，文学における価値とは何か，解釈とは何か，何が文学研究の結論になりうるかといった問題について，あらかじめ暗黙の前提というべきものを共有している。そのようなレベルにおける前提は，政治的状況と無縁ではありえない。またそのような前提を共有することによって，文学作品を解釈したり，あるいは解釈を戦わせたりという行為が，初めて可能になるのである。アメリカの文学理論家であるスタンリー・フィッシュはこのような枠組みを，「解釈共同体」と名づけている。この概念を借りていうならば，『老人と海』発表と機を同じくして，合衆国でベイカーやヤングらのアカデミックな研究がひとつの解釈共同体を形成したのと同様に，キューバ革命以降のキューバでリサンドロ・オテロの『ヘミングウェイ』（1963年）からメアリ・クルスの『ガルフ・ストリームのなかのキューバとヘミングウェ

8　Lisandro Otero, *Hemingway* (La Habana: Academia Nacional de Bellas Artes 1963), 22.

268

イ』（1981年）に至るキューバ批評家たちのキューバ作家ヘミングウェイに関する研究は，また異なるもう一つの解釈共同体を形成したということができるだろう。

（3）不都合な事実

　ガルフ・ストリームと呼ばれる僅か90マイルの海の南と北で形成されたふたつの解釈共同体は，それぞれにヘミングウェイという複雑な作家のある側面に光を当てるものであるし，またまさにそれゆえに死角を伴うものである。そしてどちらの側から見ても死角に入ってしまうあるひとつの側面にここで注目してみる価値があるだろう。それはヘミングウェイとアメリカ合衆国の帝国主義，つまり20世紀に入ってからのアメリカ合衆国の拡張主義的な政治，経済，そして軍事である。これはとりわけキューバ側の解釈共同体にとって解決困難な問題となる。

　冷戦時代のアメリカの批評家たちの非政治的なヘミングウェイ読解とフィデル・カストロの政治的な読解とを突き合わせるとき，われわれが意識せざるをえなくなるのは，アメリカ合衆国とキューバを隔てる海が，ヘミングウェイの生きた時代に持っていた固有の意味である。ヘミングウェイの生まれる前年に当たる1898年の米西戦争，とりわけ後のアメリカ大統領シオドア・ローズヴェルトの率いる伝説的な私兵集団「ラフ・ライダーズ」がキューバのサン・ファン・ヒルでスペイン軍に勝利した事件は，帝国主義国家としてのアメリカを内外に決定的に印象づけることになる。それ以来，ガルフ・ストリームの向こう側にある，マカジキのようなかたちの島キューバは，アメリカの植民地主義的な欲望の対象として誘惑的なイメージを生み続ける。ヘミングウェイが生まれた1899年には『キューバン・コロニスト―コーヒー，砂糖，タバコによる利殖，そしてキューバの話題全般のための雑誌』という臆面もな

いタイトルを掲げた雑誌が刊行される。高品質なコーヒー，砂糖，タバコの産地である肥沃な島キューバは，アメリカ合衆国の資本家たちにとっては金のなる樹であり，理想的なコロニーにほかならなかったのである。

　キューバの誘惑的な姿は，旅行ガイドブックに引き継がれていく。例えば『老人と海』が発表された年に合衆国で刊行された旅行ガイドブックは『あなたのキューバの休日（Your Holiday in Cuba）』と題され，その最初の章ではキューバの休日が与えてくれる快楽が列挙される。コーヒー，砂糖，タバコ，そして観光―アメリカ合衆国の帝国主義のなかにあって，キューバはその目と鼻の先にある欲望の対象であり，いわば熟した果実のように見えていたといってよいだろう。

　ヘミングウェイがこうした植民地主義的な観光文化を大いに享受して「あなたのキューバの休日」を心ゆくまで楽しんだことは否定のしようがない。ラ・フロリディータのバーに酒豪伝説を残し，ビッグ・ゲーム・フィッシングに明け暮れたヘミングウェイは，植民地主義的な観光文化の伝統をまったく拒まず，むしろその代名詞となり，伝統に新たな一頁を書き加えたとさえ言える。合衆国の研究者たちの作り上げたヘミングウェイ像からも，キューバの研究者たちの作り上げたヘミングウェイ像からも，等しく欠落してしまうのは，まさにこのようなヘミングウェイの姿である。

　フィデル・カストロをはじめとして，ヘミングウェイをキューバ作家として位置づけ，そしてヘミングウェイの作品をいわば反植民地主義闘争のバイブルとして読む，キューバ側の読者たちにとって，これはきわめて不都合な事実となる。観光文化の具現者としてのヘミングウェイをどのように隠すか―それを驚くべきかたちで実践しているのが，前述のリサンドロ・オテロによるヘミングウェイ論である。アメリカ合衆国の

批評家たちにとっては，『老人と海』がヘミングウェイのカムバック作品となったわけであるが，興味深いことにオテロは「カムバック」という概念を，ヘミングウェイのまったく別の作品に関して用いている。オテロにとってヘミングウェイの「カムバック」を記す作品は「キリマンジャロの雪」（1936 年）なのである。オテロはこの作品の結末でキリマンジャロの白い頂に到達する主人公ハリーに，資本主義の退廃的で現実逃避的な世界と決別するヘミングウェイの姿を見る。そしてこのあと，つまりヘミングウェイがハバナでの生活を始めてからのちの作品となる『持つと持たぬと』（1937 年）や『誰がために鐘は鳴る』（1940 年）は，ヘミングウェイが社会意識に目覚め「キリマンジャロの雪」に描かれていた「神の家（エンガジェ・エンガイ）」に近づいていくプロセスであるととらえ，そして『老人と海』はそのすべての結実であるとする[9]。主人公の作家ハリーとヘミングウェイを二重写しにする解釈は，合衆国における研究でも珍しくないが，オテロはさらにそれを一歩進め，ヒョウとヘミングウェイを同一視する。オテロのヘミングウェイ論の終章は「エンガジェ・エンガイにて」と題され，そして「ヒョウはエンガジェ・エンガイに入った」と結ばれる。オテロのヘミングウェイ像は，ヘミングウェイが終生にわたり釣りと狩猟を楽しみ，そして酒という「退廃的で現実逃避的な」快楽と関わりを持ち続けたという不都合な事実に目をつぶらないかぎり成り立たないものである。

　先に引用したメアリ・クルスのヘミングウェイのなかの「ヘミングウェイは，無造作な態度のかげで，深い関心と愛情をもって，キューバの事物を観察していたのだ」というくだりは，キューバ側の読解の抱えていた問題を端的に示している。帝国主義的な観光文化を享受していたヘミングウェイの一面を「無造作な態度」というひとことでくくったときに，初めてキューバ作家としてのヘミングウェイという像が浮かび上

9　Otero 34-36.

がるのである。

3. もう一つの『老人と海』

（1）マゾヒズムと不条理な身体

　カリブ海あるいはガルフ・ストリームを挟んだ両国でそれぞれに展開したふたつの解釈共同体を突き合わせるとき，そこに『老人と海』という作品のもう一つの姿が浮かび上がってくるように思える。それは人間と自然の闘いを描いた神話的な小説でも，民衆の不屈の力を描いた政治小説でもない，アメリカ大陸固有のリアリズム文学としての姿である。合衆国側の読解においても，キューバ側の読解においても，それぞれに隠されていた，合衆国の帝国主義とその欲望をそそってやまないキューバとのあいだの関係は，実はあるかたちで『老人と海』のなかに描きこまれている。それは主人公サンチャゴ老人と神話的な海面の下に潜む巨大なマカジキとのあいだの複雑な愛憎をめぐる物語である。

　発表当時から『老人と海』はしばしばメルヴィルの『白鯨』と比較されてきた。しかしふたつの作品のあいだには決定的に違う点がある。つまりサンチャゴ老人は，エイハブ船長が白い鯨モビー・ディックに抱いたような憎しみをまったく感じていないし，またマカジキも決してモビー・ディックのように老人を攻撃することがない点である。それどころか老人とマカジキのあいだには，張りつめた縄と神秘的な海面を挟み，一種の倒錯した愛情とさえいえる関係が生まれる。

　　「魚よ」と老人は静かに，声に出して言った。「おれは死ぬまでおまえと一緒にいるぞ」[10]

　　「魚よ」と彼は言った。「おれはお前を愛しとても尊敬している。で

10　Ernest Hemingway, *The Old Man and the Sea* (1952; New York: Charles Scribner's Sons, 1980), 52. 以後，同書からの引用は，ページ数のみを本文中の括弧内に示す。

も今日という日が終わるまでにおまえを殺してやる」(54)

　このようにサンチャゴ老人は，本来寡黙であるはずのヘミングウェイ作品の主人公たちとはきわめて対照的な饒舌さで，絶え間なくマカジキに語りかける。サンチャゴ老人は，巨大なマカジキと綱を隔てて結ばれた瞬間から，あたかも水面に映った自らの像に語りかけるナルキッソスのように，自らに向かって話し始める。このナルシシズム的な語りがこの作品の主要な部分を構成していると言ってよい。

　そしてこのナルシシズム的な語りのなかで，やがて狩る者と狩られる者の立場は逆転する。マカジキをしとめたとき，老人は次のように語る。

　　「頭をはっきりさせるんだ」と彼は木製の舳先にもたれ掛かりなが
　　ら言った。「おれは疲れ切った老人だ。しかし自分の兄弟であるこ
　　の魚を殺したんだ。さあこれから奴隷の仕事にかかるぞ」(95)

　老人が自らの手で殺傷したマカジキは，同時に老人の愛する兄弟なのである。そして老人はマカジキを殺傷して支配したがゆえに，「奴隷」として支配される立場に立つ。老人のマカジキに対する暴力は，あたかも神秘的な海面によって反射されたかのように，すべて老人の身体にフィードバックされる。老人の勝利への意志，支配することへの意志は，すべて老人自身の肉体に対する過酷な試練として跳ね返り，老人はその苦痛にマゾヒスティックに耐え続ける。

　　［老人］はすべての苦痛とそして残された僅かな力と誇りをふりし
　　ぼり，そしてそれを魚の苦悩に向かって投げつけると，やがて魚は
　　彼のかたわらに近づき，ゆっくりと泳いでいる。(93)

　ヘミングウェイのテクストは，すり切れる手のひらを，感覚を失って
いく背筋を，そしてそうした苦痛のもたらす陶酔感を，克明に書き記し
ていく。何にもましてこうした自らに跳ね返ってくる不条理な暴力に耐
え続ける身体が，サンチャゴ老人の存在感を作り上げるのである。
　漁師と獲物とのあいだの関係の逆転というモチーフが，『老人と海』
の後半のドラマ―マカジキの遺骸を襲撃する獰猛な鮫の群れとの闘い―
を生み出すことになる。ここで老人のマカジキに対する暴力は，その遺
骸を貪る鮫の群れに姿を変える。そしてマカジキを殺した老人は，マカ
ジキを貪る鮫の暴力とただ一人で闘うことを強いられる。ここでは暴力
の主体が，その醜い姿をはっきりとさらす。前半において苦痛に痙攣す
る身体によって覆い隠されていた暴力は，マカジキを襲う鮫たちの異様
なまでにリアルな姿として立ち表れる。

　　［鮫の］しっかりと閉じられた二重の口唇の内側には，八列の歯が
　　ずらりと内向きに並んでいる。普通の鮫のようなピラミッド型の歯
　　ではない。それは何かをわしづかみにする人間の指のようだ。老人
　　の指と同じくらい長く，両側が剃刀の刃のように鋭く尖っている。
　　これは別の魚を餌食にするために作られた魚だ。(101)

　このように暴力の主体が表象されるとき，鮫の歯は老人の指の鏡像と
なるのである。
　狩る者と狩られる者がいれかわる「とりかへばや」の物語は，結末で
さらにもう一ひねりを加えられることになる。『老人と海』の最後の場
面にはアメリカ人旅行者が登場する。マカジキの白い巨大な遺骸を前に
した女性旅行客は実に皮肉な思い違いをする。キューバ人のウェイター
の言葉を聞き違え，彼女はこれを鮫の死体と思いこみ，その美しさに感

嘆するのである。しばしばこの女性旅行客は，サンチャゴ老人の神話的な世界と対比される，世俗的な世界の体現者として解釈され，それはきわめて妥当な読みといえるだろう。しかし同時に注目せざるをえないのは，この旅行客の複雑な錯誤と，老人の闘いのなかで起こった複雑な倒錯が，その構造においていかに見事に重なり合っているかという点である。自らの苦痛に陶酔する老人の意識のなかで彼のマカジキに対する暴力が不可視化されたように，アメリカ人旅行客の眼差しはマカジキの身体を貪った鮫の暴力を決して見ることがない。また老人の意識のなかで狩る者と狩られる者が入れ替わったように，旅行者は貪る鮫と貪られたマカジキを取り違える。

　狩る者と狩られる物とのあいだの複雑な愛憎を，心理的なドラマとしてではなく，身体をめぐるリアリズムによって描き出していくという意味においては，『老人と海』はキューバの解釈共同体が読み取った政治小説でも，アメリカ合衆国の解釈共同体が読み取った非政治的で神話的な小説でもない。

　ここで，ガブリエル・ガルシア＝マルケスをはじめとするラテンアメリカの作家たちが，ヘミングウェイを自分たちのマジック・リアリズム文学の始祖のひとりとして認めていることを想起してもよいだろう。マジック・リアリズムとは，アメリカ大陸とヨーロッパ植民地主義との遭遇によってもたらされた歴史を，ありえないような現実としてリアリズムで描くこと，つまりファンタジーとリアリティーという二分論を放棄するようなスタイルで描くラテン・アメリカ文学の特質を指す。その意味では，アメリカ合衆国とキューバとのあいだの暴力的な関係を，キューバ人漁師とマカジキとのあいだの格闘のリアルな描写に凝縮した『老人と海』はマジック・リアリズムの文学としてとらえうる一面をもつ。その意味では，『老人と海』はアメリカ合衆国文学でもキューバ文

学でもなく，アメリカ大陸の文学と言えるだろう。

（2）エピローグ

　アーネスト・ヘミングウェイの『老人と海』は，1958年にジョン・スタージェス監督によってハリウッドで映画化される（図14-2）。ここで「とりかへばや」の物語はさらなる「とりかへばや」の物語として再演されることになる。ヘミングウェイは映画化に際しサンチャゴ老人が本物のキューバ人漁師によって演じられることを強く主張したにもかかわらず，完成した映画のなかではサンチャゴ老人はアメリカの人気俳優スペンサー・トレイシーによって演じられる。ヘミングウェイがマカジキとの格闘場面をカリブ海で現地ロケをすることを主張したにもかかわらず，大部分はハワイに設けられたセットのなかで撮影され，そして

マカジキを襲う鮫たちはフォームラバー製の模型に置き換えられる。そしてこうした「とりかへばや」に最後にはヘミングウェイ自身も加担し，ヘミングウェイとメアリー夫人は最後の場面であろうことかアメリカ人旅行客のなかに混じってこの映画にカメオ出演している。それはあたかも，キューバ人に限りなく共感しつつも，しかしアメリカの観光客のなかのひとりに過ぎない自らの立ち位置を，ヘミングウェイ自身が認めているかのようである。

　キューバ文学としての『老人と海』は，無残にハリウッドの商業主義によって貪

図14-2　スペンサー・トレイシー主演の映画『老人と海』より。

られ換骨奪胎されることになった。しかしそのような「とりかへばや」の物語こそが，南北アメリカ大陸の数世紀にわたる歴史であり，それを描くことこそが『老人と海』という作品の本質であったとも言えるだろう。

参考文献

ノルベルト・フエンテス『ヘミングウェイ―キューバの日々』宮下嶺訳　晶文社，1984 年。
日本ヘミングウェイ協会編『ヘミングウェイを横断する―テクストの変貌』本の友社，1999 年。
宮本陽一郎『モダンの黄昏―帝国主義の改体とポストモダニズムの生成』研究社，2002 年，第 10 章。

課題

1　ヘミングウェイの原作と，本文中で言及した 1958 年の映画化，そしてアレクサンドル・ペトロフ（Aleksandr Petrov）による 1999 年のアニメ版とを比較し，物語の主題がどのように置き換えられていったかを論じなさい。ペトロフによるアニメ版はインターネット上で見ることができます。
2　ある国の文学作品が，別の国で大きく異なる意味で受容された例があれば，そこでどのような読み替えあるいは書き換えがなされたか，またなぜそれが必要となったかについて論じなさい。

15 | 朴正煕（パクチョンヒ）

須川英徳

《**学習のポイント**》　朴正煕（1917〜1979 年）は，1961 年に軍事クーデターで大韓民国の政権を握り，63 年，大統領に選出された。経済建設を重要な政策に掲げ，輸出指向工業化と呼ばれる工業化を進めた。「漢江の奇跡」とまで評される経済成長を達成した。その一方で，民主化要求を弾圧した軍事独裁政権，政治と財閥の癒着，「親日派」との厳しい指摘もある。相反する評価はさておき，今日の韓国と日韓関係を理解するためには欠かすことのできない人物であり，彼の生きた時代に関する理解を深めることを目指す。

《**キーワード**》　満洲国，南北分断，李承晩，朝鮮戦争，経済援助，4・19 学生革命，5・16 軍事クーデター，輸出指向工業化，圧縮成長，日韓国交正常化，維新憲法，漢江の奇跡

1．日本統治下での立身出世とは

（1）朴正煕の生い立ち

　朴正煕は，1917 年 11 月，慶尚北道善山郡亀尾面^{キョンサンブクド ソンサン クミ}に生まれた。男五人，女二人という七人兄弟の末っ子である。

　朴正煕は 9 歳になって亀尾普通学校に入学した。朴家の三男相煕^{サンヒ}も学校に通っていた。1920 年代の朝鮮における学校制度は，日本人学童を対象とする小学校と朝鮮人学童を対象とする普通学校とがあり，朝鮮人にたいしては義務教育ではなかった。この頃には，小学校と普通学校はともに 6 年制であったが，普通学校に入学しても家の事情や授業料の負担などで中途退学してしまう者も多かった。朴正煕の家から学校まで片

道20里（朝鮮の1里は400m弱，20里は8km弱）あったというが，朴正煕は成績優秀で級長にも選ばれた。なお，朴正煕の兄姉のなかで，学校を卒業していたのは三男相煕だけであり，村ではじめて学校に通ったのも彼だったと伝える。

（2）師範学校，満洲軍官学校

朴正煕が普通学校に通っていた1920年代は，朝鮮でも男子の就学率が上昇し，学校卒業であることが官公吏などに採用されるための必須条件となった時代である。また，この時期には人口が急増しており，1910年の併合当時には約1500万人と推定される人口が，25年には1902万人，40年には2355万人（朝鮮内居住数）にまで増えていた。しかし増加した労働力人口を十分に吸収できるだけの商工業は成長しておらず，農村には過剰人口が溢れていた。農地もなく学校教育も受けていない下層民は，京城（ソウル）や釜山（プサン）のような大都市に流れ込み，廃材やトタン板などで作った土幕と呼ばれる劣悪な住居に暮らし，日雇い労働などで糊口をしのぐしかなかった。

朴正煕が普通学校6年生のとき，大邱師範学校を受験して合格，1932年4月に4期生として入学した。師範学校は京城師範，平壌師範，大邱師範の3校があり，京城師範は日本人・朝鮮人を半々に入学させ，平壌，大邱は朝鮮人学生が過半を占めた。いずれも5年制の全寮制であり，小学校または普通学校の教員養成であるため，音楽・美術も含む全教科を担当できる教育課程だった。学生の思想傾向にたいするチェックも厳しく（1925年，治安維持法成立。密かに結成された日本共産党にたいする大量検挙が続く），左翼系と民族主義系の書籍や雑誌は禁書であり，学生寮の抜き打ち検査などで隠し持っていることが発覚すれば退学処分になった。

　1920 年代から 30 年代には京城・平壌・大邱・釜山などの都市に，師範学校だけでなく中学校，高等普通学校（四年制で朝鮮人学生を対象），女子高等普通学校，農業学校，水産学校，商業学校など各種の中等学校が開設されており，京城帝国大学（法文学部・医学部の 2 学部。予科は 24 年に開設），ミッション系の延禧専門学校，梨花女子学堂，民族系の普成専門学校などの高等教育機関も学生を集めていた。富裕な家門の子弟のなかには日本人の通う中学校に進学し，内地の高等学校を経て帝国大学に入学する場合もあった。それに加えて，普通学校卒業後，下宿して京城の中学校や高等普通学校に通い，朝鮮の専門学校だけでなく内地の高等専門学校や私立大学に進学する者も，増加していた。日本語に習熟し，しかるべき学校を卒業していなければ，社会的に安定した職業に就くことは難しい時代になりつつあった。朴正煕の生家には経済的余裕がなかったので，学費を徴収せず，官費給費生にもなれる師範学校が進学先に選ばれたのであろう。くわえて当時の学校教員は現在よりも社会的尊敬をうける職業でもあり，地方社会では知的エリートとみなされる存在だった。兄相煕は民族言論紙として 1920 年に創刊された「東亜日報」の支局長兼記者の職を得ており，学校を出た二人の兄弟は，植民地朝鮮における社会変化に相応した職業をめざしたことになる。

　1937 年 3 月，70 人の同期生（入学者は 100 名）とともに卒業し，4 月には聞慶公立普通学校の訓導に着任する。朴正煕は 20 歳になっていた。

　彼の教員生活は僅か 2 年半ほどだった。総動員精神が足りないとなじる視学監や校長と酒席で言い争いになり，辞職したのだった。師範学校時代に教練の配属将校であった日本人大佐を頼って満洲に渡り，1940 年 4 月，満洲軍官学校（奉天軍官学校を改編，北京語で教育）の 2 期生として入学した。受験にさいして年齢制限を超えていたが，血書をもっ

て志願を熱望し，それが新聞に載せられたことで受験が認められた。実
は，軍人になることが朴正熙の普通学校以来の希望だったのであり，師
範学校では勉学に身が入らず，卒業時にはビリに近い成績だった。しか
し，軍官学校では水を得た魚であり，240人の中国人・朝鮮人生徒（内
朝鮮人12人）のいた予科を首席で卒業し，3年次から内地の陸軍士官
学校に留学している。軍官学校入学後に朝鮮民事令改正による創氏改名
にあわせ，高木正雄となっていた。

　周知のように満洲国は満州事変を引き起こした関東軍が作り上げた国
家である。清朝最後の皇帝愛新覚羅溥儀が満洲国皇帝に即位し，満人
（中国人）が閣僚などに任じられていたが，事実上の権力は関東軍と日
本人官僚が握っていた。朴正熙が民族主義や朝鮮の独立を第一義に考え
る人物だったら，日本のために死をも辞さない軍人を養成する学校は選
ばなかっただろう。理念や理想よりも，自分の性格や特性から考えて，
努力しだいで昇進の可能性がある軍人を選んだのだ。ただし，日本人や
中国人に負けてたまるか，という意識は強かったようだ。だが，それは，
大日本帝国とそれに従属する満洲国という巨大な枠組みを当然の前提と
しての話だった。その矛盾にまで思いが及ばなかったのかもしれない。

　在学中に日本は米英と開戦した。緒戦では圧倒的な強さを見せた日本
軍だったが，1942年の後半からはしだいに米軍に押され，関東軍から
も有力な部隊が次々と南方の戦場へと引き抜かれていく現状は，報道や
噂などで知っていただろう。日本人教官のなかにも，日本が敗れ朝鮮は
独立回復することになるから，その準備をしておけ，と教える者もいた
と伝える。

　見習い少尉を経て満洲国軍少尉に任官した朴正熙は，1944年7月，
満洲国軍歩兵第八団（団は連隊に相当する編制単位）に赴任した。駐屯
地は熱河省の山岳地帯にあり，団長と将校の大部分，さらに下士官・兵

は満人（中国人）だった。成績優秀だった彼は団長副官に任じられた。
主たる警戒対象は八路軍（中国共産党の人民解放軍）であり，中国人兵
士と中国人住民の信用を得ることがなによりも大事だった。

　1945年8月の敗戦により団は武装解除され，朝鮮人将校もまた放り
出された。28歳のときである。とりあえず北京に出て，臨時政府光復
軍に入れられた。光復軍と称しても元日本軍将兵だった朝鮮人が帰国の
船便を待つための仮の所属だった。1946年5月に引揚者として帰国，
失業者となって米軍政下の故郷にもどった。

（3）軍人としての再出発

　1946年9月，ソウルに新設された朝鮮警備隊士官学校に2期生とし
て入学した。旧日本軍や満洲国軍の士官・下士官経験者を対象に3か月
の短期教育で警備隊の将校を養成する学校である。10月には大邱で大
規模なストライキとデモが発生して慶尚北道に拡大し，警察官が殺され
た。当時の警察は米軍政下の南朝鮮における治安維持機関であったが，
その人員は総督府時代の朝鮮人警察官がそのまま幹部となっており，
人々の怨みをかっていた。亀尾でも暴動が起きて警察官が襲われた。朴
正煕の兄相煕は南朝鮮労働党の地方幹部だったが地方では著名な人物で
あり，現地警官を保護したが他地域からの警官に射殺されてしまった。
この事件が朴正煕の心中で警察に代表される既成の権力者にたいする嫌
悪を強め，左派に接近させるきっかけになる。朴正煕は地方部隊での勤
務を経て警備隊士官学校の教官となり，5期生の教育にあたった。5期
生は5・16クーデターのとき，朴正煕に従った実働部隊を担った。

2. 南北の分断，粛軍，朝鮮戦争

(1) 南北分断

　1948年8月，大韓民国の樹立が宣言され，初代大統領には国会から選出された李承晩(イ スンマン)が就任した。9月には金日成(キムイルソン)を首相とする朝鮮民主主義人民共和国の成立が宣言された。ここにいたるまでの経緯をかんたんに見ておこう。

　日本のポツダム宣言受諾とともに，カイロ宣言の条項の一つであった朝鮮の独立回復が決定した。しかし，具体的にどのような手順によって新政府を作り独立にいたるのか，連合国の間でなにも決められていなかった。すでにソ連軍が北部に進出しつつあったことを考慮して，米国は北緯38度線を境界とする分割占領をソ連に提案したところ，意外にもソ連はそれを受け入れた。米軍は沖縄に駐屯していた部隊を朝鮮に移動させ，10月にようやく朝鮮の地に上陸した。

　この間，呂運亨(ヨ ウニョン)の率いる建国準備委員会が朝鮮総督府から治安維持を委託され，10月には朝鮮人民共和国の成立を宣言したが，米軍政はそれを暫定政権とは認めなかった。同じく10月，北部ではソ連軍政に擁立された金日成が帰国し，ソ連顧問団の指導の下，北朝鮮臨時人民委員会を組織して，土地改革，重要産業国営化などを推進し，社会主義化の基礎を固めた。46年8月には北朝鮮労働党が創立された（これにあわせて38度線以南の左派は南朝鮮労働党（南労党）に組織された）。ソ連からの積極的な経済援助や技術援助に加え，日本が残した水力発電所や朝鮮窒素などの工場設備などが稼働したために（技術教習のために日本人技術者などは留め置かれていた），1949年には解放前の生産水準を回復したという。

　これに対し南部では上海臨時政府系の金九(キム グ)が民族主義右派，米国から

帰国した李承晩が反共自由主義であり，金成洙らの企業家や官僚出身者による保守派，さらに朴憲永らの左派（のち，越北），呂運亨らの中道左派などに分裂しており，米軍政に対する態度も異なった。また，一定の信託統治期間をおき，その間に新政権を準備することで連合国は同意したが，実際の調整にあたる米ソ共同委員会ではなんらの合意も得られなかった。民族主義右派は信託統治反対と即時独立を求め，李承晩は北に対抗して南部単独政権樹立を主張した。政治的合意が得られず，農地改革などの経済政策も進められないまま，食糧不足に陥った状況下で，先述の大邱のストライキやデモが発生したのである。また，47 年には呂運亨が暗殺された。

（2）軍隊反乱と粛軍

国連決議により制憲議会開設のための選挙が南北同時に行われることとなったが，北部に選挙監視団が入れないまま，南部単独選挙が 1948 年 5 月に実施された。この単独選挙に反対して済州島では左派による 4・3 蜂起が起きた。鎮圧に投入された警察や右翼団体が済州島民への差別感情も加わって住民虐殺を恣にした。このため，島民全体が山中に逃れ，抵抗するにいたった。10 月には鎮圧部隊として出動することになった第 14 連隊で反乱が起き，麗水・順天一帯を占拠した。少佐に昇進していた朴正熙は討伐部隊の作戦関係業務に携わった。討伐部隊の攻撃をうけた反乱部隊は，智異山に入ってパルチザン活動に従事する。

この軍部隊の反乱は，できたばかりの李承晩政権には軍への不信感となり，軍内部に潜む南労党関係者を摘発する粛軍が開始された。粛軍は元関東軍憲兵らの指揮下に進められ，48 年 11 月，朴正熙も逮捕された。彼は，兄相熙が警察に射殺された後，遺族の面倒を見てもらった関係から南労党に入ったと陳述し，士官学校教官になっている南労党員の名前

を挙げたという。1か月ほどで釈放され，陸軍情報局戦闘情報課長に就
任した。数か月後，罷免と死刑執行免除の通知が来たという。翌日から
は，民間人として背広で勤務するようになった。彼の軍人としての能力
が惜しまれたのだろう。後任の李厚洛はのちに韓国中央情報部（KCIA）
の部長になった。朴正熙は文官として正式に雇用されたのではなく，情
報局機密費から生活費を工面されて暮らしていた。陸士8期の金鍾泌
と知り合ったのはこの頃だった。

（3）朝鮮戦争

　1950年6月25日，ソ連から支給された戦車，自走砲，航空機をはじめ
とする各種の最新兵器で装備された朝鮮人民軍が南進を開始した。人
民軍には国共内戦で人民解放軍として戦った経験のある中国朝鮮族兵士
も配属されていた。これに対し，「北進統一」を呼号する李承晩大統領
の軽挙を危惧した米国は，航空機はおろか火砲や戦車などの重装備を韓
国軍には供与していなかった。そのため旧日本軍の小銃などを装備する
にすぎなかった韓国軍は蹴散らされ，28日にはソウルが占領された。
　人民軍の南進はソ連の欠席した国連安保理事会で違反行為と決議さ
れ，ただちに米軍を主とする国連軍派遣が決定された。しかし，人民軍
は破竹の勢いで南下し，韓国軍・米軍は釜山橋頭堡と呼ばれる領域にま
で追い詰められ，韓国政府機関も釜山へと避難した。9月には仁川上
陸作戦が決行され，後方を断ち切られた人民軍は北部へと潰走した。
　米韓軍は38度線を越え，一部の部隊は鴨緑江に到達した。秘かに越
境していた中国人民志願軍が11月から攻勢を開始し，翌年にはソウル
が再度陥落する。補給線が伸びきった人民志願軍にたいして米韓軍が反
撃を開始し，ソウルを再奪還した。その後は出撃経路や管制高地の争奪
をめぐる一進一退の激しい攻防が続き，1953年，ソ連書記長スターリ

ンの死去を経て，板門店で休戦協定が結ばれる。朝鮮戦争による韓国の死亡・行方不明は90万人に達し，産業設備の半ばが破壊されていた。

　戦争の勃発は，朴正熙を軍籍に戻した。有能な士官が一人でも必要なときだったからである。中佐に昇進した彼は，10月に第9師団の参謀長に任命された。大田で勤務しながら12月に大邱の教会で陸英修と結婚した。52年，朴正熙は大佐に昇進し陸軍本部作戦局次長となった。53年の休戦成立後（韓国は署名せず），准将に昇進し，砲兵学校長を経て第5師団長となるが，56年の大統領選挙では不正選挙を拒んだため，師団長を解任され，陸軍大学に学生として入校させられた。

　陸大卒業後，第6軍団副軍団長を経て，第7師団長に任じられ，1958年には少将に昇進した。警備隊士官学校2期生のなかでは早いほうだった。さらに第1軍参謀長を経て59年には首都ソウルを管区に置く第6管区司令官に任じられた。朴正熙は42歳になっていた。

（4）1950年代の韓国

　李承晩時代には軍人の給与が低く抑えられ，官有林の樹木を不法に伐採して売ったり，兵食用の米を抜き取って販売したりなど，さまざまな不正が蔓延していた。そうやって作った金を上官に上納した。朴正熙が師団長だった第5師団でも兵士に炭焼きをさせて売っていた。

　1948年に農地改革が実施されるが，農地改革の実施以前から地主は小作地を売却などで処分しており，1945年の小作地117万町歩のうち71万町歩が売却されていたため，分配対象地は30万町歩だった。分配は有償であり，主生産物（ほとんどは米）の平均収穫量の1.5倍を5年間かけて現物で政府に償還するものとされた。

　農地改革の結果，零細な自作農が大量に生まれてしまった。零細農民は償還穀物と追加の臨時土地取得税の納入などにおわれて高利貸からの

借金を重ね，禁止されたにもかかわらず，分配農地を売却する事態が発生した。小作地の若干の増加も発生したが，かつてのような地主・小作関係は復活しなかった。それでも農村部はまだまだ貧しく，農家は前年の収穫を食べ尽くした後，麦が稔るまでの間，食べ物が無くなり，野山の草などを摘んで食べるしかない春窮から抜け出していなかった。

　経済全体が米国からの現物による経済援助に依存しており，燃料，肥料，施設材（セメント・木材など），最終消費財（食糧品・衣料品など），工業原料用農産物（小麦・綿花など）の順だった。小麦などの農産物援助は都市住民の生活安定を目的とした低穀価政策を支えた。また，綿花や小麦などは，政府が加工業者をはじめとする実需要者に割り当てて購入させた。無償援助物資の売却代金（対充資金と呼ばれ，米国の承認によって財政支出に用いられた）と，駐留国連軍への役務提供や韓国通貨との両替で得られた米ドルは，韓国財政に死活的に重要な財政収入と外貨獲得源となった。この綿花・小麦，さらに粗糖を原料として，綿工業・製粉業・製糖業が成長し，三白産業と称された。最大の工業に成長した綿工業でも，施設は旧日本人資産の払い下げ，原料は援助綿花の割当て，運転資金は対充資金から借入れ，という状態であった。一部品目について国産化することも企図され，肥料・板ガラス・セメントなど，農業や復興に欠かせない資材生産への保護政策も採られた。しかし，産業設備の国産化にはいたらず，必要な機械・部品類は日本からの輸入に依存していた。

　1950年代の韓国経済は完全に援助依存であり，対充資金を原資とする政府からの低利融資，ドル割当てを受けることが企業経営に不可欠であった。そのような特恵をうけるため，政府関係者と企業家のさまざまな癒着も発生し，経済効率や経営の合理化は進まなかった。しかし，1958年から米国の無償援助が削減されるにともない，59〜60年に経済

は深刻な不況に突入してしまった。失業者は増加し農村には過剰人口が溢れた。

　その一方で李承晩大統領（1875〜1965年）は，長期執権への執着を強めていた。朝鮮戦争中，国会が釜山で開かれていたとき，大統領直接選挙制への改憲を行い，52年の選挙で再選された。さらに54年には2期までとの憲法規定を変え，56年に3選を果たした。しかし，副統領選では野党候補の張 勉が当選している。国会議員選挙においても58年には与党自由党の126議席に対し野党民主党が79議席を占め，3分の2議席に達しなかった。これらの選挙では，ありとあらゆる不正と野党への妨害が行われたにもかかわらず，野党の得票率が増えていた。そこで野党指導者であった曺奉岩を国家保安法違反で死刑にした。1960年の大統領選挙では直前に野党候補の趙 炳玉が急死したため，李承晩の4選は確実だった。しかし，副統領選挙では前回落選した李起鵬の当選を確実にするために，投票箱のすり替えをはじめとする不正な介入が公然と行われた（3・15不正選挙）。

　深刻な経済不況のなかで行われた不正選挙は人々の憤激を招いた。まず馬山で抗議行動が始まった。デモに参加した高校生が遺体で見つかり，怒りはいっそう高まった。4月にはソウルで大学生を中心とし市民も参加する大規模な抗議デモがはじまり，不正選挙糾弾から李承晩大統領の下野を求めるものへとエスカレートした。警官の発砲で多くの死者が出たが，騒乱は収まらず，李承晩はついに辞任を表明，ハワイに亡命し，腹心であった李起鵬は一家で自殺した。この政治変動を4・19学生革命（4・19学生義挙）と呼ぶ。

　憲法が改正され，大統領職を置くが，国会から選出された国務総理に主要な権限を与える議院内閣制とし，民議院と参議院の二院制とされた。この改正憲法に基づいて尹潽善大統領と張勉国務総理が選出された

（第二共和国）。

　しかし，この民主党政権は経済苦境に対し速効性のある対策を示せ
ず，高揚した民主化要求，噴出した民族統一への言論や運動に対しても，
統制ができなかった。早急に統一を求める動きは，北の主導権による統
一を危ぶませた。そんなことになれば軍は存在意義すら喪失する。その
ような状況下で，清廉な将軍との評判が高かった朴正煕は，軍内に育ん
でいた人脈を通じて，クーデター計画を構想していた。彼の脳裏には
2・26事件が描かれていたかもしれない。

3. 朴正煕が残したもの

（1）国家主導による輸出指向工業化の開始

　1961年5月16日早朝，首都防衛のために配備されていた陸軍部隊が
ソウル中心部に侵入し，政府主要機関と放送局を押さえた。5・16クー
デターである。張勉国務総理は逃亡したが，尹潽善大統領は官邸を訪ね
た朴正煕らをことさらに非難せず，大統領職に留まった（1年後に辞
職）。張都暎陸軍参謀総長が国家再建最高会議の議長に（7月に逮捕，
失脚），朴正煕は副議長に就任した（7月に議長就任）。政府と軍のトッ
プがクーデターを事後承認したかたちになり，米国は干渉するにはいた
らず，民政移管を条件として軍事政権を承認した。

　2年間の軍政期に憲法が改正された。大統領直接選挙制に改め，副統
領を廃止，一院制とした（第三共和国）。朴正煕は大将まで進級して退
役し，1963年の大統領選挙で当選する。また，新たに結成された共和
党を議会での支持基盤とした。

　朴政権の最大の課題は経済建設である。そのために国家の主導と計画
による経済発展が選択された。その手段は金融の掌握とそれを媒介とす
る政策的融資だった。62年に銀行法が改正されて銀行長（頭取）も政

府からの指名で任命され，外換銀行・産業銀行などの政府系金融機関を
新設し，政府統制下での長期的設備投資が可能な体制が作られた。さら
に預金金利を引き上げて遊休資金や私金融資金などを吸収して貯蓄率を
増加させ，それを政策的投資資金とした。同年には10 圜を1ウォンと
するデノミが実施された。また，50年代には輸出入や品目ごとに異な
る為替レートが設定されており，実勢よりも韓国通貨を高く定めてい
た。そのため，輸入には有利だが輸出には不利に作用した。しかし，50
年代末には物価上昇が進んだため，いっそう実勢からかけ離れたレート
になった。公定レートで実勢より安くドルを入手して外国商品を輸入す
るだけで暴利が得られる状態であり，輸入代替生産や輸出への経済的意
欲を阻害していた。これを改める目的で実勢に近い公定レートを採用
し，品目ごとの違いも解消させていった。

　当初は，農業の育成を通じた国内市場の拡大，道路・水道・電気など
社会間接資本の充実，火力発電（主に石炭）によるエネルギー源拡充と
電力網整備などが重視されていた。しかし，国内資金だけでは不足であ
り，輸出拡大による外貨獲得，外資の導入などが課題として浮上した。
輸出産業として，低賃金を利用できる化学繊維・衣料などの軽工業の育
成が図られるようになる。そのために，輸出を目的とする生産の場合，
原材料・中間財・機械類への関税を免除し，市中金利よりも低利で融資
するものとしたが，その成果は輸出額で評価することとした。このよう
に輸出産業を育成して外貨を獲得し，その外貨をもって社会資本や工業
分野へと計画的に投資を拡大し，雇用と輸出を増加させていく政策が採
られた。輸出増大を基軸に据えた経済成長の道筋が，1965年以降は明
確になった。このような工業化路線を輸出指向工業化という。

　ただし，その過程で，低利融資や外貨融資などを得ながらも，他企業
にまた貸しして利ザヤを稼ぎ，実際の事業はほとんど進んでいないなど

の不実企業問題も発生した。また，輸出実績だけでなく政府関係者との縁故もまた重要であり，一部の企業は財閥として急成長していく。さらに，70年代以降に活発になる重化学工業分野では，複数企業が個別に資金調達して競争的に技術導入するのではなく（それが可能なほどに国内金融市場は成長していなかった），特定企業に当該分野の技術導入と工場建設を，政府からの指定と融資によって請け負わせるかたちでの技術導入が選択された。そのため，鉄鋼・石油化学・化学合成などの新規導入分野では，独占や寡占状態が発生した。また，必要な外貨は政府が借款を導入し，それをより低い金利で融資させ，逆ザヤは政府が負担した。

　著しい経済成長にともない，農村部の過剰人口は都市の商工業や新たに作られた工業団地などに吸収されていった。農村部からの新規労働力の多くは労働集約型の軽工業分野に吸収されたが，労働運動が抑圧されたために，低賃金・長時間労働から抜け出すことは難しかった。また，一部の財閥系大企業が成長しながらも，零細な個人・家族経営の店舗や町工場も増加していく。

　国内資源に乏しい韓国が経済成長するには，海外からの原料・資財の輸入とそのための製品輸出が不可欠であることを，さまざまな媒体を通じて国民に周知させた。「外貨獲得」「輸出拡大」を重要な国家目標に掲げた。その一方で，労働条件の改善を求める声は圧殺され，経済開発を至上命題に立てた権威主義的な開発独裁体制が，経済成長とともに受け入れられていった。朴正熙はあたかも軍事作戦を実施するかのごとくに，経済計画を立案させ，実施していった。

　動機づけと士気高揚のために，新羅による半島統一を支えた花郎（ファラン）（貴族子弟による鍛錬集団）の国家のために身命を惜しまない精神が賞賛された。また，1968年に制定された国民教育憲章では民族中興の歴史的

使命や，国家建設への参与と奉仕が強調されて教育における国家主義・民族主義の色合いが濃くなり（民間による統一論議は禁止され，官制の民族主義に限定された），「하면 된다」（ハミョン　テンダ，為せば成る）が人口に膾炙し，民族の偉大さが強調された。

　労働力や資金をはじめとする国内のさまざまな経済資源を需要と供給，価格によって配分しうる市場的な調整機能が未熟であるとき，先進工業国の歴史的経験を踏まえながら，その時点で成長可能な分野や必要な分野へと政策的に資源を投入し，先進国よりも短期間で工業化，産業化を実現することを後発性の利点という。ドイツや日本の工業化がその例となる。そのようにして達成された経済成長を圧縮成長と呼ぶ。

　ただし，圧縮の度合いが高いほど，文化的・社会的・地域的な矛盾と摩擦も激しくなる。たとえば，ソウルと釜山（その先が日本）をむすぶ京釜高速道路が 1970 年に開通し，その沿線は急速に経済開発されていくが，その経路から外れた全羅南北道地域とは明瞭な経済格差が生じた。そのため，仕事を求めてソウルに流入する地方人口には全羅道出身者が多くなり，野党支持層を形成しただけでなく，地域対立感情まで醸成した。また，財閥系企業を中軸とした輸出工業化であったため，地方の中堅企業ないし地場産業といえるものがほとんど存在せず，高学歴志向でありながら，人文・社会系の大学卒業者を十分に吸収できるだけの雇用がないなど，今日にいたる矛盾もまたこの時期に根差している。

（2）日本との国交正常化，ベトナム派兵

　1951 年，占領状態を終えて日本の主権を回復するサンフランシスコ講和条約が調印された。日本軍の占領によって被害をうけた東南アジア諸国とは役務賠償の条約が結ばれた。1910 年から 45 年まで日本が統治した韓国との関係では，1952 年から日韓会談が開かれたが，李承晩大

統領は日本に対し強硬な姿勢を崩さなかった。竹島（韓国名独島）を占拠し，漁業境界線を一方的に設定し，それを超えて操業した日本漁船が多数拿捕された（李承晩ライン，韓国名平和線）。

　日韓会談は断続的に開催された。しかし，日本による朝鮮統治の歴史的責任を問題視して賠償ないし補償を要求しようとする韓国側と，併合と日本による統治は合法なものであり，それに伴う賠償責任は無いとする日本側の主張は平行線をたどった。くわえて，竹島の問題も加わって，決着は見えなかった。しかし，米国は東アジアにおける冷戦体制のなかで，日本と韓国の関係改善は東アジアの安定に不可欠と考え，日本から韓国への資金・技術提供による韓国の安定と経済成長を期待した。両国に対し交渉の早期妥結を求めた。

　朴政権では，賠償という大義名分に拘らず，請求権資金として一括したかたちでの資金や役務，低利借款を求める方針を明確にして，交渉妥結を急いだ。すでに民主党政権期に必ずしも賠償という名分に拘らない動きがあったが，5・16クーデターで中断していた。軍政下であった1962年，大平正芳外相と金鍾泌中央情報部長の会談で，無償3億ドル，有償2億ドルと金額も妥結を見た。しかし，韓国国内では売国的屈辱外交との非難が巻き起こった。64年に非常戒厳令を宣布し，65年に日韓基本条約とそれに付随する漁業協定，文化財返還にかんする協定，請求権協定などがまとめて締結された。そこでは，日本による朝鮮統治について，併合条約とそれ以前の条約・協約類は「もはや無効」とされ，漁業権については，竹島の存在を無視して双方の陸地・島嶼からの中間地点をもって漁業水域を定めている。日本との国交正常化について朴正煕は，「韓国の発展のために緊要なことを，退嬰的な与論の圧力に屈して放棄することはできなかった…。ただ遠い将来に目を向けて，国家の永遠の発展のためだ，との信念の下に，日本との国交回復を押し進めて

いったのである」と述べている。

　請求権資金の大部分は工業建設のための資金として用いられ，なかでも浦項製鉄所の建設に多くが投じられた（73年竣工）。重化学工業の建設は，韓国軍の兵器を国産化する自主国防の立場からも必須とされており，しだいに米軍貸与品への依存が低下した。

　日本との国交正常化後には，機械類・中間財の輸入が増加することで対日貿易は拡大するが，日本向け輸出は水産物や雑貨などであり，大幅な対日貿易赤字は免れなかった。重化学工業化が進展して機械類の国産化が進んだ段階においても，先端的な原材料・中間財や精密加工部品の輸入，さらに特許使用料などの支払いが継続し，対日赤字は解消されなかった。

　また，1965年からはベトナム戦争への韓国軍派兵が実施された。73年の米軍撤退とともに撤兵するが，最大時には3個師団5万人の兵力を送り込んだ。兵士の給与（米国からはドルで支払われ，韓国内の家族にはウォンで支給された），軍需品納入や兵舎・道路建設などの用役提供からのドル収入は，外貨収入の20％近い比重を占めた。これらをまとめてベトナム特需という。

　ベトナムへの派兵は，ソ連の支援を受けた共産主義の北ベトナム（ベトナム民主共和国）が，米国の支持を受ける南ベトナム（ベトナム共和国）に侵攻しており，かつて米国に助けられた韓国は米国の要請により反共陣営の一員として派兵する，という構図で韓国民には説明された。しかし，日本の敗戦後にインドシナを再び植民地支配しようとしたフランスからの独立闘争に淵源があり，被抑圧民族の帝国主義からの解放という民族主義の観点から見るならば，米国の傀儡国家であり，政情不安な南ベトナム政権には，大義はなかったはずである。東アジアにおいて米国の要請によって血を流す同盟国という軍事的・政治的アピールと，

ドル獲得という経済的実利とが，朴正煕のなかでは重視されたのだろう。理念や大義をめぐる甲論乙駁は朴正煕には無縁だった。

（3）維新体制と朴政権の崩壊

朴正煕は 1967 年，71 年の大統領選挙で当選したが，憲法改正を行っての 3 選出馬には批判もあり，野党の金大中候補との得票は僅差だった。また，その直後の国会選挙では野党が 3 分の 1 を超える議席を獲得，通常の手段による憲法改正と 4 選は困難となった。

72 年 10 月，非常戒厳令を布告，「維新憲法案」を国民投票に附し，それに基づく統一主体国民会議から大統領に選出された。この維新憲法では，大統領は直接選挙ではなく統一主体国民会議（その構成員は選挙で選出）により選出されることとなり，任期は 6 年，法律と同じ効力を有する大統領緊急措置を発令する権限，国会議員の 3 分の 1 を大統領が指名するとともに，定員 1 人の小選挙区制を改め 2 人を選出する中選挙区制とした。選挙区で与党と野党が 1 議席ずつ当選しても，野党は 3 分の 1 を超えないとの目算である。永久執権への道を整えたのである。

また，大統領緊急措置では許可の無い学生集会や抗議の意味での授業欠席もまた禁止され（大学にも元軍人や官僚などが教授として送り込まれていた），憲法批判もまた禁止された。思想・信条の自由など民主的権利を奪い体制批判を認めず，予防拘禁制（犯罪の惧れがあるだけで，拘束できる制度。刑期満了後にも適用）も導入された。

1973 年には日本に滞在していた金大中元大統領候補がホテルから拉致され，ソウルの自宅付近で解放されるという事件（金大中事件）が発生し，韓国大使館員の関与が判明したために，日韓の外交問題となった。

74 年には在日韓国人による大統領狙撃事件（文世光事件）が起き，陸英修大統領夫人が死亡した。被疑者がただちに死刑になり，背景など

が不明なままとなった。これらの 2 事件は，日韓のあいだで「政治決着」とされ，それ以上の追求は封じられた。また，「日韓癒着」と呼ばれる不正腐敗の疑惑も生じ，朴正熙個人は質素清貧を信条としていても，長期執権による腐敗といっそう強権的になった政治手法への人々の反発が拡大した。76 年には 明 洞大聖堂で「民主救国宣言」が発表され，関係した尹潽善，金大中らが大統領緊急措置違反で逮捕された。このような事件の報道は，韓国内では抑えられても日本での報道により韓国民に伝わった。

　78 年には 5 度目の大統領選出となったが，軍出身者が政府や関係機関の主要部署を固め，強権的な手法で民主化要求を圧殺する硬直的な維新体制は，もはや自己改革する力を喪っていた。皮肉にも，輸出指向工業化による韓国の経済成長が開発モデルの一つとして国際的にも注目され，台湾・香港・シンガポールと並んでアジアの NIEs（Newly Industrializing Economies，新興工業化経済地域）に数えられ，「漢江の奇跡」と称されるのはこの頃である。

　79 年 1 月にはイラン革命が起こり，イランでの石油生産と輸出が停止すると OPEC（石油輸出機構）は原油価格の段階的引き上げを実施した（第二次オイルショック）。73 年の第一次オイルショックの時点で石油依存度が低かった韓国は，他の先進工業国ほどの衝撃を受けなかったが，その後，急速に重化学工業化を進めて石油依存度を高めていたために，第二次オイルショックは大きな打撃となった。すでに多額の未償還対外債務を抱えており，石油価格の急騰は物価上昇，大量失業を招いた。そのようななか，馬山・釜山で反政府デモが発生し，警察に加え鎮圧に動員された兵士は過剰な暴力を振るった。維新体制への抗議運動に対し，より強硬な鎮圧を主張する車智澈 警護室長と朴大統領を，金載圭中央情報部長が酒宴の席で射殺するという衝撃的な事件が起きた（10・

26 事態）。享年 62 歳，波乱万丈の生涯だった。

　その後，ソウルの春と呼ばれる民主化要求，全 斗 煥 保安司令官が鄭 昇和参謀総長らの首脳部を逮捕し韓国軍を事実上掌握する事件（12・12 クーデター），さらに野党指導者の逮捕に抗議した全羅南道 光州での市民蜂起と鎮圧軍により多くの死傷者を出した鎮圧（光州事件）など，朴正熙の政治遺産を受け継ごうとする軍人たちと，それに抗う市民の物語が続く。

参考文献

趙甲済『朴正熙—韓国近代革命家の実像』永守良孝訳，亜紀書房，1991 年。原著は『月刊朝鮮』に連載された記事に著者が加筆したもの

李憲昶『韓国経済通史』須川英徳・六反田豊監訳，法政大学出版局，2004 年。原著は，李憲昶『韓国経済通史』第二版，法文社，2003 年

李成市・宮嶋博史・糟谷憲一編『朝鮮史 2—近現代』山川出版社，2017 年

朴正熙『民族の底力』サンケイ新聞社，1972 年。原著は 1971 年刊行

課題

朴正熙が生きた時代について，国際情勢の変化を中心として，年代ごとにまとめてみよう。

索 引

●配列は五十音順, ＊は人名を示す。

分担執筆者紹介

河原　温（かわはら・あつし）

・執筆章→1・4・8・12

1957 年　東京都に生まれる
1979 年　東京大学文学部西洋史学科卒業
1986 年　東京大学大学院人文科学研究科博士課程中退
現在　放送大学教授，首都大学東京名誉教授（博士・文学）
専攻　西洋中世史・都市史
主な著書　『中世ヨーロッパの都市世界』（山川出版社，1996 年）
　　　　　『中世フランドルの都市と社会』（中央大学出版部，2001 年）
　　　　　『ブリュージュ—フランドルの輝ける宝石』（中央公論新社，2006 年）
　　　　　『都市の創造力』（岩波書店，2009 年）
　　　　　『ヨーロッパ中近世の兄弟会』（共著　東京大学出版会，2014 年）
　　　　　『図説　中世ヨーロッパの暮らし』（共著　河出書房新社，2015 年）
　　　　　C・フィンク著『マルク・ブロック—歴史の中の生涯』（訳，平凡社，1994 年）
　　　　　M・ボーネ著『中世ヨーロッパの都市と国家』（訳，山川出版社，2016 年）

須川　英徳 (すかわ・ひでのり)
・執筆章→1・6・11・15

1957 年	群馬県に生まれる
1982 年	東京大学経済学部卒業
1992 年	東京大学大学院経済学研究科第二種博士課程修了
	博士（経済学）
現在	放送大学教授
専攻	朝鮮社会経済史
主な著書	『李朝商業政策史研究』（東京大学出版会，1994 年）
	『朝鮮後期　財政と市場』（共著　ソウル大学出版文化院，2010 年，韓国語）

宮本　陽一郎 （みやもと・よういちろう）

・執筆章→1・13・14

1955 年	東京都に生まれる
1981 年	東京大学大学院人文科学研究科修士課程修了
現在	放送大学教授・筑波大学名誉教授
専攻	アメリカ文学，カルチュラル・スタディーズ
主な著書	『モダンの黄昏―帝国主義の改体とポストモダンの生成』（研究社，2002 年）
	『アトミック・メロドラマ―冷戦アメリカのドラマトゥルギー』（彩流社，2016 年）
	『知の版図―知識の枠組みと英米文学』（共編著，悠書館，2008 年）
	『*Hemingway, Cuba, and the Cuban Works*』（分担著，Kent State University Press. 2014）
	ジョン・ガードナー著『オクトーバー・ライト』（集英社，1981 年）
	チャールズ・ジョンソン著『中間航路』（早川書房，1995 年）

編著者紹介

近藤　成一（こんどう・しげかず）

・執筆章→1・2・3・5

1955 年	東京都に生まれる
1982 年	東京大学文学部卒業
1984 年	東京大学大学院人文科学研究科修士課程修了
2016 年	博士（文学）
現在	放送大学教授・東京大学名誉教授
専攻	日本中世史
主な著書	『鎌倉時代政治構造の研究』（校倉書房，2016 年） 『シリーズ日本中世史 2　鎌倉幕府と朝廷』（岩波書店，2016 年）

杉森 哲也（すぎもり・てつや）

・執筆章→ 1・7・9・10

1957 年	大阪府に生まれる
1982 年	東京大学文学部卒業
1990 年	東京大学大学院人文科学研究科博士課程単位取得退学 博士（文学）
現在	放送大学教授
専攻	日本近世史
主な著書	『近世京都の都市と社会』（東京大学出版会，2008 年） 『描かれた近世都市』（山川出版社，2003 年） 『シリーズ三都　京都巻』（編著）（東京大学出版会，2019 年）

放送大学教材　1740199-1-2211（テレビ）

歴史のなかの人間

発　行　　2022 年 3 月 20 日　第 1 刷

編著者　　近藤成一・杉森哲也

発行所　　一般財団法人　放送大学教育振興会

　　　　　〒 105-0001　東京都港区虎ノ門 1-14-1　郵政福祉琴平ビル

　　　　　電話　03（3502）2750

Printed in Japan　ISBN978-4-595-32322-5　C1320